"十三五"应用型高等院校立体化规划教材

新能源汽车

主编 方晓汾 钟文浩

中国水利水电出版社
www.waterpub.com.cn
·北京·

内 容 提 要

本书结合国内新能源汽车专业培养学生需要，以及行业、企业岗位需求，以项目化教学为主线，全面、系统地解析了纯电动汽车、混合动力汽车、燃料电池汽车关键技术，从新能源汽车结构、工作原理、使用等角度介绍了新能源汽车发展的历程以及新能源汽车整车技术演变、新能源汽车发展概况、电机以及其控制器等内容。

本书可供新能源汽车行业的工程技术人员以及车辆工程、汽车类相关专业技术人员学习，可作为高职院校汽车类专业教材或相关企业培训教材，也可供给新能源汽车爱好者学习之用。

本书彩图及相关视频等数字化教学资源可扫描书中二维码获得。配套课件下载地址：http://www.waterpub.com.cn/softdown

图书在版编目（CIP）数据

新能源汽车 / 方晓汾，钟文浩主编. -- 北京：中国水利水电出版社，2017.11
"十三五"应用型高等院校立体化规划教材
ISBN 978-7-5170-6067-3

Ⅰ.①新… Ⅱ.①方… ②钟… Ⅲ.①新能源－汽车－高等学校－教材 Ⅳ.①U469.7

中国版本图书馆CIP数据核字(2017)第288640号

书　　名	"十三五"应用型高等院校立体化规划教材 **新能源汽车** XINNENGYUAN QICHE
作　　者	主编　方晓汾　钟文浩
出版发行	中国水利水电出版社 （北京市海淀区玉渊潭南路1号D座　100038） 网址：www.waterpub.com.cn E-mail：sales@waterpub.com.cn 电话：（010）68367658（营销中心）
经　　售	北京科水图书销售中心（零售） 电话：（010）88383994、63202643、68545874 全国各地新华书店和相关出版物销售网点
排　　版	中国水利水电出版社微机排版中心
印　　刷	北京瑞斯通印务发展有限公司
规　　格	184mm×260mm　16开本　13.75印张　326千字
版　　次	2017年11月第1版　2017年11月第1次印刷
印　　数	0001—3000册
定　　价	**36.00元**

凡购买我社图书，如有缺页、倒页、脱页的，本社营销中心负责调换

版权所有·侵权必究

本书编委会

主　编　方晓汾　衢州职业技术学院
　　　　　　钟文浩　惠州经济职业技术学院

副主编　巫少龙　衢州职业技术学院
　　　　　　陈先亮　东莞职业技术学院
　　　　　　林梅彬　福州职业技术学院

参　编　张　勇　东北石油大学
　　　　　　武春龙　河北工业大学
　　　　　　罗方赞　衢州职业技术学院
　　　　　　郑丽辉　衢州职业技术学院
　　　　　　张　华　衢州职业技术学院
　　　　　　吴明华　安徽交通职业技术学院
　　　　　　彭菊生　湖州职业技术学院
　　　　　　侯　涛　云南交通职业技术学院
　　　　　　陈香琳　安徽交通职业技术学院
　　　　　　王科东　宁波市鄞州职业高级中学
　　　　　　吴　玉　浙江经济职业技术学院
　　　　　　范　芳　四川航天职业技术学院
　　　　　　王志伟　黄河水利职业技术学院
　　　　　　周梅芳　金华职业技术学院
　　　　　　张大雨　丽水职业技术学院

前言

目前,随着环境污染、石油资源不可再生等问题日趋严重,环境污染和能源局限已成了世界范围内的以内燃机为动力的燃油汽车所面临的两大难题。2015年2月,科技部发布《国家重点研发计划新能源汽车重点专项实施方案(征求意见稿)》,旨在落实《节能与新能源汽车产业发展规划(2012—2020年)》,并强调实施新能源汽车"纯电驱动"技术转型战略,完善电动汽车"三纵三横"技术体系和新能源汽车研发体系等内容。发展新能源汽车包括混合动力汽车(HEV)、纯电动汽车(PEV)以及燃料电池汽车(FCEV),是实现我国能源安全和环境保护以及中国汽车工业健康可持续发展的必然趋势。纯电动汽车以车载二次电源作为储能方式,以电动机为动力装置驱动车辆行驶,相比混合动力汽车而言,具有零排放、低噪声且结构简单等特点,而相比燃料电池则在当前更具有产业化的基础,因此而受到了世界各国政府及汽车企业的广泛关注。

本书从纯电动汽车、混合动力汽车、燃料电池汽车等3个方面出发,将新能源汽车技术内容划分为电池、电机驱动、电机控制三部分,重点剖析新能源汽车电源系统、动力驱动系统、制动回收、动力与经济性能仿真等核心内容,另外附加新能源汽车发展历史、现状、标准体系,以及相关的国外产业政策等内容。本书编写过程中,结合目前很多国外新能源汽车技术,将其具体化后,结合国内新能源汽车专业(或方向)培养学生需要,以及行业、企业岗位需求,以项目化教学为主线,设计本书的内容。

本书由方晓汾、钟文浩担任主编。各部分的编写分工如下:前言、项目1、项目2、项目4、项目6由衢州职业技术学院方晓汾编写,项目7由衢州职业技术学院郑丽辉编写,项目3、项目5分别由惠州经济职业技术学院钟文浩和衢州职业技术学院巫少龙编写;项目1~3由东北石油大学张勇主审,项目4、项目5由河北工业大学武春龙主审,陈先亮和林梅彬参与整本教材的规划与数字资源搜集开发。全书由方晓汾统稿，课时建议 80 学时。

感谢共同参与工作的各位同仁，感谢北京汇智慧众汽车技术研究院、北京新能源汽车股份有限公司、上海道唯新能源科技公司、浙江大学、南京理工大学、美国汽车维修资格认证协会（ASE）各位专家提出的宝贵修改意见，感谢校级课改项目（NO. KGXM201609）的支持。

本书在编写过程中，引用了纯电动汽车标准、网络资源以及图片，特向其作者表示感谢。由于作者水平有限，书中难免存在疏漏或不妥之处，欢迎广大读者批评指正。

方晓汾

2017 年 5 月

目 录

前言

绪论 ··· 1

项目1 认识纯电动汽车 ··· 9
   任务1.1 纯电动汽车起源 ··· 9
   任务1.2 纯电动汽车发展及未来趋势 ··· 14
   思考题 ··· 17

项目2 纯电动汽车结构与驱动过程认知 ··· 18
   任务2.1 纯电动汽车总体结构 ··· 18
   任务2.2 充电系统 ··· 22
   任务2.3 动力电池系统 ··· 39
   任务2.4 电力驱动系统 ··· 48
   任务2.5 电机控制系统 ··· 64
   任务2.6 制动回收系统 ··· 68
   任务2.7 动力与经济性能 ··· 74
   任务2.8 传动系统参数匹配与性能仿真 ·· 76
   思考题 ··· 79

项目3 认识油电混合动力汽车 ·· 80
   任务3.1 油电混合动力汽车起源 ··· 80
   任务3.2 油电混合动力汽车发展现状 ··· 82
   思考题 ··· 90

项目4 油电混合动力汽车工作原理与结构 ·· 91
   任务4.1 油电混合动力汽车总体结构 ··· 91
   任务4.2 电源系统 ··· 97
   任务4.3 动力驱动系统 ··· 103
   任务4.4 制动回收系统 ··· 123
   任务4.5 动力与经济性能仿真 ··· 128

思考题 ·· 142
项目5　认识燃料电池汽车 ··· 143
　　任务5.1　燃料电池汽车结构 ·· 143
　　任务5.2　燃料电池系统 ··· 153
　　思考题 ·· 158
项目6　认识新能源 ·· 159
　　任务6.1　燃料型能源认知 ·· 159
　　任务6.2　非燃料型能源认知 ··· 166
　　思考题 ·· 173
项目7　实训项目 ··· 174
　　任务7.1　纯电动汽车试乘试驾 ·· 174
　　任务7.2　高压用电及规范 ·· 183
　　任务7.3　纯电动汽车制动系统拆装 ·· 185
　　任务7.4　纯电动汽车紧急维修开关 ·· 187
　　任务7.5　动力电池组拆装与维护 ··· 188
　　任务7.6　纯电动汽车空调结构认知 ·· 191
　　任务7.7　纯电动汽车数据流读取 ··· 194
　　任务7.8　纯电动汽车充电 ·· 197
　　任务7.9　混合动力汽车试乘试驾 ··· 199
　　任务7.10　混合动力汽车数据流读取 ·· 201
附录 ··· 203
参考文献 ··· 209

绪　　论

从全球主要发展潮流的展望中可以看出，城市化、安全、能源和环保政策已经成为重要趋势影响汽车行业。全球汽车工业的发展趋势为"电气化＋智能化"，发展新能源汽车是各国汽车工业发展的必由之路。

全球的主要发展潮流突出表现在以下几个方面。

（1）人口。世界人口增长会减缓，不同区域会有巨大的差异。

（2）城市化。世界人口主要将集中在城市。将出现新的大都市，同时部分乡村和小城市人口的购买力将提高。

（3）安全。道路交通事故的死亡人数将成为首要问题。

（4）能源。能源消耗量将增长，尤其在亚洲。石油和大多数其他能源的价格预期将相应地上涨。

（5）环境保护政策。环境保护法规将增多并且变得更苛刻。

（6）数字化与连接性。因特网将成长为媒体服务行业的霸主。娱乐资讯的需求会在今后的二十年持续增长。

1. 环境污染

环境与发展是世界各国普遍关注的焦点问题，发展不仅是满足当代人的需要，还要考虑和不损害后代人的生存条件。因此，保护人类赖以生存的环境成为世界共同关心的问题。汽车污染是环境污染的主要途径，为了人类的可持续发展，防治汽车污染已经成了刻不容缓的全球性问题，这就需要人类共同努力在科技创新、节能减排等方面来防治汽车污染（图0.1、图0.2）。

中国

英格兰　　　　　　　　　　　　美国

- 摩托车在部分城市中现在已被禁止使用

- 伦敦市长已经把伦敦定为低排放区域

- 柴油发动机汽车和大于12t载重的车辆将被额外征税

- 加利福尼亚州在2007年通过一项关于减少允许排放水平的法案

- 将要求汽车制造商生产更多的零排放和低排放汽车

图0.1　不同地区采用不同的措施解决城市化发展问题

（资料来源：Roland Berger）

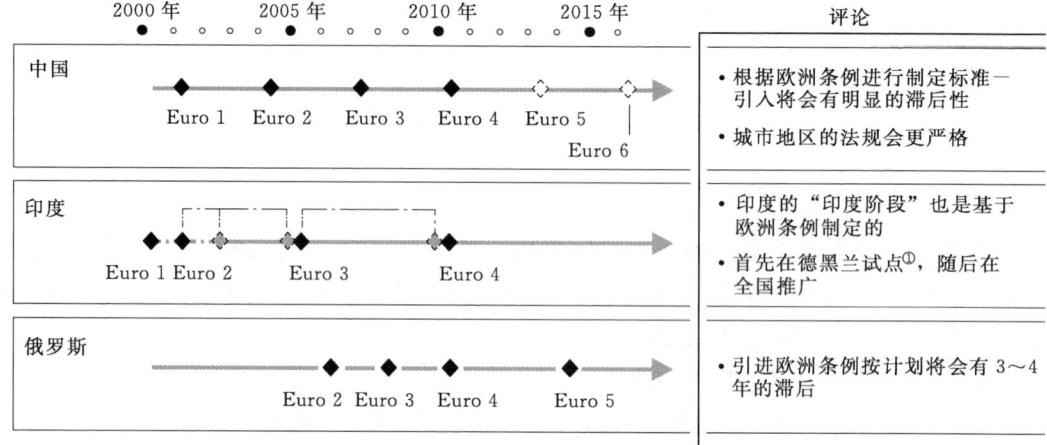

图 0.2 新兴市场的废气排放标准会进一步加强且与欧洲标准的"差距"将继续缩小

汽车污染是由汽车排放的废气造成的环境污染。主要污染物为碳氢化合物、氮氧化合物、一氧化碳、二氧化硫、含铅化合物、苯并芘及固体颗粒物等，能引起光化学烟雾等。可以说，汽车是一个流动的污染源。在世界各国，汽车污染早已不是新话题。自 20 世纪 40 年代以来，光化学烟雾事件在美国洛杉矶、日本东京等城市多次发生，造成不少人员伤亡和巨大的经济损失！进入 21 世纪，汽车污染日益成为全球性问题。随着汽车数量越来越多、使用范围越来越广，它对世界环境的负面效应也越来越大，尤其是危害城市环境，引发呼吸系统疾病，造成地表空气臭氧含量过高，加重城市热岛效应，使城市环境转向恶化。

2. 能源危机

石油资源和水资源在国计民生中占有极其重要的位置，是社会发展和人类生存不可缺少的资源。石油、天然气等是重要的能源资源。在现代文明社会，如果没有了能源，一切现代物质文明也将随之消失。自冷战结束以来，全球面临经济发展与能源紧缺的双重压力。随着工业的迅速发展、人口的增长和人民生活水平的提高，能源短缺已成为世界性问题，能源安全受到越来越多国家的重视。

世界石油资源的地区分布是不平衡的，许多国际矛盾和冲突由此引发。从石油资源来看，到 2003 年年底全球各地区已探明的石油储量分布为：中东地区探明储量995.8 亿 t，占全球总探明储量的 57.4%，主要集中在沙特阿拉伯、伊朗、科威特、伊拉克、阿曼、卡塔尔和叙利亚等国，这些国家的储量达 849.3 亿 t。该地区石油产量占世界总产量的 30.4%；北美地区累计探明石油储量为 297.6 亿 t，占世界总探明储量的 17.2%，其中，加拿大的储量为 245 亿 t，仅次于沙特阿拉伯，居世界第二位；在苏联地区，独联体国家累计探明石油储量为 106 亿 t，占世界总探明储量的6.11%，其石油产量为 4.9 亿 t，占世界总产量的 14.5%，其中俄罗斯石油产量已位居世界第二，仅次于沙特阿拉伯。此外，亚太地区探明石油储量 52.4 亿 t，占世界总储量的 3.1%；非洲地区为 110 亿 t，占世界总储量的 6.6%；南美地区探明石油储量

134亿t，占世界总探明储量的7.7%。世界石油地区消费量与石油资源拥有量存在严重的失衡现象，而石油资源在国家发展中具有特殊的战略意义，因此全球围绕油气资源的争夺一直非常激烈。

如北美、西欧、亚太3个地区的石油探明储量不超过世界总量的22%，而其石油消费却占世界石油消费总量的近80%，于是世界最大的石油消费国美国2/3的石油消费依赖进口，其中60%来自中东；欧盟70%的石油消费依赖进口，除了从中东进口石油外，欧盟借助非洲许多国家曾是英法殖民地的"优势"，在非洲石油开发中已领先一步。西方大国对石油资源和市场的控制和争端不断加剧，资源战略成为大国地缘政治经济战略的重要组成部分。为增强危机处理能力，经历过石油危机的西方大国先后立法，以确保石油的战略储备。如美国的《能源政策与保护法》、日本的《石油储备法》、德国的《石油及石油制品储备法》、法国的《关于工业石油储备库存结构的58—1106号法》，都明确规定了储备目标和规模。政府储备加上民间储备，美国、日本、德国、法国的石油储备量分别相当于本国158d、169d、117d和96d的石油消费。中国正加快战略石油储备的立法工作，力争在几年之后中国的石油储备能够达到180d的安全消费量（图0.3）。

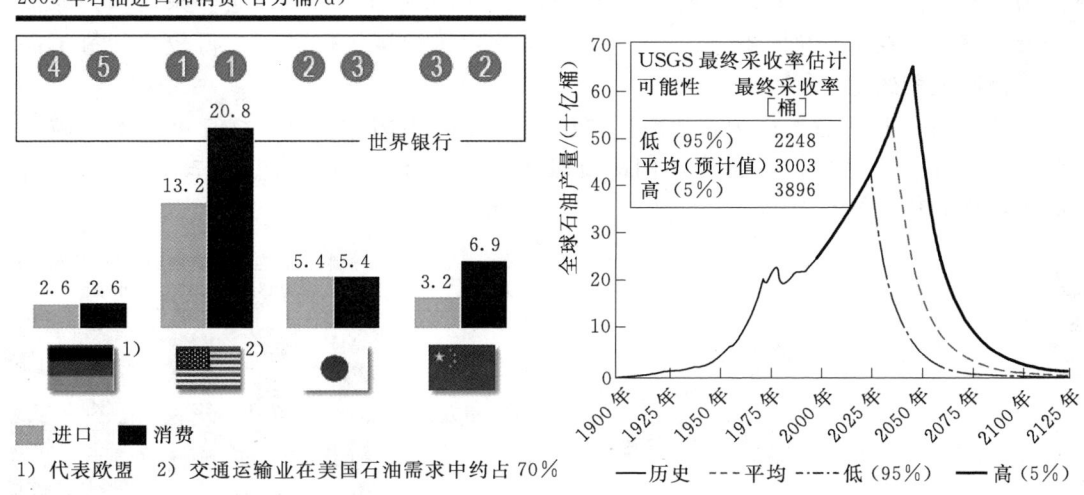

图0.3 预计全球石油供应将在今后10年达到顶峰
（资料来源：Roland Berger）

在中国，汽车业已逐渐成为原油消费的主力，正面临着日益增加的需求压力（图0.4）。

中国石油消费保持中低速增长，2015年对外依存度首次突破60%，达到60.6%；成品油净出口量连续3年大幅递增。天然气消费增速在2015年创下10年新低。

石油对外依存度是一个国家石油净进口量占本国石油消费量的比例，是衡量一个国家和地区石油供应安全的重要指标。

中石油经济技术研究院报告的具体数据为：2015年，国内石油表观消费量估计为5.43亿t，比上年增加0.25亿t，剔除新增石油储备和库存因素，估计实际石油消

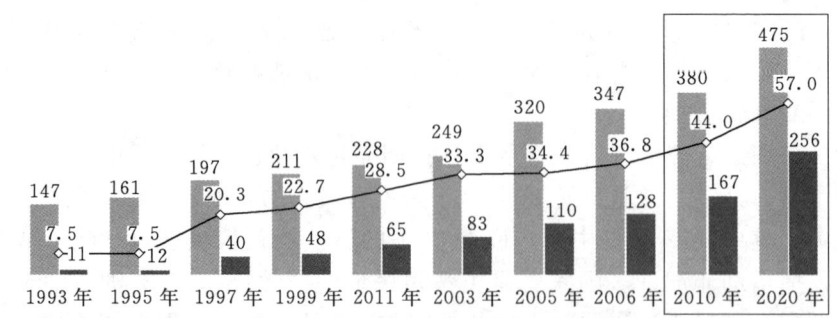

图 0.4 中国的原油消费
(资料来源：Roland Berger)

费增速为 4.4%，较上年增加 0.7 个百分点。石油净进口量 3.28 亿 t，增长 6.4%，增速比上年高 0.6 个百分点。

中国目前是世界第一大石油进口和消费国。国土资源部数据显示，2009 年中国成为仅次于俄罗斯、沙特阿拉伯、美国之后的第四大原油生产国。近年来，国内原油产量一直稳定在 1.9 亿~2 亿 t，但这个产量相比国内巨大需求还差得较多，每年需要进口原油量约 2 亿 t。

1993 年，中国首次成为石油净进口国，2009 年中国原油进口依存度首次突破国际公认的 50% 警戒线，2010 年中国进口原油达 2.39 亿 t，同比增长 17.5%，石油对外依存度同比上升 3 个百分点（图 0.5）。

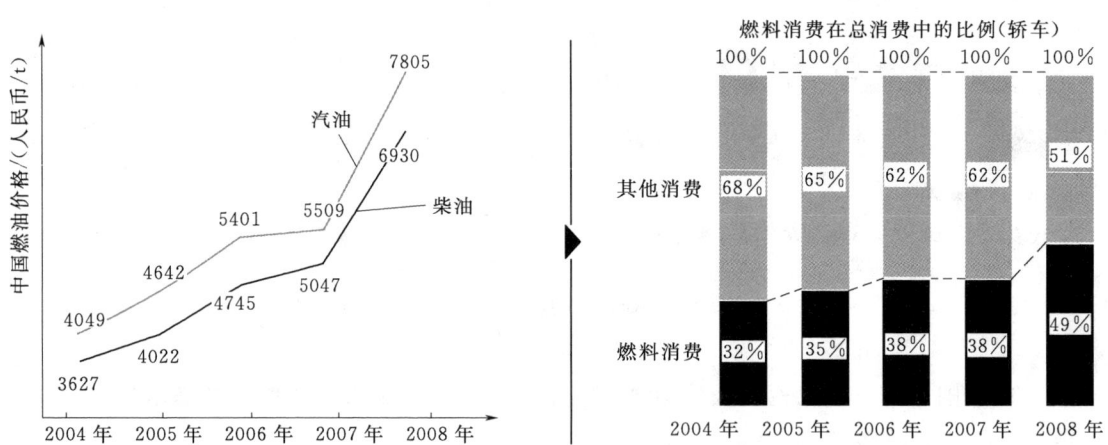

图 0.5 燃油价格也随之大幅度上涨（燃油消费已占据轿车日常维护成本的 50% 以上）

到了 2011 年，中国超过美国成为第一大石油进口国和消费国，当年，官方公布的数据显示中国原油对外依存度达 55.2%，也首次超越美国的 53.5%。

当前，中国石油消费超过了 GDP 增速，预计到 2020 年，石油消费总量将达到 6 亿 t 左右。到 2030 年，中国石油消耗量的 80% 需要依靠进口。

中石油经济研究院报告中就指出,在"新常态"下,中国石油需求将保持2%~3%的较低速增长(图0.6、图0.7)。2015年全年中国石油需求量为53367万t,同比增长3%;石油进口增速有所下降,石油消费对外依存度将首次突破60%。

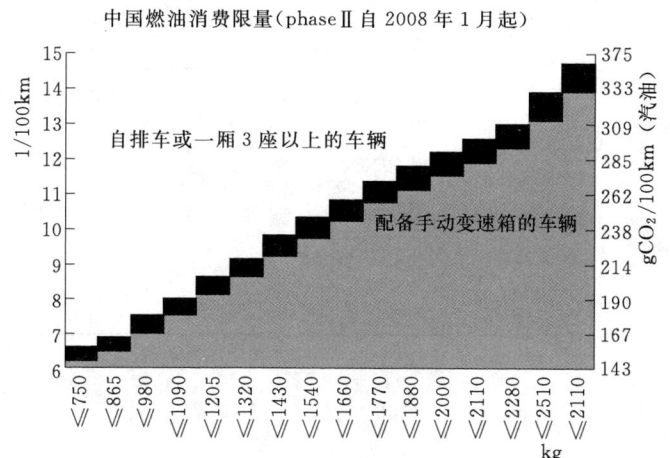

图0.6 新的条例限制了燃油的消费

发动机排量 [cm³]	车型	2008年9月之前	2008年9月之后	消费者成本(以2008年8月为基准=100)
≤1000	—	3%	1%	98
1000~1500	Polo 1.4	3%	3%	100
1500~2000	Jetta,Bora,Golf,Sagitar,Magotan,…	5%	5%	100
2000~2500	—	9%	9%	100
2500~3000	—	12%	12%	100
3000~4000	Phaeton,Touareg,Magotan 3.2	15%	25%	113 ↑
≥4000	Phaeton 4.2/6.0,Touareg 4.2/6.0	20%	40%	125 ↑

图0.7 出台的消费税将极大影响大排量汽车的销售和定价

随着社会的发展,道路交通安全越来越显现出其特有的重要性,特别是当前汽车日益增多的情况下,安全行车成为摆在驾驶员面前的重要问题。交通系统是一个人、车、路和环境构成的复杂巨系统,要保证安全行车,减少交通事故的发生,必须协调交通系统中的各个因素,提高交通系统的整体和谐性。交通事故从根本上说是由人、车、路、环境要素失去平衡所造成的。交通事故的成因有主观和客观两个方面。主观方面是人的原因,主要是驾驶员、行人等交通参与者行为的因素;客观原因是车辆技术状况、道路状况及环境因素的影响等。各种因素造成交通事故的比例中人的因素是最主要的,约占总事故的95.30%,其中因机动车驾驶员的过失造成的交通事故约占87.5%,非机动车驾驶员占4.7%,行人、乘客占5.19%,其他人员占2.63%。可见，交通参与者的安全意识和安全行为是提高交通安全的决定性因素。如果驾驶员具备良好的素质，就可能最大限度地减少事故的发生；反之，如果驾驶员交通安全意识不强，驾驶技能差，事故的发生概率就会大幅上升，从而危害人身安全和财产安全（图 0.8）。

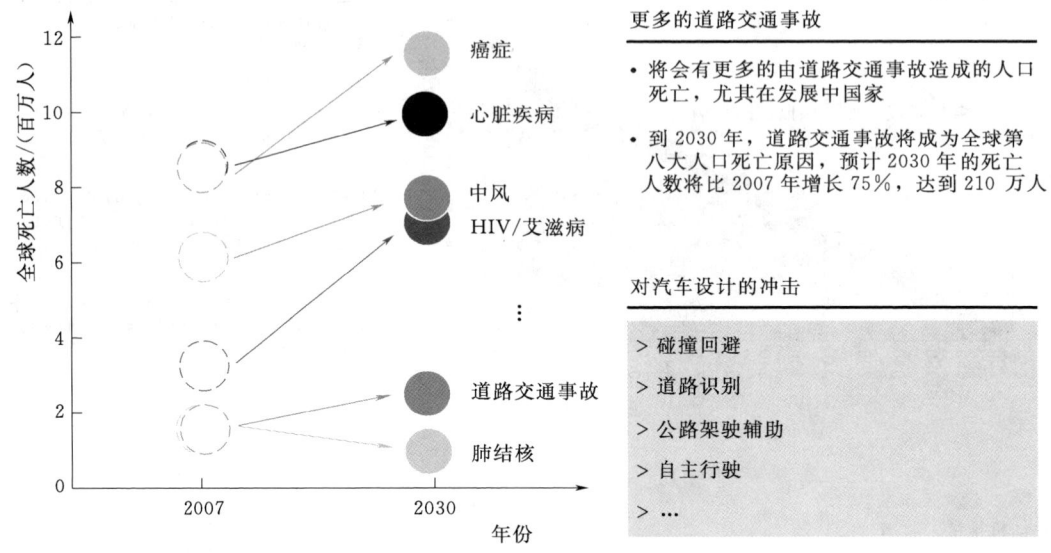

图 0.8　道路交通事故的死亡人数将成为首要问题
（资料来源：Roland Berger）

2011 年，全球新能源汽车的年销量是 5 万辆规模，2015 年接近 60 万辆，总的保有量估算超过了 130 万辆的规模，进入到一个规模产业化的阶段。2016 年上半年的势头还继续在保持，同比 1—5 月，全球新能源汽车销售了 23.4 万辆，同比增长将近 70%。

从国家来看，我国在 2015 年已经超过美国成为全球最大的新能源汽车产销国，从产业的规模、市场化的进程来讲，我们确实是引领者，但在技术上还有很大差距。

美国这些年发展比较平稳；日本现在的量不是特别大，特别是 2015 年还有比较大幅度的下降；在欧洲，像法国、英国，发展比较快，都有 40%～50% 的增长。

从车型来看，目前，主要还是在纯电动和插电式混合动力这一块，特别是纯电动汽车的量最大（图 0.9～图 0.11）。燃料电池汽车现在从全球看处于产业化的初期，主要的销量是在日本、美国，实际上主要是丰田的销量。2015 年大概是 500 辆的市场规模。

随着新能源汽车在家庭用车、公务用车和公交客车、出租车、物流用车等领域的大量普及，2020 年中国新能源汽车的年销量，将达到汽车市场需求总量的 5% 以上，2025 年增至 20% 左右。在国家碳排放总量目标和一次能源替代目录需求下，2030 年新能源汽车年销量占比将继续大幅提高，规模超过千万辆。

2020 年，初步建成以市场为导向、企业为主体、产学研用紧密结合的新能源汽车产业体系。自主新能源汽车年销量突破 100 万辆，市场份额达到 70% 以上；打造明星车型，进入全球销量排名前十，新能源客车实现规模化出口，整车平均故障间隔里程达到 2 万 km；动力电池、驱动电机等关键系统达到国际先进水平，在国内市场占有率达到 80%。

至 2025 年，形成自主可控完整的产业链，与国际先进水平同步的新能源汽车年销 300 万辆，自主新能源汽车市场份额达到 80% 以上；产品技术水平与国际同步，拥有两家在全球销量进入前十的一流整车企业，海外销售占总销量的 10%。

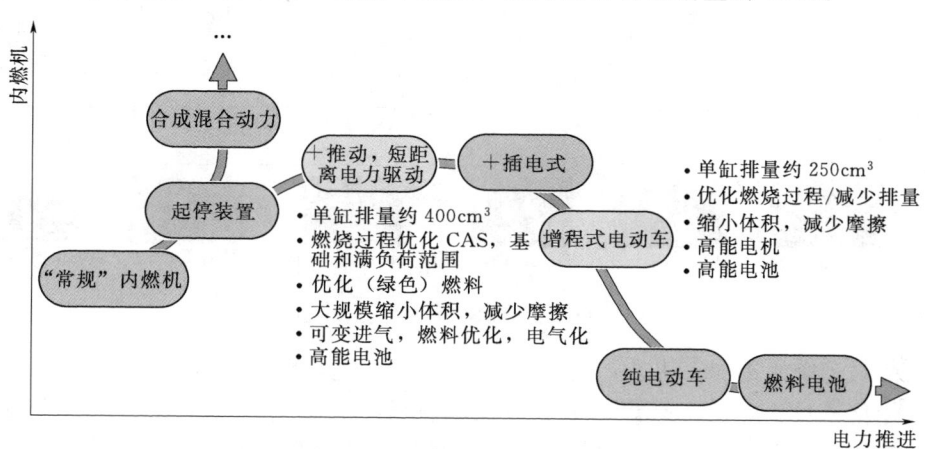

图 0.9　新能源汽车发展技术重点
（资料来源：Roland Berger）

图 0.10　思维转换：替代能源驱动系统技术将在全球范围内获得重要地位

总的技术趋势，也是新能源汽车发展的一个大趋势，主要有 3 个方面，即轻量化、智能化、低碳化。

轻量化：每减重 1%，带来的节能效果还是非常显著的。特别是对新能源汽车来讲，因为现在电池的能量密度还比较低，整个车重还是比较重，对新能源汽车来讲更需要轻量化。与此同时，轻量化带来的不仅是技术上的进步和革新，更重要的是它会

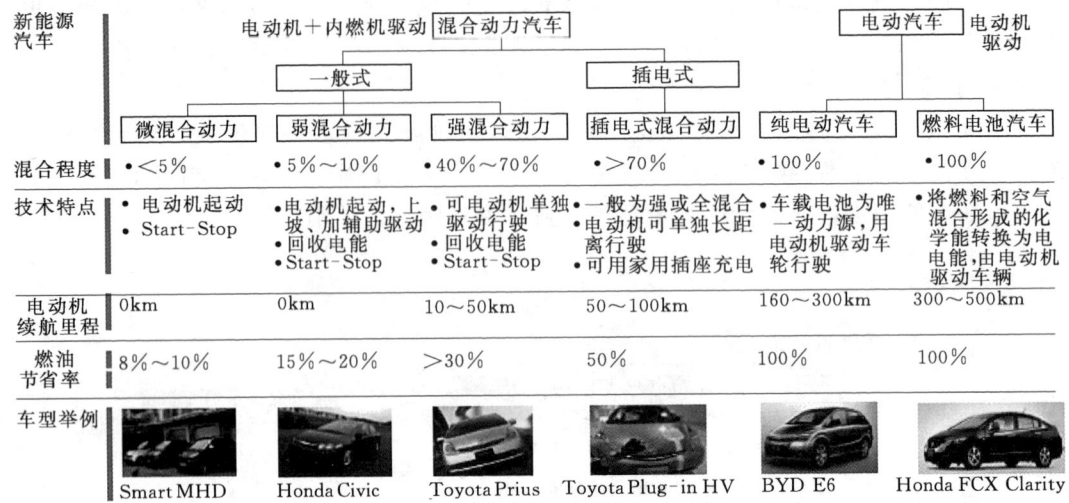

图 0.11 新能源车类别划分及说明

带来一些对传统制造加工工艺,包括生产模式的重大变革。

扫一扫

智能化:对于电动车来讲,更有应用的优势,因为其本身电控的水平程度比较高。按照国际上大家共识的发展前景来看,日本和欧洲目前的预计,实现全自动的驾驶大概在 2025—2030 年的阶段,也就是 10 年左右的时间。这也是需要大家来关注的重要方向。

低碳化:从未来的角度来看,必须要引入可再生能源,真正实现生物周期的低排放和零排放。这不仅是我们所关注的,这些年国际上对这块也投入了很大精力,积极推动新能源汽车和可再生能源的融合,这也是未来重要的发展方向(图 0.12)。

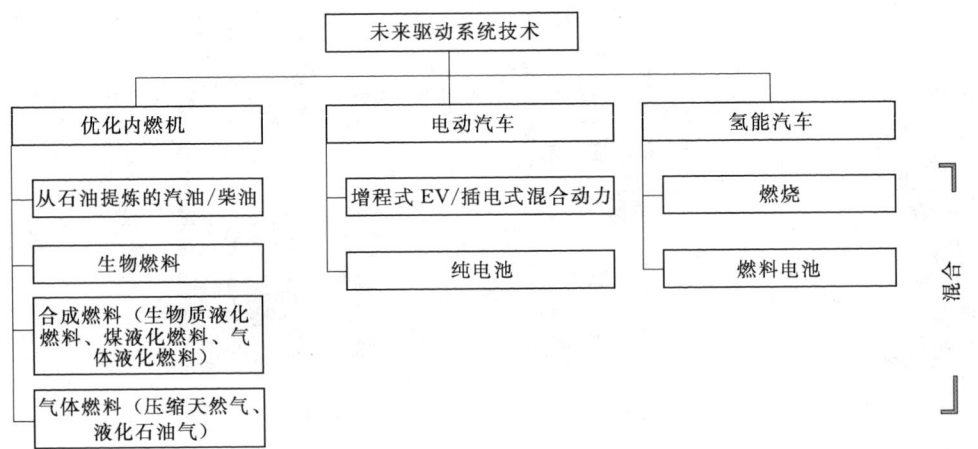

图 0.12 未来驱动系统技术展望

项 目 1

认识纯电动汽车

◎ 学习目标

(1) 认识纯电动汽车起源、技术发展脉络。
(2) 了解纯电动汽车发展历经的各个阶段。
(3) 掌握纯电动汽车的现状及未来发展趋势。

◎ 项目描述

纯电动汽车的产生并非是新鲜事物,历史可以追溯至大约 200 年前。通过了解纯电动汽车相关的技术产生、发展的历史背景,对掌握纯电动汽车的发展趋势有着重要意义。

任务 1.1 纯电动汽车起源

电动机的发明早于内燃机的发明,就技术本身而言,纯电动汽车(Battery Electric Vehicles,BEV)的产生理应也早于内燃机汽车,是什么原因让纯电动汽车发展几经波折?纯电动汽车是指由电动机驱动的汽车。电动机的驱动电能来源于车载可充电蓄电池或其他能量储存装置的车辆《电动汽车术语》(GB/T 19596—2004)。纯电动汽车是典型的零排放车辆,其本身不产生有毒排放物与二氧化碳,由于对环境影响相对于传统汽车要小很多,因而其前景被广泛看好。

很少有人知道纯电动汽车究竟是何时进入人们生活的,因为纯电动汽车不过是近几年出现的新鲜事物,然而并非如此,在纯电动汽车技术进化的历史长河里,纯电动汽车曾经兴旺过、没落过,它凝聚了无数发明家的智慧和心血,充满着无数传奇色彩的坎坷和无数次失败与成功的反复,至今仍处在发展过程中。纯电动汽车的发明甚至早于内燃机汽车半个多世纪。

1834 年,Thomas Davenport 制造了一辆电动三轮车,它由一组不可充电的干电池驱动,只能行驶一小段距离。

1837 年,苏格兰人 Robert Davidson 发明的电动轨道车辆是世界上第一辆使用电池的车辆,之后的 1842 年,开发出重 5t、48m 长、功率为 0.74kW(1 马力)、时速 6.4km/h 的轨道车辆❶。

---

❶ Kordesch,K. The electric automobile. Union Carbide Corporation Battery Product Division,Ohio. 1978.

1839年，苏格兰的罗伯特·安德森给四轮马车装上了电池和电动机，将其成功改造为世界上第一辆靠电力驱动的车辆。

1847年，法莫制造了第一辆以蓄电池为动力、可载两人的无轨电动汽车，他把电动机装在一个轮子上，由48节格鲁夫电池供电，这是美国第一辆为人所知的电动汽车。

1880年，爱迪生（Thomas Edison）制造出一辆电动汽车，时速32km/h，如图1.1所示。

图1.1 爱迪生于1914年制造的底特律电动车

1859年，法国物理学家Gaston Plante发明了世界上第一个可充电的铅酸电池，从而奠定了纯电动汽车的兴起。世界上第一辆使用铅酸电池的电动汽车可追溯至1881年，发明人为法国工程师古斯塔夫·特鲁夫（Gustave Trouvé），这是一辆用铅酸电池为动力的三轮车，并在巴黎国际电力博览会演示，引起了不小的轰动。该车由1台电动机和6节铅酸蓄电池组成，加上乘客后总重160kg，速度仅为12km/h。

和19世纪末的内燃动力汽车相比，电动车除了车速略低外，在其他方面的优点很多，比如起动方便，而且电动机工作时没有噪声、发动机的震动和难闻的汽油味。而且，直流电动机低转速时大扭矩输出特性，使它用作汽车动力时不需要复杂的传动系统且操作简便，因而电动车成为了机动交通工具的一个主要发展方向。图1.2所示为1882年Werner von Siemens制造的无轨电车。

从19世纪末期到20世纪初期，这是电动车的黄金时期，法国和英国都出现了电动车制造公司，1899年4月29日，比利时人Camille Jenatzy驾驶着一辆名为La Jamais Contente的炮弹外形电动车以105.88km/h的速度刷新了由汽油动力发动机保持的世界汽车最高车速的速度记录（图1.3），这是汽车速度第一次突破100km/h大关，

图 1.2　1882 年 Werner von Siemens 制造的无轨电车

图 1.3　1899 年突破 100km/h 的 La Jamais Contente 电动车

La Jamais Contente 电动车保持着这个汽车速度记录进入到了 20 世纪。

与此同时，大洋彼岸的美国在汽车的普及上比欧洲稍晚，但他们有自己的优势，美国在电力技术发展和普及上领先于欧洲。发明了电灯、留声机的美国著名科学家爱迪生是电动车的坚定支持者，1911 年《纽约时报》曾经这样评论电动车："它经济，不排放废气，是理想的交通工具。"舆论和名人的效应对于电动车在美国的推广与普及无疑起到了推波助澜的作用，像 Anthony Electric、Baker、Detroit Electric、Columbia 和 Riker 这样的电动车制造公司应运而生。当时的美国不仅拥有数量众多的电动轿车和电动卡车，Bailey Electric 公司在 1907 年甚至开发了最早的电动跑车。1897年，纽约出现了第一辆电动出租车。与此同时，与电动车相关的配套服务设施也应运而生，Hartford Electric Light 公司为电动车提供可以更换的电池。Detroit Electric 公司不仅制造电动车，还建立了电池充电站以方便用户充电，现代电动车需要的那些配套设施在 90 多年前就已经建立过了。

不过，电动车的黄金时代并没有持续太久，20 世纪 20 年代后，内燃机技术达到了一个新水平，装备内燃机的汽车速度更快，加一次油可持续巡航里程是电动车的 3 倍左右，且使用成本低。相比之下，电动车的发展进入到了瓶颈时期，它在降低制造成本和改善使用便利性方面没有明显的进步……这种背景下，电动车很快失去了存在的意义，在 1940 年左右电动车基本上就从欧美汽车市场中消失了。

1973 年爆发的中东石油危机令全世界陷入石油短缺的境地中，人们又开始关注其他动力的汽车，电动车再一次进入人们的视线中。20 世纪 80 年代至 90 年代，日本和美国的汽车厂家生产了一系列电动车，比如 Chrysler TEVan 和丰田 RAV4 EV，名气最大的是 1996 年通用汽车公司投产的 EV1 电动轿车，不过，它们最终都是昙花一现。

1860—1920 年间，随着蓄电池技术的发展，电动车的运用于 19 世纪下半叶在欧美得到了较为广泛的运用。1859 年，法国伟大的物理学家、发明家伽斯顿·普朗特（Gaston Plante）发明了可充电的铅酸电池。

19 世纪末期到 1920 年是电动车发展的一个高峰。在早期的汽车消费市场上电动车比内燃机驱动车辆有着更多优势：无气味、无振荡、无噪声、不用换挡和价格低廉，这形成了以蒸汽、电动和内燃机三分天下汽车市场格局。

1920—1990 年间，随着美国得克萨斯州石油的开发和内燃机技术提高，电动车在 1920 年之后渐渐失去了优势。汽车市场逐步被内燃机驱动的汽车所取代。只有在少数城市保留着很少的有轨电车和无轨电车以及很有限的电瓶车（使用铅酸电池组，被使用在高尔夫球场、铲车等场合）。电动车的发展从此停滞了大半个世纪。随着石油资源的滚滚流向市场，人们几乎忘记还有电动车的存在。相对运用在电动车上的技术，如电驱动、电池材料、动力电池组、电池管理等也无法得到发展或运用。

1990—2000 年这一时期，石油资源的日益减少、大气环境的污染严重，让人们重新关注了电动车。1990 年之前提倡使用电动车主要还是以民间为主。比如 1969 年建立的民间学术团体组织——世界电动车协会（World Electric Vehicle Association）。世界电动车协会每一年半在世界不同国家和地区举办"专业电动车学术会议和展览"（Electric Vehicle Symposium and Exposition，EVS）。

20 世纪 90 年代开始各个主要的汽车生产厂家开始关注电动车的未来发展并且开始投入资金和技术在电动车领域。1990 年 1 月的洛杉矶汽车展上，通用汽车总裁向全球推介 Impact 纯电动轿车；1992 年福特汽车公司使用钙硫电池的 Ecostar；1996 年丰田汽车公司使用镍氢电池的 RAV4LEV；1996 年法国雷诺汽车公司的 Clio；1997 年丰田的 Prius 混合动力轿车下线；1997 年日产汽车公司世界上第一辆使用锂离子电池的电动车 Prairie Joy EV；1999 年本田汽车公司发布、销售混合动力 Insight。

经过几十年的发展，虽然屡次出现契机，但是直到 21 世纪初期电动车没有再现 19 世纪末期至 20 世纪初期的辉煌。根源在于它不仅生产成本相对较高，而且充电麻烦、保养成本高以及电池能量密度低造成的续航里程短和充电便利性差，这些弱点严重阻碍了电动车的普及。

纯电动汽车逐渐被内燃机汽车所取代，并呈现极速衰落的趋势也是必然的，从美国国内来看，究其原因有以下 6 点。

（1）美国在城市间建立了良好的公路网络，需要汽油车拥有更长的续航里程和更快的行驶速度，而当时的电动汽车显然无法满足这一需求。

（2）美国的德克萨斯州、俄克拉荷马州和加利福尼亚州都发现了大量的油田，这使得当时的汽油价格大幅降低，普通老百姓也能消费得起汽油。

（3）查理（Charles Kettering）在 1912 年发明了燃油汽车的起动机，淘汰了长达 25 年之久的汽车手摇起动曲柄，它的成功应用大大促进了汽车的普及，使得妇女也能够轻易地驾驶汽车。

（4）海勒姆（Hiram Percy Maxim）在 1897 年发明了消声器，大幅降低了内燃机的噪声。

（5）电动汽车当时无法进入乡村地区，因为当时美国大部分乡村地区没有电力供应。

（6）亨利福特（Henry Ford）为汽车工业带来了流水线生产，使得内燃机汽车价格更加亲民。1915 年，福特车的售价仅为 440 美元，而在 1912 年，电动双座敞篷车的售价是 1750 美元。

如此一来，速度更快、续航里程更长、价格更加便宜的内燃机汽车便开始一统天下。

图 1.4 所示为 1996 年生产的 GM EV1 汽车。

图 1.4　GM EV1 汽车（1996 年产）

任务 1.2　纯电动汽车发展及未来趋势

从能源角度看，随着石油资源的日益枯竭、汽车保有量的不断增长以及能源消费的大量增加，传统汽车的消费模式是难以为继的。近年频发的能源危机，已经为全球经济社会的发展亮起了红灯。纯电动汽车的发展是否又迎来了又一个春天？

从环境保护的角度看，汽车尾气中含有 150～200 种不同的化合物，其主要有害成分为：未燃烧或燃烧不完全的 CH、NO_x、CO、CO_2、SO_2、H_2S 以及未来将会出现的醛、酚、过氧化物、有机酸和含铅、磷汽油所形成的铅、磷污染等。有害气体扩散到空气中造成空气污染，对植物、气候和建筑物都有破坏作用。英国空气洁净和环境保护协会曾发表研究报告称，与交通事故遇难者相比，英国每年死于空气污染的人要多出 10 倍。在世界范围而言，气候的反常与汽车尾气特别是其中的 CO_2 关系密切。近年来，温室效应带来的危害已经越来越明显，天气异常、海平面上升、物种消亡等种种景象都给人类敲响了警钟。如果不采取措施，任全球气候变暖，以现在的速度发展下去，到 2050 年全球平均温度将上升 2～4℃，届时南、北极的冰山将大量融化，导致海平面大大上升，一些岛屿国家和沿海城市将淹没于水中。

从经济技术的角度看，石油价格的居高不下，增加了汽车行驶的成本，2008 年是全球汽车市场面临严峻考验的一年，席卷全球的金融危机使得全球经济陷入衰退，实体经济受到牵连、消费不振，导致汽车产业陷入困境。众多跨国公司退出的新能源汽车成为车展的展示舞台，期待以此来提振行业。

在石油短缺、公众环保意识显著增强，政府推动、法律法规日臻完善，以及民众对纯电动汽车认可程度日益提高的大环境下，纯电动汽车正在引领世纪汽车业的发展潮流。丰田、通用、日产、雷诺等世界大汽车公司发展计划，推出各种类型的电动汽车。

据中国汽车工业协会统计，2015 年全国新能源乘用车销量达 207382 辆（图 1.5）

图 1.5　吉利帝豪 EV

[其中纯电动车销量实现 146719 辆（表 1.1），同比增长 3 倍；插电式混动销售 60663 辆，同比增长 2.5 倍]。在有利政策的驱动下，中国新能源汽车市场可谓"快速发展，形势喜人"。

扫一扫

表 1.1　　　　　　　　　2015 年全国新能源乘用车销量排行榜

品牌	销售数量（辆）/占比	车型
比亚迪	61722（29.8%）	PHEV：秦、唐 EV：比亚迪 e6、腾势、比亚迪 e5
吉利	43611（21.0%）	EV：康迪熊猫、知豆 D1、知豆 D2
众泰	24516（11.8%）	EV：云 100、众泰 E20、云 TT、芝麻 E30
北汽	17303（8.3%）	EV：EV 系列、ES210、绅宝 D50、绅宝 D70
奇瑞	14147（6.8%）	EV：奇瑞 eQ、奇瑞 QQ eV
上汽	11123（5.4%）	PHEV：荣威 E550 EV：荣威 E50
江淮	10420（5.0%）	江淮 iEV 系列

来源：中国汽车工业协会、全国乘用车市场信息联席会，仅含 2015 年新能源汽车销量超过 1 万辆的车企。

汽车作为电脑、手机、电视之后的第四个互联网入口，互联网巨头们垂涎已久，大热的新能源汽车成为其进入传统汽车行业的一大契机，以此为突破口，互联网巨头纷纷下注，联手各大车企，力图酝酿及打造一场互联网＋汽车的科技变革（图 1.6）。

图 1.6　互联网＋汽车（汽车向智能化方向快速发展）

扩展阅读：特斯拉电动汽车

特斯拉是一家美国电动车及能源公司，产销电动车、太阳能板及储能设备。总部位于美国加利福尼亚州硅谷帕洛阿尔托（Palo Alto）。

特斯拉的第一款汽车产品 Roadster 发布于 2008 年，为一款两门运动型跑车。

2012 年，特斯拉发布了其第二款汽车产品——Model S，这是一款四门纯电动豪华轿跑车；第三款汽车产品为 Model X，豪华纯电动 SUV，于 2015 年 9 月交付使用（图 1.7、图 1.8）。特斯拉的下一款汽车为 Model 3，首次公开于 2016 年 3 月，并将于 2017 年年末交付使用。

图 1.7　Model S 车型

图 1.8　Model X 车型

特斯拉首席执行官埃隆马斯克表示，特斯拉努力为每一个普通消费者提供其消费能力范围内的纯电动车辆；特斯拉的愿景是"加速全球向可持续能源的转变"。

2016 年 11 月 17 日，特斯拉电动车收购美国太阳能发电系统供应商 SolarCity，使得特斯拉转型成为全球唯一垂直整合的能源公司，向客户提供包括 Powerwall 能源墙、太阳能屋顶等端到端的清洁能源产品。2017 年 2 月 1 日，特斯拉汽车公司（Tesla Motors Inc.）正式改名为特斯拉（Tesla Inc.）。这意味着汽车不再是特斯拉的唯一业务。

（推荐阅读书目：郎为民·特斯拉．改变世界的汽车［M］．北京：人民邮电出版社，2015．）

思 考 题

1-1 查阅相关资料，分析纯电动汽车目前发展遇到的瓶颈是什么？
1-2 查阅相关资料，试想纯电动汽车在未来会消亡吗？其结局是什么？
1-3 观看纪录片《谁消灭了电动车》《电动汽车复仇记》。

项目 2
纯电动汽车结构与驱动过程认知

◎ 学习目标

(1) 认识纯电动汽车总体结构及主要部件。
(2) 了解纯电动汽车驱动的工作原理。
(3) 熟悉纯电动汽车技术参数含义。
(4) 掌握纯电动汽车各子系统的工作原理与工作过程。

◎ 项目描述

本项目主要介绍纯电动汽车的总体结构与驱动工作原理，对常见的纯电动汽车类型主要性能及技术参数进行对比分析。详细介绍纯电动汽车各系统组成、主要部件、连接方法及工作原理等内容，通过本项目的实施，使学生熟悉纯电动汽车整体结构，从而掌握纯电动汽车构造与各主要部件以及电力驱动工作过程。

任务 2.1　纯电动汽车总体结构

纯电动汽车是完全由可充电储能式电池（主要以锂电池为主）提供动力源的汽车，利用外电源为动力电池进行充电，并将动力电池的电能转换为机械能来驱动汽车。纯电动汽车工作原理：当行驶汽车时，由动力电池输出电能（直流），通过控制器驱动电动机运转，电动机输出转矩经传动系统带动车轮前进或后退。纯电动汽车续驶里程与动力电池容量有关，同时电池容量与诸多因素相关，如环境温度、放电速率等。图 2.1、图 2.2 所示为纯电动汽车结构及原理。

纯电动汽车驱动系统是电动汽车的核心，其性能决定着纯电动汽车运行性能的好坏，纯电动汽车的驱动系统布置取决于电动机驱动系统方式，常见的驱动系统布置形式如图 2.3 所示。

1. 传统的驱动模式

该类型的驱动模式仍然延续了内燃机汽车的驱动模式，只是将内燃机换成了电动机，属于改造型的纯电动汽车，这种布置可以提高电动汽车的起动转矩，增加低速时纯电动汽车的后备功率，如图 2.4 所示。

这种驱动系统布置形式有两种（一种为电动机前驱，驱动桥前置 FF；另一种为电动机前驱，驱动桥后驱 FR），这种驱动布置形式结构复杂、效率低，不能充分发挥驱动电动机的性能，在此基础上，还有一种简化的传统驱动系统布置形式，如图 2.4（b）所

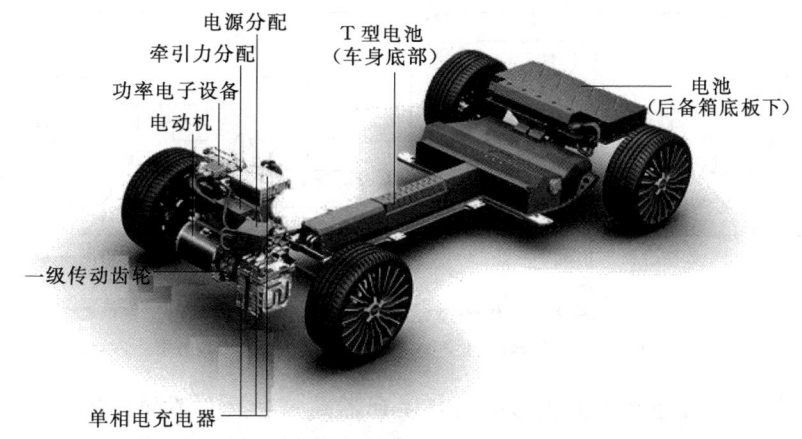

图 2.1 纯电动汽车总体结构（奥迪 A3 e-tron）

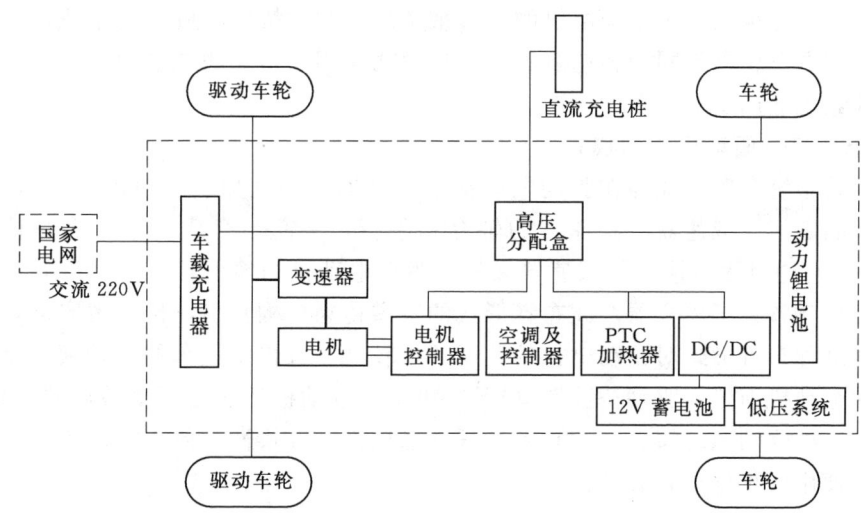

图 2.2 纯电动汽车整体结构原理（集中式驱动）

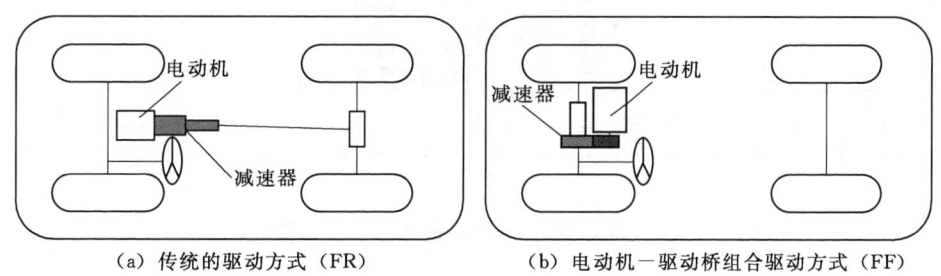

图 2.3 纯电动汽车驱动系统布置方案

示，采用固定速比减速器，去掉离合器，这种驱动系统布置形式可减少机械传动装置的质量，缩小其体积。

传统驱动系统布置形式的工作原理类同于传统汽车，离合器用来切断或接通驱动

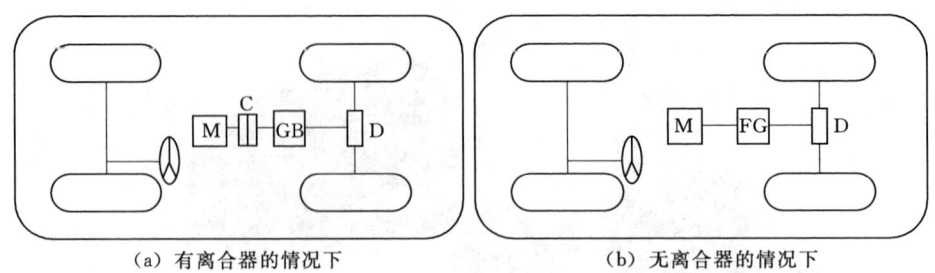

(a) 有离合器的情况下　　　　　　(b) 无离合器的情况下

图 2.4　传统驱动系统简化布置形式

M—驱动电动机；C—离合器；GB—变速器；FG—固定速比减速器；D—差速器

电动机到车轮之间传递动力的机械装置，变速器是一套具有不同速比的齿轮机构，驾驶人按需要来选择不同的挡位，使得低速时车轮获得大转矩低转速，而高速时车轮获得小转矩高转速。由于采用了调速电动机，其变速器可相应简化，挡位数一般有两个就够了，倒挡也可以利用驱动电机的反转来实现。驱动桥内的机械式差速器使得汽车在转弯时左右车轮以不同的转速行驶，这种模式应用于早期的纯电动汽车，省去了较多的设计，也适用于对原车的改造。

2. 电动机—驱动桥驱动模式

此驱动系统布置形式即在驱动电动机端盖的输出轴处加装减速齿轮和差速器等，电动机、固定速比减速器、差速器的轴互相平行，一起组合成一个驱动整体，如图 2.5 所示。它通过固定速比的减速器来放大驱动电动机的输出转矩，但没有可选的变速挡位，也就省去了离合器。此布置形式的机械传动机构紧凑，传动效率高，便于安装，但是这种布置形式对驱动电机的调速要求较高。按传统汽车的驱动模式来说，可以有驱动电动机前置—驱动桥前置（FF）和驱动电动机后置—驱动桥后置（RR）两种方式。这种驱动系统布置形式具有良好的通用性和互换性，便于在现有的汽车底盘上安装，使用、维修也较方便。

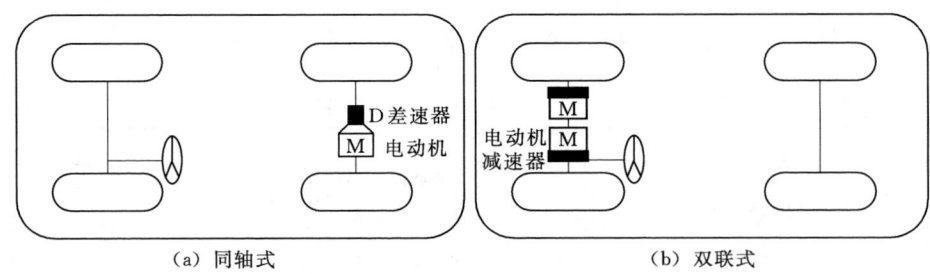

(a) 同轴式　　　　　　　　　　　(b) 双联式

图 2.5　电动机-驱动桥整体驱动模式布置形式

3. 电动机—驱动桥整体驱动模式

此驱动布置形式与发动机横向前置—前轮驱动的内燃机汽车布置方式类似，把电动机、固定速比减速器和差速器集成为一个整体，两个半轴连接驱动车轮。电动机—驱动桥整体式驱动系统布置形式有同轴式和双联式两种。

汽车转弯时，前一种采用机械式差速器，后一种采用电控差速器，如图 2.6 所示。电子差速器的优点是体积小、质量轻，在汽车转弯时可以实现精确的电子控制，提高纯电动汽车的性能。其缺点是由于增加了驱动电动机和功率转换器，增加了初始成本，而且在不同条件下对两个驱动电动机进行精确控制的可靠性需要进一步发展。同样，电动机—驱动桥整体式驱动系统在汽车上的布局也有电动机前置—驱动桥前置（FF）和电动机后置—驱动桥后置（RR）两种驱动模式。该电动机—驱动桥构成的机电一体化整体式驱动系统，具有结构更紧凑、传动效率高、重量轻、体积小、安装方便的特点，并具有良好的通用性和互换性，在小型电动汽车上应用最普遍。

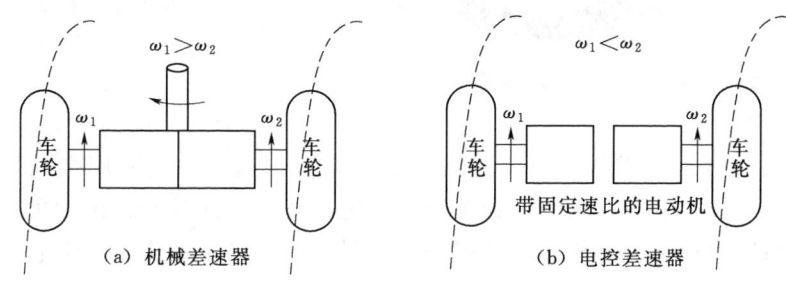

图 2.6　汽车转弯时的情况

4. 轮毂电动机驱动模式（分布式驱动）

轮毂电动机直接装在汽车车轮里，主要有内定子外转子和内转子外定子两种结构，如图 2.7 和图 2.8 所示。

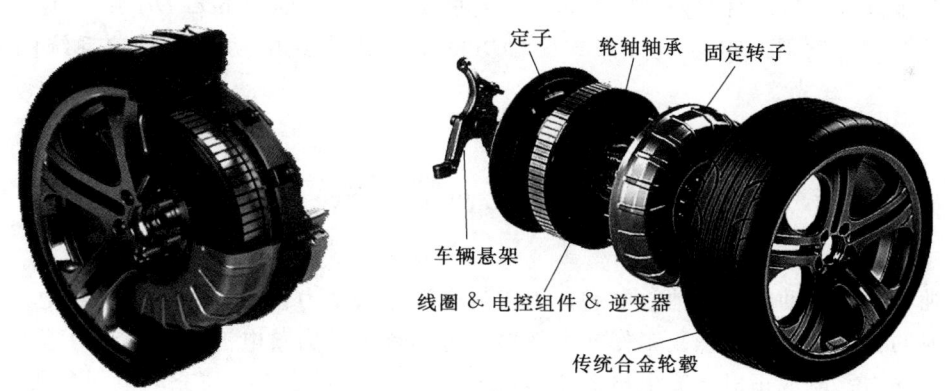

图 2.7　Protean Drive 轮毂电动机驱动系统

（1）内定子外转子轮毂电动机分散驱动式驱动系统布置形式采用低速内定子外转子电动机，其外转子直接安装在车轮的轮缘上，可完全去掉变速装置，驱动电动机转速和车轮转速相等，车轮转速和车速控制完全取决于驱动电动机的转速控制。由于不通过机械减速，通常要求驱动电动机为低速大转矩电动机。低速内定子外转子电动机结构简单，无需齿轮变速传动机构，但其体积大、质量大、成本高。

（2）内转子外定子轮毂电动机分散驱动式驱动系统布置形式采用一般的高速内转

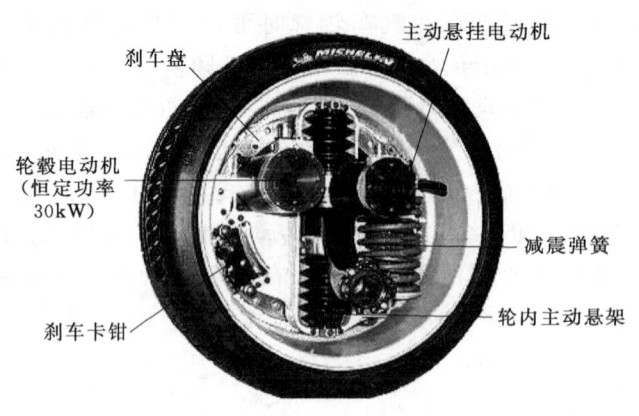

图 2.8 轮毂驱动轮结构

子外定子电动机,其转子作为输出轴与固定减速比的行星齿轮变速器的太阳轮相连,而车轮轮毂通常与其齿圈连接,它能提供较大的减速比来放大其输出转矩。驱动电动机装在车轮内,形成轮毂电动机,可进一步缩短从驱动电动机到驱动轮的传递路径;采用高速内转子电动机(转速约 10000r/min),需装固定速比减速器来降低车速,一般采用高减速比行星齿轮减速装置,安装在电动机输出轴和车轮轮缘之间,且输入轴和输出轴可布置在同一条轴线上。高速内转子电动机具有体积小、质量轻和成本低的优点,但它需要加行星齿轮变速机构。

采用轮毂电动机驱动可大大缩短从驱动电动机到驱动车轮的传递路径,不仅能腾出大量的有效空间便于总体布局,而且对于内定子外转子结构,也大大提高了对车轮的动态响应控制性能。每台驱动电动机的转速可独立调节控制,便于实现电子差速。既省去了机械差速器,也有利于提高汽车转弯时的操控性。轮毂电动机分散驱动在汽车上的布置方式可以有双前轮驱动、双后轮驱动和 4WD(4 Wheel Drive)。前后四轮驱动等模式。轮毂式电动机分布式驱动方式应是未来纯电动汽车驱动系统的发展方向。

任务 2.2 充 电 系 统

纯电动汽车动力蓄电池放电后,用直流电源连接动力蓄电池,将电能转化为动力蓄电池的化学能,使它恢复工作能力,这个过程称为动力蓄电池充电。动力蓄电池充电时,动力蓄电池正极与充电电源正极相连,动力蓄电池负极与充电电源负极相连,充电电源电压必须高于动力蓄电池的总电动势。合适的充电方式不仅能够最大限度地发挥电池的容量,而且可以延长电池的使用寿命。纯电动汽车的充电方法包括常规充电方式和快速充电方式。

2.2.1 充电方法具体分类

常规充电方式有恒电流充电方法、恒电压充电方法和阶段充电方法等几种。常规充电方式以较低的充电电流对电动车进行充电,一般充电时间较长,可达 10~20h;常规充电方式的充电器安装成本比较低,电动汽车家用充电设施(车载充电机)和汽车充电站多采用这种充电方式。充电时段可以充分利用电力低谷时段(峰谷电)进行充电，降低充电成本，提高充电效率，并延长电池的使用寿命。

快速充电方式有脉冲式充电法、变电流间歇充电方法、变电压间歇充电方法等几种，这里介绍常见的和基本的充电方法。快速充电方式以较高的充电电流在短时间内为蓄电池充电，充电时间短，可在 10～30min 完成，快速充电方式的充电器安装成本相对较高，充电效率较低，对电池寿命也有一定的影响。

1. 恒压充电方法

恒压充电是最基本的控制方式，电池端电压和电流的关系如图 2.9 所示。开始时，给定一个期望电压值，系统开始充电，充电电流随充电的进行不断减小；当充电电流小于一定值后，充电过程结束。恒压充电的最大特点就是控制简单，由于充电终期只有很小的电流流过，所以析气量小、能耗低；但由于充电初期充电电流过大，容易对电池极板造成冲击，严重时会损坏电池；恒压充电方式一般用于电池中途的补给充电，在开始充电阶段，一定要加保护措施，限制电流的最大值。

2. 恒流充电方法

恒流充电方法的控制过程如图 2.10 所示。开始时，充电器以恒定较大电流为电池充电，电池将要充满时，改用恒定的小电流为电池充电，进入浮充阶段，浮充的作用是为了补偿电池自放电的影响。这种方法能对电池组中的落后电池完全充电，消除电池电压的不平衡；但这种方法充电时间很长，析气严重，能耗高；恒流充电方法是目前广泛使用的一种充电方法。

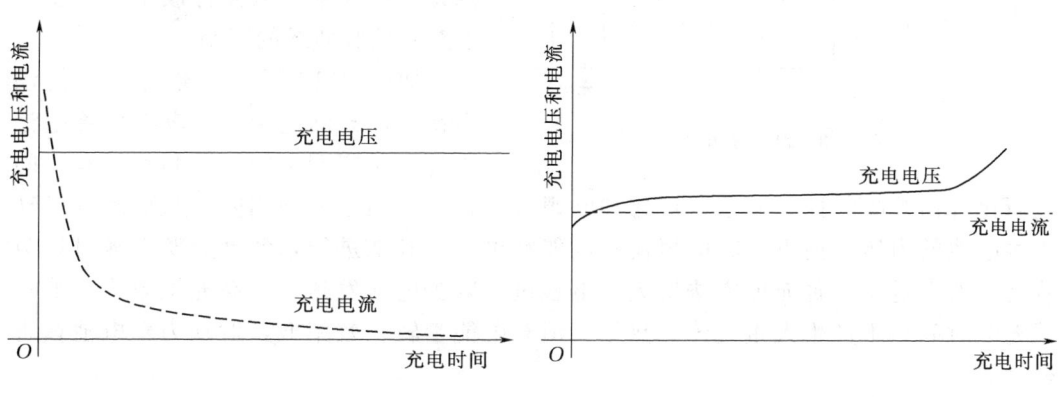

图 2.9　恒压充电方法　　　　　图 2.10　恒流充电方法

3. 阶段充电方法

常用的分阶段充电方法有二阶段充电法和三阶段充电法。二阶段充电法的控制过程如图 2.11 所示，三阶段充电法的控制过程如图 2.12 所示。二阶段充电法采用恒流方法和恒压方法相结合，首先以恒流充电至预定的电压值，然后改为恒压方法完成剩余的充电。一般两阶段之间的转换电压就是第二阶段所保持的恒定电压。

三阶段充电方法在充电开始和结束时采用恒电流充电，中间用恒压充电。二阶段充电方法首先以恒流充电至预定的电压值，然后改为恒压，前两阶段之间的转换电压一般也是第二阶段所保持的恒定电压，当电流衰减到预定值时，由第二阶段转换到第三阶段进行恒流充电，后两阶段之间的转换电流一般就是第三阶段所保持的恒定电流。这种方法可以将出气量减到最少。

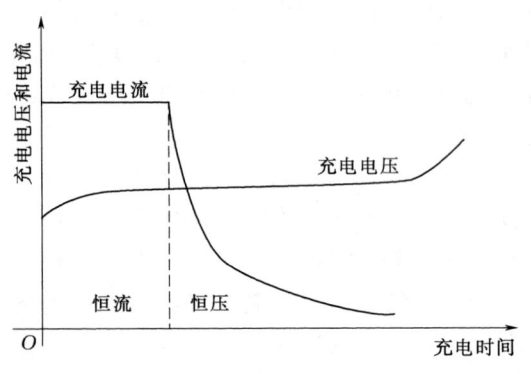

图 2.11 二阶段充电方法

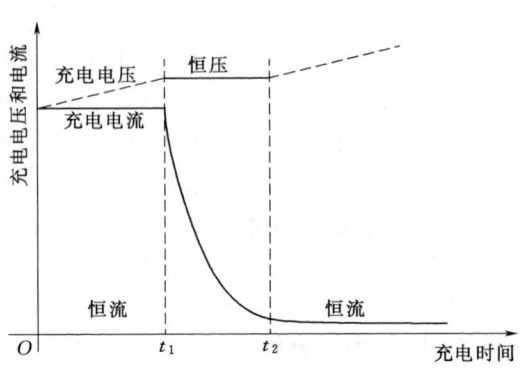

图 2.12 三阶段充电方法

4. 脉冲充电方法

脉冲充电方法首先是用脉冲电流对动力蓄电池充电,然后让电池停充一段时间,如此循环,如图 2.13 所示。脉冲充电方法遵循动力蓄电池固有的充电接收率,能够提高动力蓄电池充电接收率,从而打破了动力蓄电池充电接收曲线的限制。

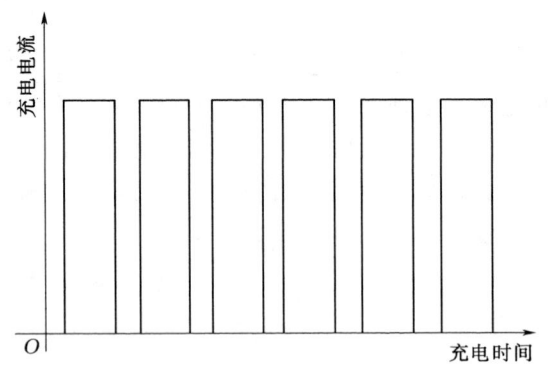

图 2.13 脉冲充电方法

如图 2.13 所示,充电脉冲使动力蓄电池充满电量,间歇期使蓄电池经化学反应产生的氧气和氢气有时间重新化合而被吸收掉,使浓差极化和欧姆极化自然而然地得到消除,从而减轻了动力蓄电池的内压,使下一轮的恒流充电能够更加顺利地进行,使动力蓄电池可以吸收更多的电量。这种充电方法增大放电容量,减少电池发热,提高充电效率;缩短了充电时间,不产生大量气体和热量,但充电能量转化效率低,对动力蓄电池损害较大。

5. 变电流间歇充电方法

变电流间歇充电法建立在恒流充电和脉冲充电的基础上,其特点是将脉冲充电中恒流充电阶段改为限制充电电压改变充电电流间歇充电,其充电过程如图 2.14 所示。充电前期的各段采用变电流间歇充电的方法,保证加大充电电流,获得绝大部分充电量。充电后期采用恒定电压充电,直到电池恢复至完全充电状态。变电流间歇

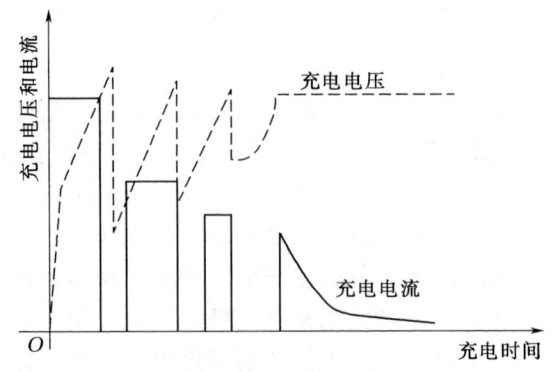

图 2.14 变电流间歇充电方法

充电方法通过间歇停充，使蓄电池经化学反应产生的氧气和氢气有时间重新化合而被吸收掉，使浓差极化和欧姆极化自然而然地得到消除，从而减轻了动力蓄电池的内压，使下一轮的恒流充电能够更加顺利地进行。

6. 变电压间歇充电方法

变电压间歇充电方法与变电流间歇充电方法不同之处在于第一阶段不是间歇恒流充电，而是间歇恒压充电，其充电过程如图 2.15 所示。这种方法更加符合最佳充电的充电曲线。在每个恒电压充电阶段，由于是恒压充电，充电电流自然按照指数规律下降，符合动力蓄电池电流可接收率随着充电的进行逐渐下降的特点。

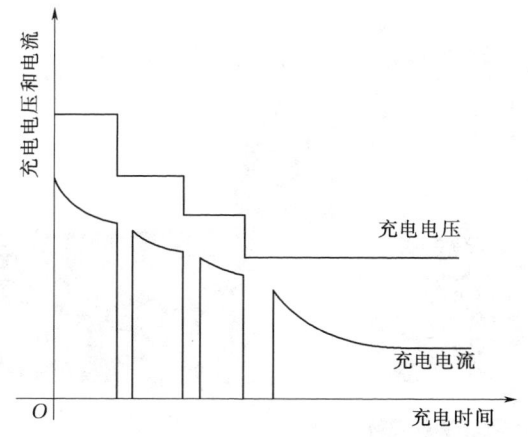

图 2.15 变电压间歇充电方法

2.2.2 充电系统控制的设计框架

纯电动汽车充电系统由动力电池、DC/DC 转换器、车载充电器、高压控制盒、快充（直流）、慢充（交流）等组成，如图 2-16 所示。

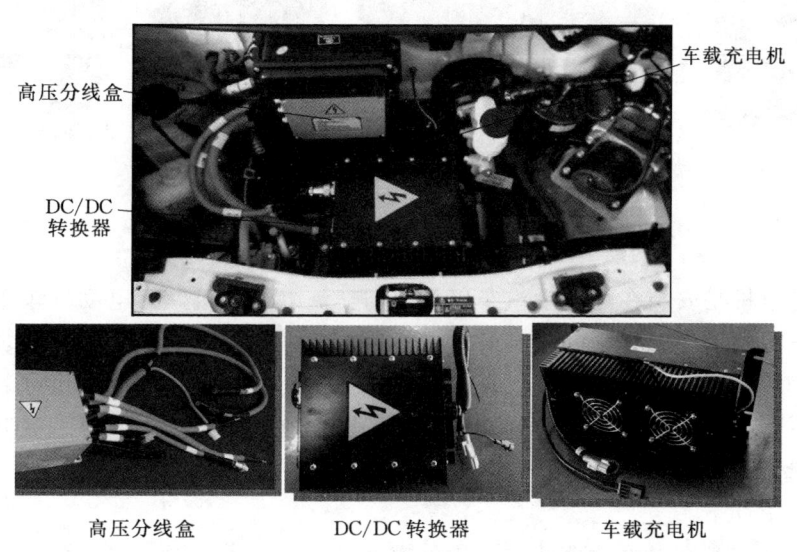

图 2.16 DC/DC 转换器、车载充电器、高压控制盒车内布置
（资料来源：知豆汽车培训资料）

电动汽车充电设备主要包括充电站及其附属设施，如图 2.17 所示，如充电机、充电站监护系统、充电桩、配电室以及安全防护设施等。电动汽车充电桩是一种专为电动汽车的车用电池充电的设备。根据电流种类的不同，充电桩可分为交流充电桩和直流充电桩两种，分别采用相应的充电方式完成对车载蓄电池充电的功能。一般情况下，充电机应至少能为铁锂离子蓄电池、铅酸蓄电池和镍氢蓄电池 3 种类型动力蓄电

池中的一种进行充电。

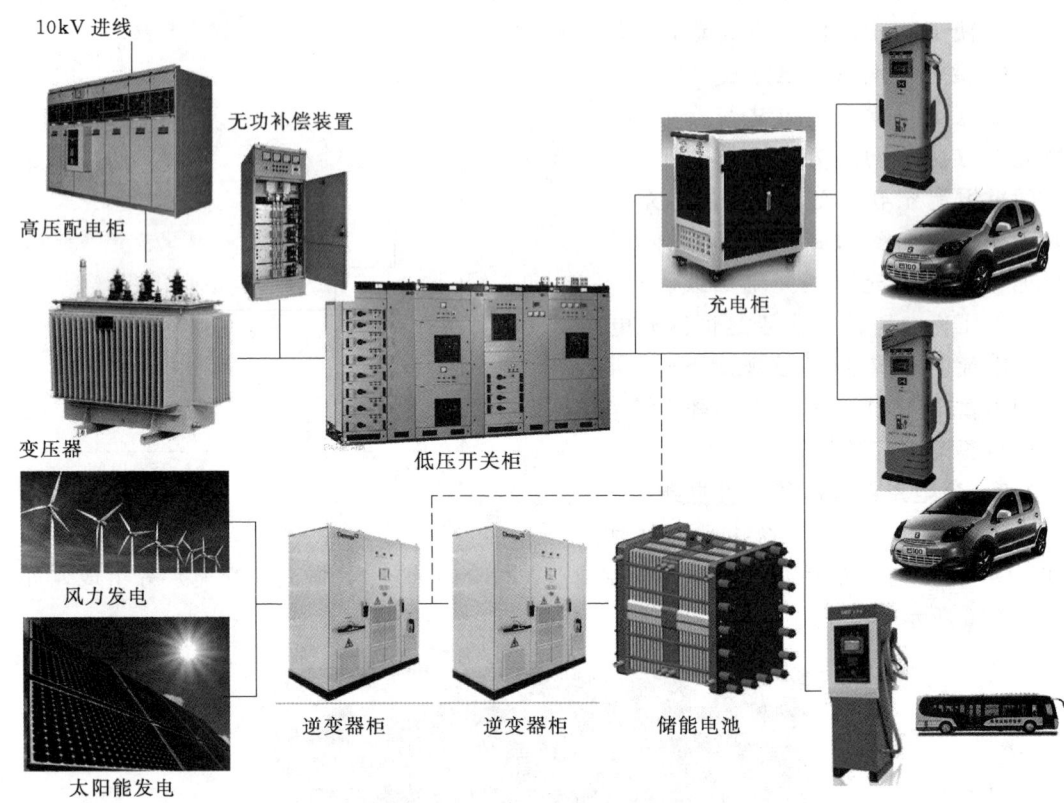

图 2.17　充电系统总体框架
（资料来源：E-works 网站相关资料）

交流充电桩是安装在纯电动汽车以外，与交流电网连接，为电动汽车车载充电机提供交流电源的供电装置，同时具备计量计费功能；直流充电桩是固定安装在电动汽车外，与交流电网连接，为电动汽车动力电池提供小功率直流电源的供电装置，直流充电桩具有充电机功能，可以实现监视并控制被充电电池状态，同时直流充电桩可以对充电电量进行计量。

系统要求如下。

（1）电动汽车充电站大多建立在户外道路旁，需考虑高温、多灰尘、潮湿的环境特点，要求产品能宽温工作，环境适应能力强。

（2）电动汽车充电站网点一般数量较多且分散，维护成本较高，所以要求产品具有较高的平均无故障运行时间。

（3）提供户外用户和操作员在户外可视界面，具有宽视角特点。

（4）具有 Flash 或 CF 卡存储介质，可安装操作系统和存放广告内容。

（5）可实现车主自由对充电终端进行操作，要求具有高亮度的触摸面板。

（6）可灵活外接读卡器、打印机、电度表等设备，要求产品具有多串口通信的特点。

2.2.3 车载充电器

电动汽车车载充电机（OBC）是指固定安装在电动汽车上的充电机，具有为电动汽车动力电池安全、自动充满电的能力，充电机依据电池管理系统（BMS）提供的数据，能动态调节充电电流或电压参数，执行相应的动作，完成充电过程，如图2.18所示。

车载充电机作为一个电力电子系统，主要由功率电路和控制电路组成。对于功率电路，由变压器和功率管组成的DC/DC变换器是其重要组成部分。对于控制电路，它的核心是控制器，用来实现与BMS的CAN通信，并控制功率电路按照三段式充电曲线给锂电池组充电。当车载充电机接上交流电后，并不是立刻将电能输出给电池，而是通过BMS电池管理系统首先对电池的状态进行采集分析和判断，进而调整充电机的充电参数。

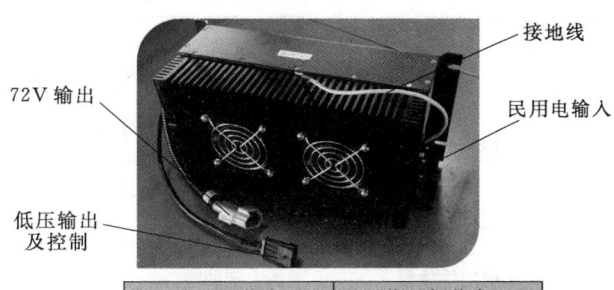

充电机状态	指示灯状态
待机	红灯常亮
充电中	绿灯闪烁
充满电	绿灯常亮
故障	红绿灯闪烁

图2.18 车载充电机
（资料来源：知豆汽车培训资料）

功能要求：具有为电动汽车动力电池，安全、自动充满电的能力，可依据电池管理系统（BMS）提供的数据，能动态调节充电电流和电压参数，执行相应的动作，并反馈充电信息，高效率地完成充电过程。

基本参数（资料来源：知豆汽车培训资料）如下。

额定输入电压：交流220V。

额定输入频率：50Hz。

额定输出电压：直流72V。

额定输出电流：直流25A。

额定功率：2kW。

防护等级：IP66。

注：IP66指产品完全防止外物侵入，且可完全防止灰尘进入，承受猛烈的海浪冲击或强烈喷水时，电器的进水量应不致达到有害的影响。

IP（Ingress Protection）是指灯具设备和仪表等设备外壳防护等级，在《外壳防护等级》（IP代码）（GB 4208—2008）系列标准中，规定了设备的外壳防护等级IP代码的含义。IP防护等级系统是由IEC（International Electrotechnical Commission）所起草。将设备依据防尘防湿特性加以分级。这里的外物含工具、人的手指等均不可接触到设备内的带电部分，以免触电。IP防护等级是由两个数字所组成。第一个数字表示设备离尘、防止外物侵入的等级。第二个数字表示设备防湿气、防水侵入的密闭程度，数字越大表示其防护等级越高，两个标示数字所表示的防护等级见表2.1。

表 2.1　　　　　　　　　　　IP 等 级 数 字 含 义

第一个数字	简 述	含 义
0	没有防护	对外界的人或物无特殊防护
1	防止大于 50mm 的固体物侵入	防止人体因意外而接触到设备内部的零件。防止较大尺寸的外物侵入
2	防止大于 12mm 的固体物侵入	防止人的手指接触到设备内部的零件。防止中等尺寸外物侵入
3	防止大于 2.5mm 的固体物侵入	防止直径或厚度大于 2.5mm 的工具、电线等较小外物侵入而接触到设备内部的零件
4	防止大于 1.0mm 的固体物侵入	防止直径或厚度大于 1.0mm 的工具、电线等较小外物侵入而接触到设备内部的零件
5	防尘	完全防止外物侵入,虽不能完全防止灰尘进入,但侵入的灰尘量并不会影响设备的正常工作
6	尘密	完全防止外物侵入,且可完全防止灰尘进入
第二个数字	简 述	含 义
0	无防护的	没有防护
1	防止滴水侵入	垂直滴下的水滴（如凝结水）对设备不会造成有害影响
2	倾斜 15°时仍可防止滴水侵入	当灯具由垂直倾斜至 15°时,滴水对设备不会造成有害影响
3	防止喷洒的水侵入	防雨或防止与垂直的夹角小于 60°的方向所喷洒的水进入设备造成损害
4	防止飞溅的水侵入	防止各方向飞溅而来的水进入设备造成损害
5	防止喷射的水侵入	防止来自各方向喷嘴射出的水进入设备内造成损害
6	防止海浪	承受猛烈的海浪冲击或强烈喷水时,电器的进水量应不至达到有害的影响
7	防止浸水影响	设备浸在水中一定时间或水压在一定的标准以下能确保不因进水而造成损坏
8	防止沉没时水的侵入	设备无限期沉没在指定水压的状况下,能确保不因进水而造成损坏

车载充电机有两大部分组成,即电源部分(主回路)和充电机控制主板,如图 2.19 所示。充电机控制主板主要是对电源部分进行控制、监测、计量、计算、修正、保护以及与外界网络通信等功能,是车载充电机的"中枢大脑",电源部分主要作用

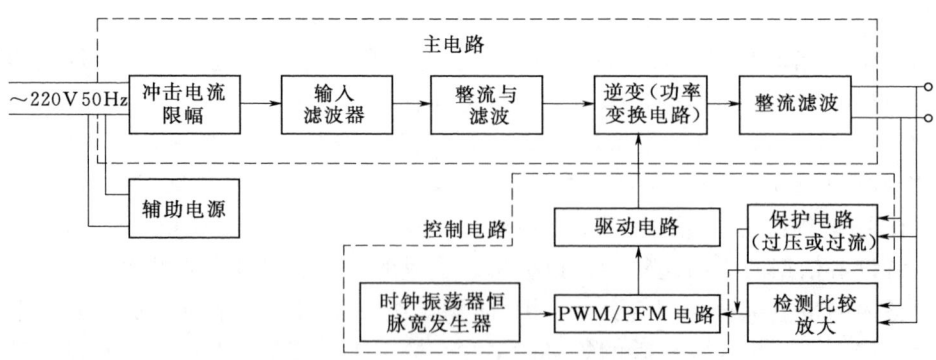

图 2.19　车载充电机主电路与控制电路

是将220V交流电转化为逾300V的直流电,电源部分又分为PFC和LLC两部分,实际上可以把PFC看作是AC/DC,而把LLC看作是DC/DC。

目前国内车载充电机主流的为3.3kW和6.6kW,而国外如特斯拉汽车公司采用的是高功率充电机,功率达到10kW。高功率是未来产品的一大趋势。

国内新能源汽车都标配了车载充电机,家用电源线也能给车辆充电。目前电动汽车上使用的充电机主要是密封式车载充电机和便携非密封式充电机两种。

车载式充电机按照技术标准应满足抗震、防水、散热等基本要求,这就决定了其应是密封式金属外壳、内部采用全灌胶或局部灌胶工艺;否则很难实现标准要求。正规厂家生产且满足这类标准的车载充电机充电过程是不存在安全隐患的。

便携非密封式充电机在微型电动车上,不论是便携使用还是车载使用都是不安全的。用户由于担心其进水、被盗等原因,经常把充电机与插排一起放到驾驶室内进行充电,这样就非常容易引起火灾。便携非密封式充电机适合一些有专人维护和固定充电场地的车辆,譬如高尔夫球车、观光旅游车、叉车等。

目前国产车载充电机价格为2000～5000元/台,功率越大价格越高。目前市场上6.6kW充电机4000～5000元,3.3kW充电机2000～3000元,2kW充电机的售价在几百元到1000元。

车载充电机是新能源汽车必不可少的核心零部件,其市场规模随着新能源汽车市场的快速增长而扩大。2016年,电动汽车车载充电机市场规模约20亿元,未来几年随着新能源汽车产量的逐年提升会不断扩大规模(图2.20)。

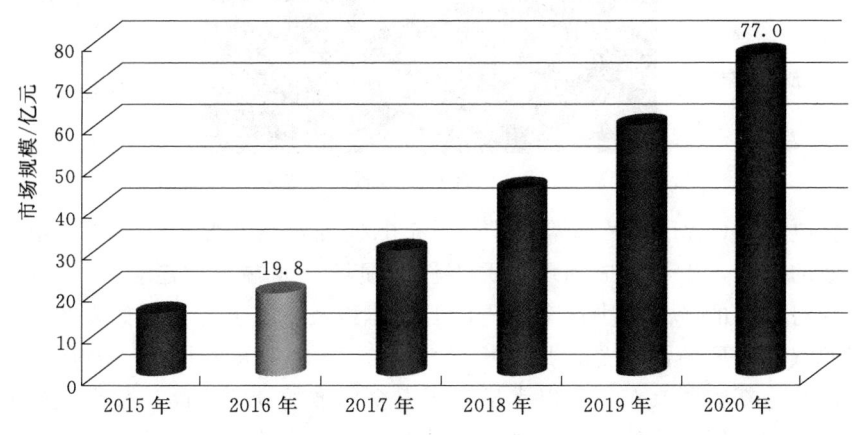

图2.20 车载充电机市场预测

2.2.4 高压分线盒(高压配电盒)

从纯电动汽车整车空间、整车架构的复杂度及成本考虑,业界广泛采用集中式高压电气系统架构配电。高压动力电源直接进入高压配电盒后根据系统的需要分配到系统高压电气产品,对如何保证整个高压系统及其各个电气设备的安全性、系统绝缘、电磁干扰及屏蔽、密封及耐振动等具有很高的要求,如图2.21和图2.22所示。

目前市场上存在的高压配电盒大都沿用工业高压配电箱的设计理念,其安全性、可靠性和耐久性都满足不了汽车的要求。例如,对于大功率的容性负载像马达驱动器

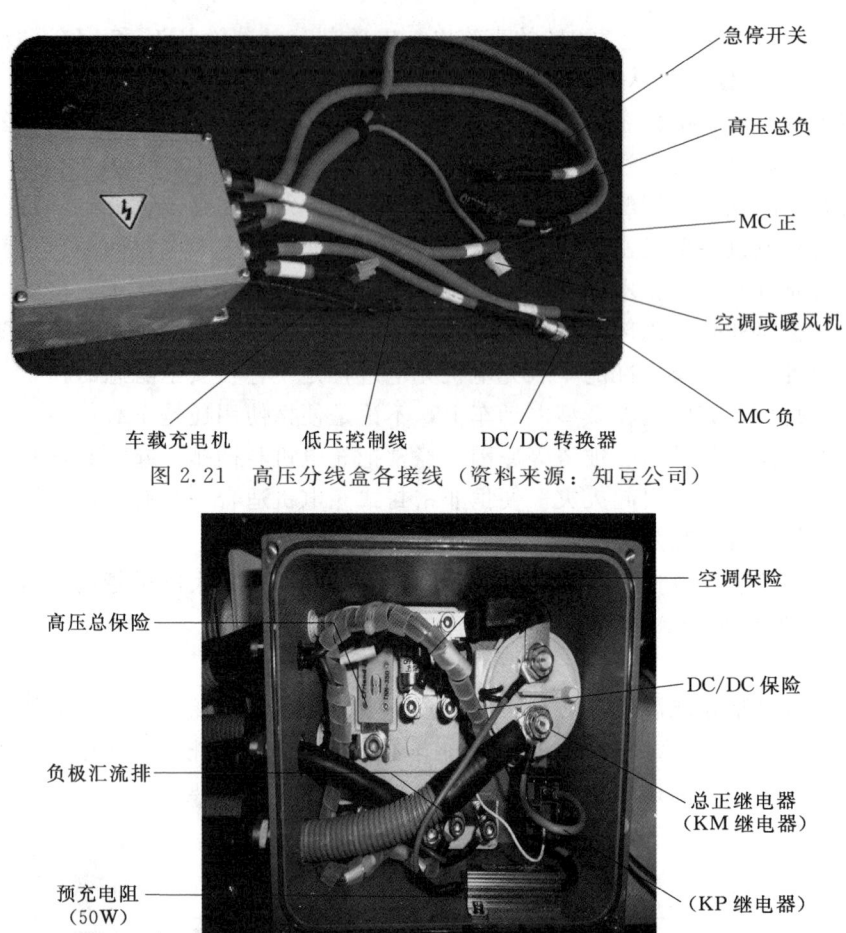

图 2.21 高压分线盒各接线（资料来源：知豆公司）

图 2.22 高压分线盒内部接线（资料来源：知豆公司）

和电压转换电器（DC/DC），都需要进行预充电处理及状态监控。传统的电气线路很难做到有效的监控，极易造成高压开关零件的损坏（如端子粘连等）。业界往往采用电气参数相对较高的产品解决这个问题，但在体积及成本上并不尽如人意。

新能源汽车发展的需求是适用于电动汽车的智能高压配电盒，其中大于80%的高压零组件是为新能源汽车开发以满足高压安全标准的开关产品。整个配电盒采用散热及耐振动优良的钣金或铝合金壳体，具有较高的安全性及密封防水等级，在寿命、功耗、体积及重量上也有较大的优势，这类配电盒的特点如下。

（1）产品结构紧凑、体积小，便于在车上安装。
（2）采用国际主流部件，保证稳定运行，提高系统安全性。
（3）产品满足车辆振动和防护的要求，能适应恶劣工作环境。
（4）产品安装和检修容易，维护保养方便。

高压分配盒又被称为高压分线盒，在纯电动汽车日常保养和维修过程中，处于"中枢"的位置，由于其涉及高压危险，所以在拆装过程中必须按照规范进行操作。其拆装注意事项如下。

(1) 分线盒拆卸和装配一定要在专业人员指导下进行。
(2) 如无专业人员在场情况下,不准打开分线盒上盖。
(3) 分线盒保险丝更换前一定要断掉钥匙开关并且切断急停开关。
(4) 分线盒保险丝更换过程中须小心谨慎,拆卸保险丝时需干净利落。
(5) 分线盒保险丝更换完毕后务必要拧紧盒盖再上电。

2.2.5 交流充电桩与接口

交流充电桩一般为常规充电模式,其人机交互界面采用大屏幕 LCD 彩色触摸屏,充电可选择定电量、定时间、定金额、自动(充满为止)4 种模式。充电桩的交流工作电压 220V±15%,额定输出功率 3.5kW、7kW,普通纯电动轿车用充电桩充满电需要 4～5h,由于充电桩造价低廉且主要安装在停车场,因此适用于慢充动力电池,如图 2.23～图 2.25 所示。

  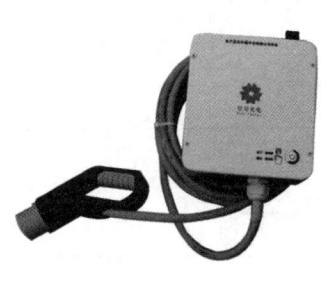

(a) 立式交流充电桩　　　(b) 壁挂式交流充电桩　　　(c) 便捷式交流充电桩

图 2.23　各个类型的交流充电桩

图 2.24　电动汽车充电站

车辆接口和充电模式的供电接口分别包含 7 对触头,其电气参数值与功能定义见表 2.2。

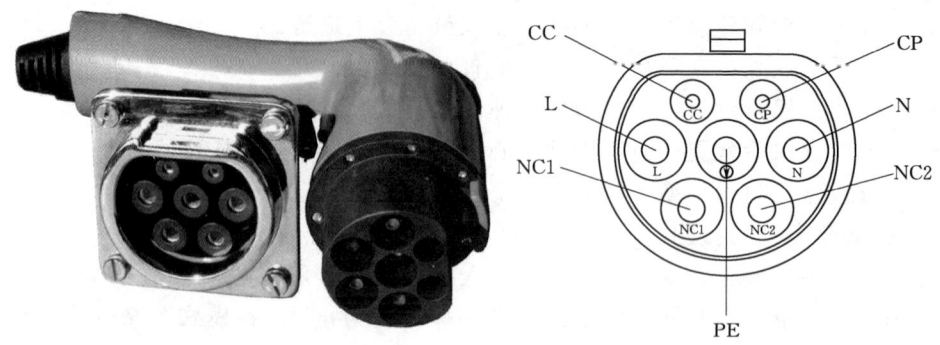

图 2.25 交流充电桩接口

表 2.2　　　　　　　触头电气参数值和功能定义（GB/T 20234.2）

触头编号/标识	额定电压和额定电流	功能定义
1-L	250V/440V 16A/32A	交流电源
2-NC1	—	备用触头
3-NC2	—	备用触头
4-N	250V/440V 16A/32A	中线
5-PE	—	保护接地（PE），连接供电设备地线和车辆车身地线
6-CC	30V 2A	充电连接确认
7-CP	30V 2A	控制确认

交流充电桩就是通过表 2-2 中这 7 根线给电动汽车进行充电，如图 2.26～图 2.28 所示。

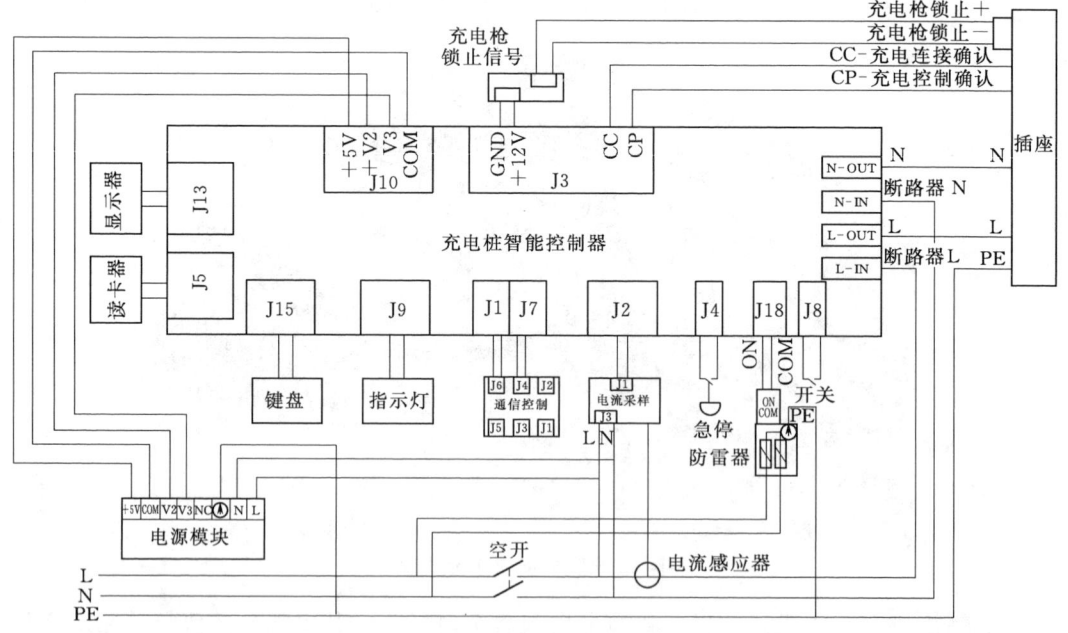

图 2.26 充电桩内部接线

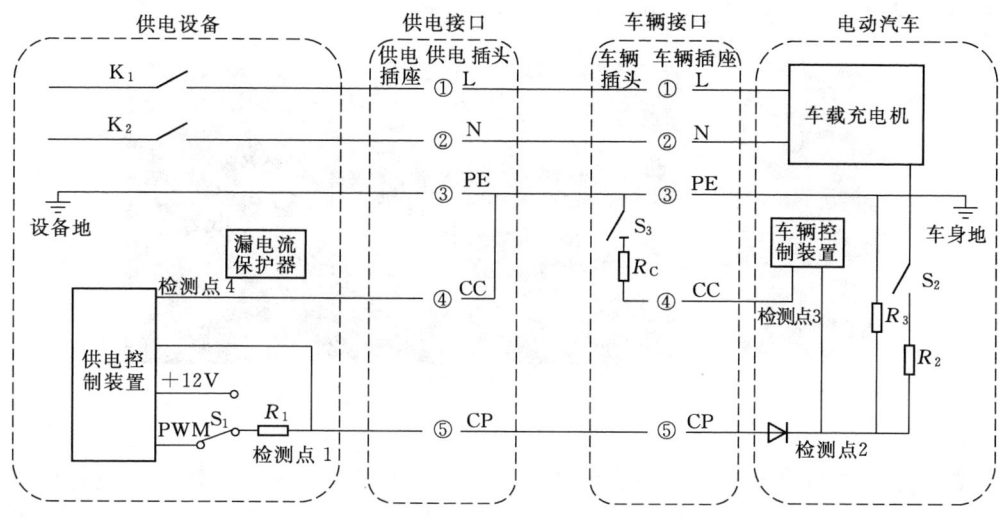

图 2.27 交流充电线路连接

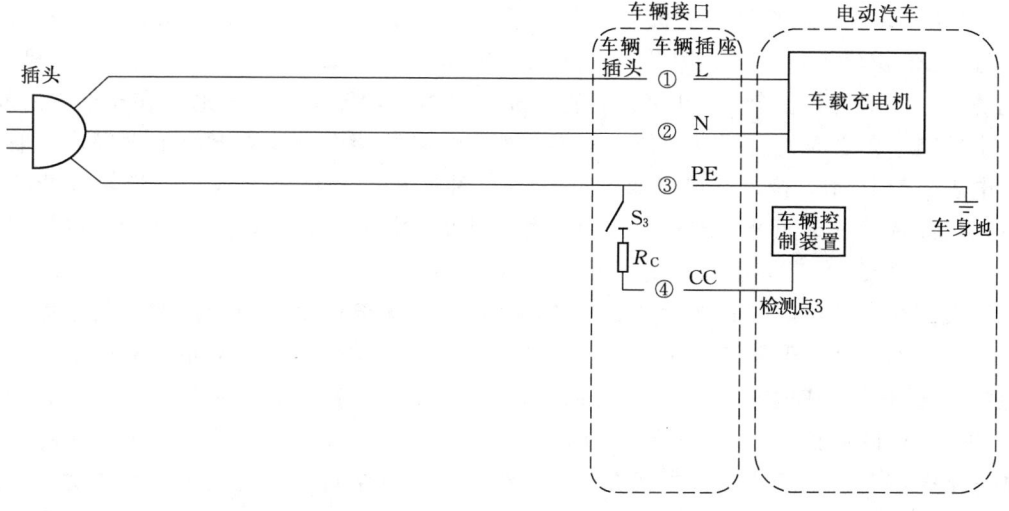

图 2.28 便捷式交流充电线路连接

2.2.6 直流充电桩与接口

根据对电动汽车的充电方式,充电桩可分为交流充电桩和直流充电桩两大类。交流充电桩主要安装在停车场,造价低廉,适合家用,给普通纯电动轿车充满电需要4～5h。目前小型车大多采用交流充电桩充电。直流充电桩主要安装在大型充电站内,以三相四线制的方式连接电网,能够提供充足的电力,输出的电压和电流调整范围大,俗称"快充"。电动大巴车主要通过直流充电桩充电。

传导式直流充电桩通过接口与电动汽车相连,人们在充电桩上的人机交互界面处刷卡和进行相应的操作后,即可给电动汽车充电(图2.29)。同时,在充电桩显示屏上能够显示电量、费用、充电时间等数据。这里就需要用到通信协议。直流充电桩主要涉及3类通信,即直流充电桩与电动汽车通信、直流充电桩内部设备的通信、直流充电桩与周围其他设备（如控制中心）之间的通信。

图 2.29 直流充电桩

直流充电桩与电动汽车之间通信充电时，直流充电桩需要与电动汽车进行信息互换，让充电桩识别插头连接状态，如是否可靠连接、是否漏电等，用于确定是否可以开始充电或断电。《电动汽车传导充电用连接装置第 3 部分：直流充电接口》（GB/T 20234.3—2015）对直流充电桩与电动汽车的通信方式及接口进行了规范，二者之间通过 CAN 协议进行通信，因此每一个直流充电插头都必须包含 CAN 接口，一桩多充的充电桩则会有多个 CAN 接口。直流充电桩内部功能单元之间通信在充电桩内部，多个控制单元之间也需要进行数据交换，如多功能智能电表检测充电电量等。一般智能电表自带 RS485 接口，可以通过 RS485 这种通信方式将电量数据发送给计费控制单元，计费控制单元可实现核对用户信息、计量、扣费、打印账单等功能。主控制单元一般通过 CAN 通信通知充电机开始或结束充电。

直流充电桩与周围其他设备之间的通信电动汽车充电桩属于配网侧，其通信方式往往和配网自动化仪器综合考虑。例如，为一个充电站配备一定数量的充电桩时，充电站、充电桩及其他电网设备、管理设备之间需要交换数据来达到配网自动化管理的目的。主流的通信方式由 WiFi、GPRS、CAN 总线、RS485 总线、工业以太网等组成网络来实现，由于这几种方式在不同网络规模、网络特性的应用中各有优劣，目前行业内也未形成统一的标准，为了保持充电桩接入网络的灵活性，常见的做法是在控制板上预留几种主流的通信接口，以适应不同通信网络要求。如图 2.30 和图 2.31 所示，主板预留了以太网、CAN 总线和 RS485 总线的接口。

车辆插头和车辆插座分别包含 9 对触头，其电气参数值及功能定义见表 2.3。

表 2.3　　　　　　触头电气参数值和功能定义（GB/T 20234.3）

触头编号/标识	额定电压和额定电流	功能定义
1—DC+	750V 125A/250A	直流电源正，连接直流电源正与电池正极
2—DC−	750V 125A/250A	直流电源负，连接直流电源正与电池负极
3—PE	—	保护接地（PE），连接供电设备地线和车辆车身地线
4—S+	30V 2A	充电通信 CAN_H，连接非车载充电机与电动汽车的通信线
5—S−	30V 2A	充电通信 CAN_L，连接非车载充电机与电动汽车的通信线

续表

触头编号/标识	额定电压和额定电流	功　能　定　义
6—CC1	30V 2A	充电连接确认1
7—CC2	30V 2A	充电连接确认2
8—A+	30V 20A	低压辅助电源正，连接非车载充电机为电动汽车提供的低压辅助电源
9—A—	30V 20A	低压辅助电源负，连接非车载充电机为电动汽车提供的低压辅助电源

注 非车载充电机控制装置与车辆控制装置应有CAN总线终端电阻，建议为120Ω。通信线宜采用屏蔽双绞线，非车载充电机端屏蔽层接地。

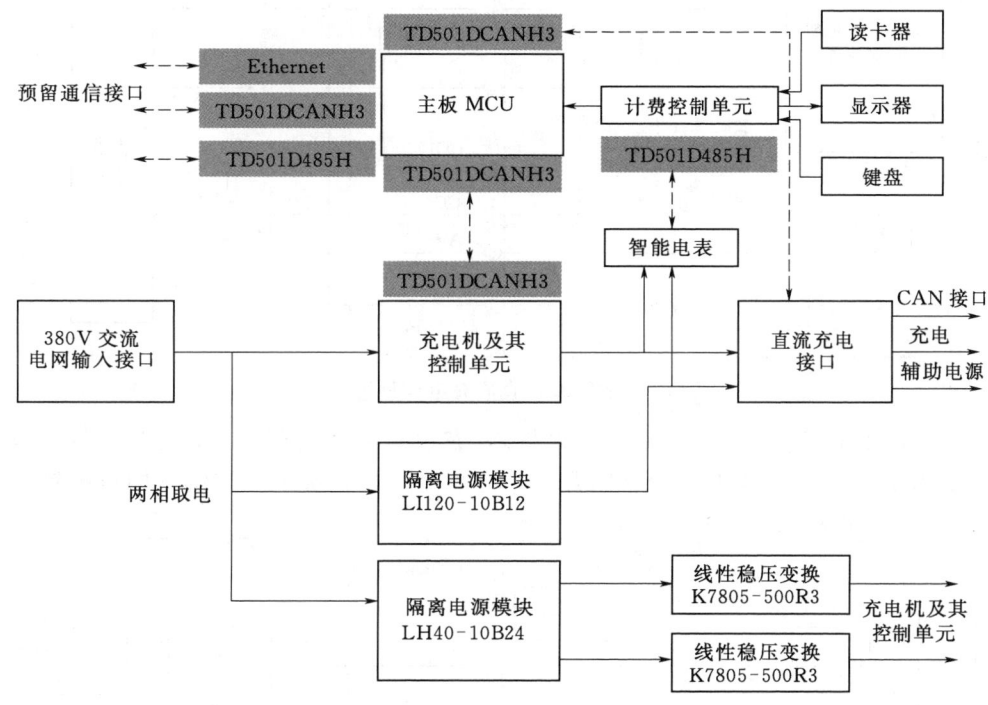

图2.30　电动汽车直流充电桩控制电路

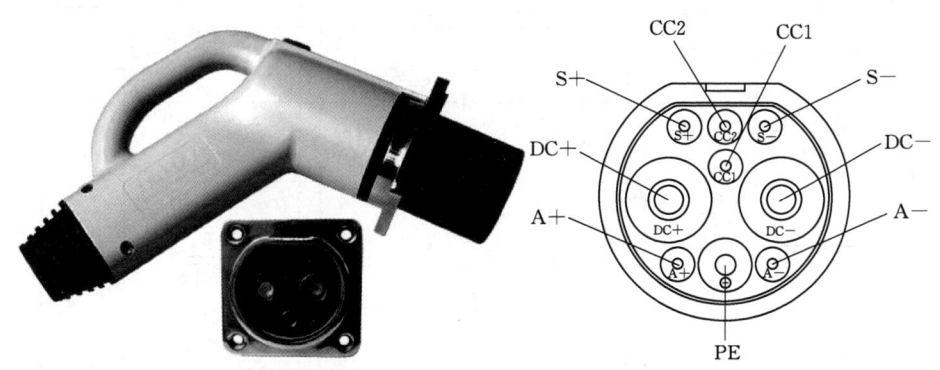

图2.31　直流充电桩接口示意图

直流充电桩就是通过表2.3中这9根线给电动汽车进行充电，其具体的充电模型如图2.32所示。

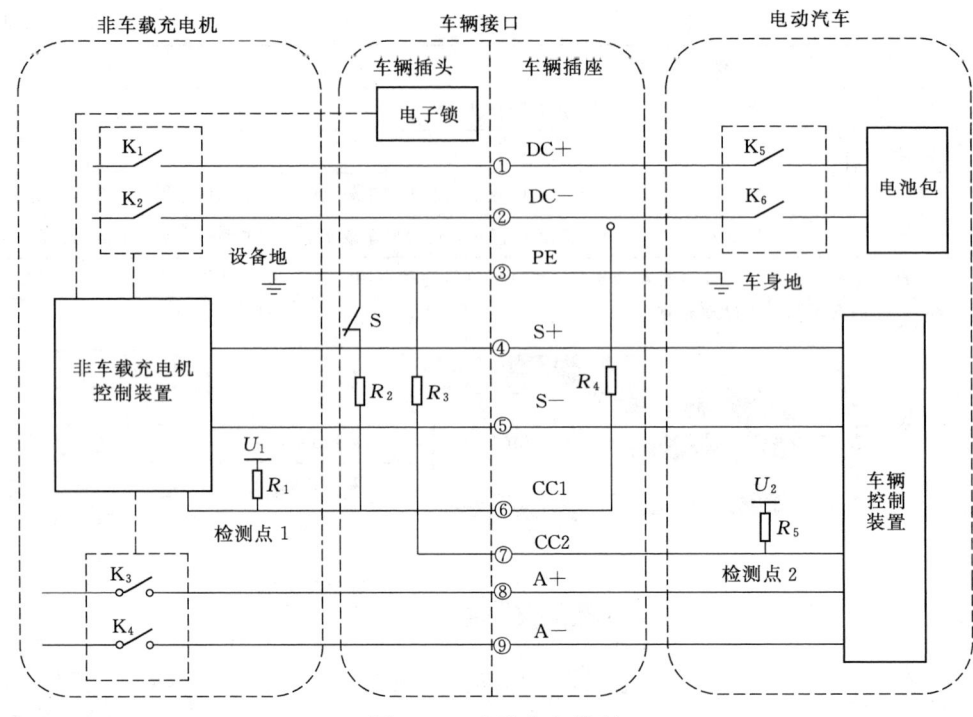

图 2.32 直流充电模型

左边是非车载充电机(即直流充电桩),右边是电动汽车,二者通过车辆插座相连。图 2.33 中的 S 开关是一个常闭开关,与直流充电枪头上的按键(即机械锁)相

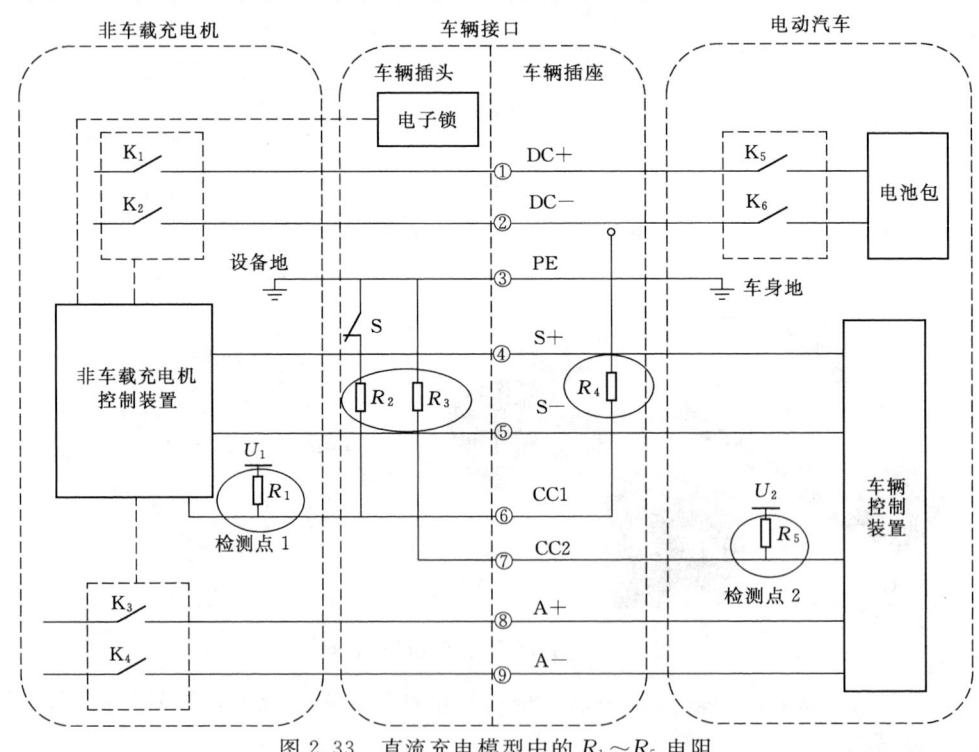

图 2.33 直流充电模型中的 $R_1 \sim R_5$ 电阻

关联，当按下充电枪头上的按键时，S 开关即打开。而图 2.33 中的 U_1、U_2 是一个 12V 上拉电压，$R_1 \sim R_5$ 是阻值约 1000Ω 的电阻，R_1、R_2、R_3 在充电枪上，R_4、R_5 在车辆插座上。

1. 车辆接口连接确认阶段

当按下枪头按键时，插入车辆插座，再放开枪头按键。充电桩的检测点 1 将检测到 12V→6V→4V 的电平变化。一旦检测到 4V，充电桩将判断充电枪插入成功，车辆接口完全连接，并将充电枪中的电子锁进行锁定，防止枪头脱落。

2. 直流充电桩自检阶段

在车辆接口完全连接后，充电桩将闭合 K_3、K_4，使低压辅助供电回路导通，为电动汽车控制装置供电（有的车辆不需要供电）（车辆得到供电后，将根据检测点 2 的电压判断车辆接口是否连接，若电压值为 6V，则车辆装置开始周期性发送通信握手报文），接着闭合 K_1、K_2，进行绝缘检测，绝缘检测即检测直流线路的绝缘性能，保证后续充电过程的安全性。绝缘检测结束后，将投入泄放回路泄放能量，并断开 K_1、K_2，同时开始周期性发送通信握手报文。

接下来，就是电动汽车与直流充电桩相互配置的阶段，车辆控制 K_5、K_6 闭合，使充电回路导通，充电桩检测到车辆端电池电压正常（电压与通信报文描述地电池电压误差在 ±5% 内，且在充电桩输出最大、最小电压的范围内）后闭合 K_1、K_2，那么直流充电线路导通，电动汽车就准备开始充电了，如图 2.34 所示。

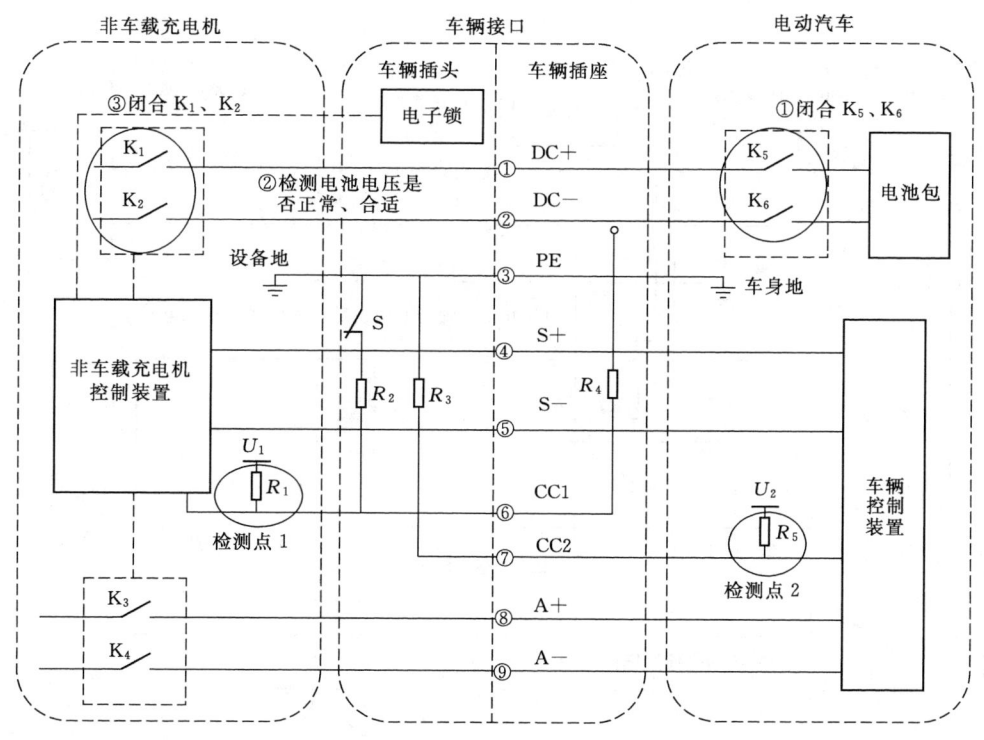

图 2.34 充电桩准备就绪阶段示意图

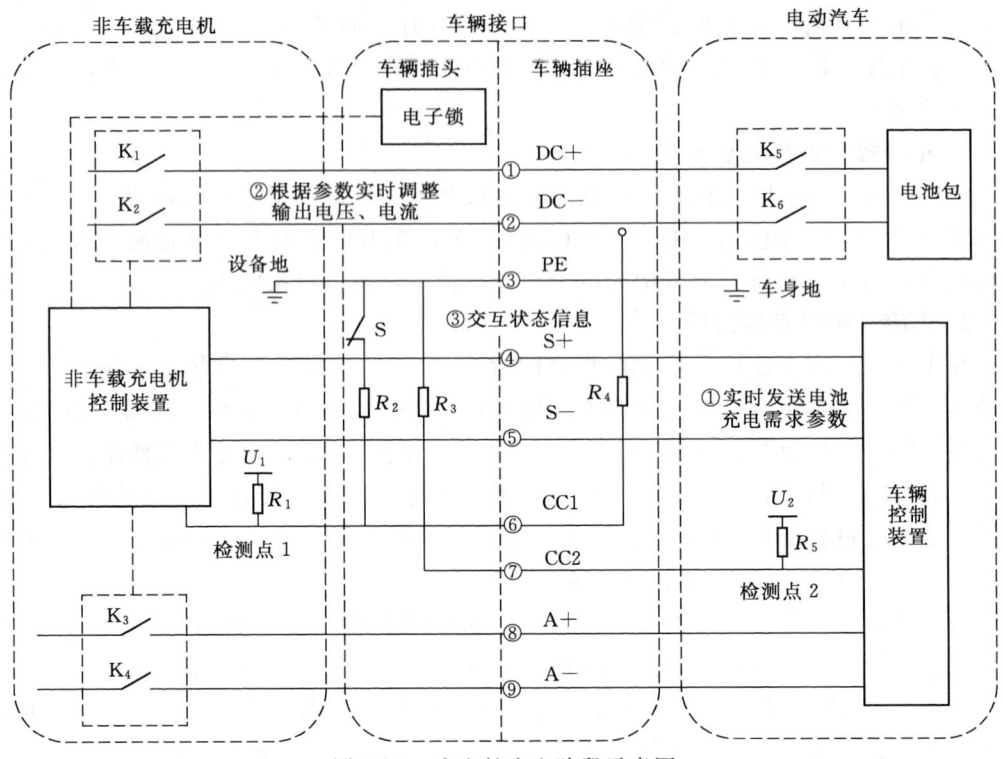

图 2.35 充电桩充电阶段示意图

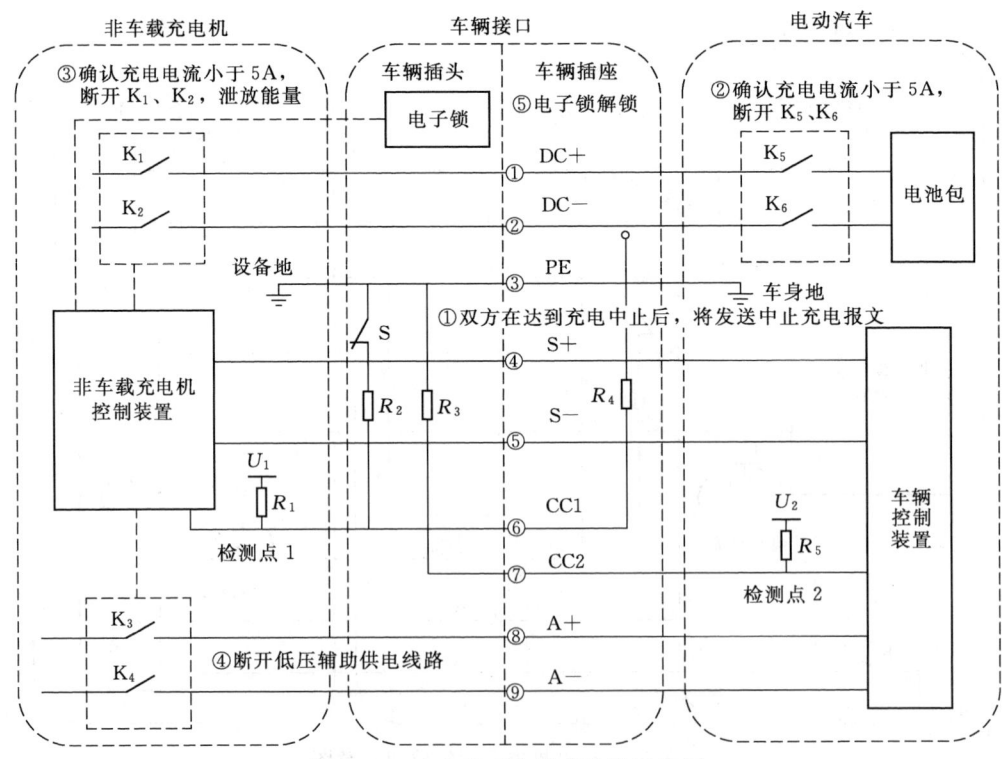

图 2.36 充电桩充电结束阶段示意图

充电阶段：在充电阶段，车辆向充电桩实时发送电池充电需求的参数，充电桩会根据该参数实时调整充电电压和电流，并相互发送各自的状态信息（充电桩输出电压电流、车辆电池电压电流、SOC 等），如图 2.35 所示。

充电结束阶段：车辆会根据 BMS 是否达到充满状态或是收到充电桩发来的"充电桩中止充电报文"来判断是否结束充电（非正常条件在后续文章进行介绍）。满足以上充电结束条件，车辆会发送"车辆中止充电报文"，在确认充电电流小于 5A 后断开 K_5、K_6。充电桩在达到操作人员设定的充电结束条件，或者收到汽车发来的"车辆中止充电报文"，会发送"充电桩中止充电报文"，并控制充电桩停止充电，在确认充电电流小于 5A 后断开 K_1、K_2，并再次投入泄放电路，然后再断开 K_3、K_4，如图 2.36 所示。

扫一扫

任务 2.3 动力电池系统

由于锂离子电池能量密度大，平均输出电压高。自放电小，好的电池每月在 2% 以下（可恢复）。没有记忆效应。工作温度范围宽为 $-20 \sim 60 \, ℃$。循环性能优越、可快速充放电、充电效率高达 100%，而且输出功率大，使用寿命长，不含有毒有害物质，被称为绿色电池。所以目前纯电动汽车动力电池一般都选择锂离子电池作为其动力电池类型。

2.3.1 动力电池

动力电池是制约纯电动汽车发展的主要因素。目前正在发展的电池主要有钠硫电池、镍铬电池、镍氢电池、锂电池（图 2.37）、燃料电池、飞轮电池等。这些新型电源的应用，为纯电动汽车的发展开辟了广阔的前景，尤其是性价比高的磷酸铁锂电池的面世，为电池成本的下降和性能的提高奠定了坚实的技术和物质基础。电动汽车电池种类与优、缺点见表 2.4、表 2.5 和图 2.38。

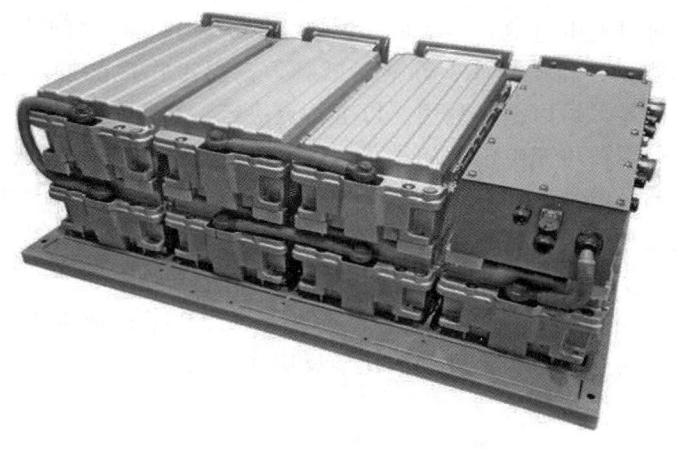

图 2.37 动力锂电池组（某车型）

表 2.4　　　　　　　　　　　　电动汽车电池种类与优、缺点

电池种类	优　点	缺　点
铅酸电池	成本低廉	能量密度低、寿命短、污染严重
镍氢电池	使用寿命长，环境无污染	自放电率较大、高温性能差、充放排气，放电电压平台比锂电池要低得多
锂离子电池	工作电压高、比能量高、循环寿命长、自放电低、无记忆效应、绿色无污染等	成本相对高，必须有保护电路，防止电池过充或过放

表 2.5　　　　　　　　　　　　动　力　电　池　模　组

电池单体	构成动力电池模块的最小单元	额定电压	单体电芯额定电压×单体电芯串联数
电池模块	一组并联的电池单体组合，可作为一个单元替换	电池容量	单体电芯容量×单体电芯并联数量
电池模组	多个电池模块或单体电芯串联组成的一个组合体	电池总能量	动力电池系统的额定电压×动力电池系统容量

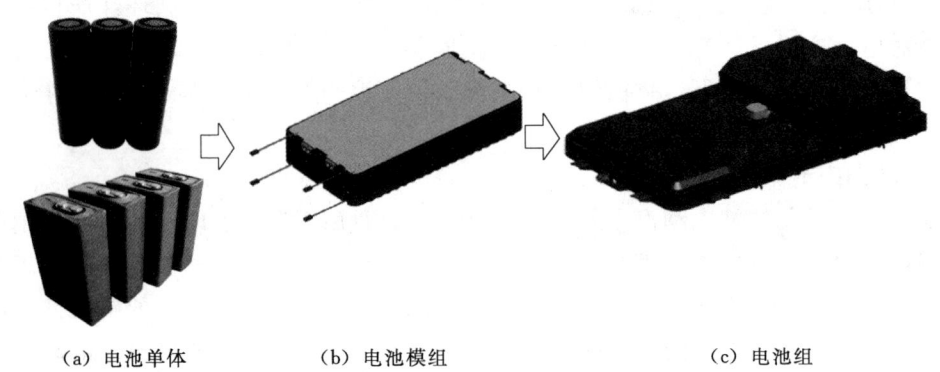

(a) 电池单体　　　　(b) 电池模组　　　　(c) 电池组

图 2.38　电池单体、电池模组、电池组

锂电池是一种可充电电池，主要依靠锂离子在正极和负极之间移动来工作。锂离子电池具有高比能量、高比功率、高能量效率、高温工作性能好和低自放电率的特点，锂离子电池的零件可以循环利用。以上特点决定了它很适合纯电动汽车与混合动力汽车，包括其他需要可充电电池的设备。锂离子电池的主要缺点是对过电压和过放电非常敏感。锂离子电池的正极过电压会导致电解液氧化及活性物质的放热分解。过电压和过放电会给单体电池带来不可挽救的损害，且有可能导致电池起火。

采用 $LiCoO_2$ 为正极的电池放电过程，电池放电过程中，负极释放出来的锂离子(Li^+)穿过有机电解液转移到正极上。在正极上，锂离子迅速发生反应形成锂化合物，这一过程完全可逆，电极上发生的化学反应如下。

其中负极上的化学反应为

$$Li_xC_6 \underset{充电}{\overset{放电}{\rightleftharpoons}} 6C + xLi^+ + xe^- \quad 0 < x < 1$$

正极上的化学反应为

$$xLi^+ + xe^- + Li_{(1-x)}CoO_2 \underset{充电}{\overset{放电}{\rightleftharpoons}} LiCoO_2$$

电池充电时，锂离子从正极穿过电解液转移到负极；放电时与之相反。锂离子电池的标称单体电压为 3.6V。电池主要参数见表 2.6。

表 2.6　　　　　　　　　　　电池主要参数表

开路电压	指外电路没有电流通过时两极间的电位差
工作电压	又称为放电电压或负荷电压，指有电流通过时两极间的电位差
终止电压	电池在放电时，电压下降到不宜再继续放电时的最低电压
电池的容量	在一定的放电条件下，可以从电池中获得的电量
放电电流	在谈到电池容量及能量时必须指明放电电流大小和放电条件
放电倍率	指一定时间内放出其额定容量放电电流数值上等于额定容量的倍数，额定容量为 10Ah 电池以 5A 电流放电，则"放电倍率"为 0.5 倍率即 0.5C
额定容量	电池在设计和制造时规定电池在一定放电条件下应该放出的最低限度电量
能量	电池在一定条件下对外做功所输出的电能
比能量	单位质量或单位体积电池所给出的能量，称为质量比能量（Wh/kg）或体积比能量（Wh/L）
电池的功率	在一定的放电制度下，单位时间内电池所输出的能量，单位为 W
比功率	单位质量或单位体积电池输出的功率，即质量比功率（W/kg）和体积比功率（W/L）

锂电池总体结构包括正极材料、负极材料、隔膜材料与电解液等。

（1）正极材料。正极材料综合性能对比见表 2.7。主要包括：锰酸锂尖晶石型材料；以镍钴锰、镍钴铝为代表的层状材料；以磷酸铁锂为代表的橄榄石型结构材料。

表 2.7　　　　　　　　　　　正极材料综合性能对比

产品类别	技术指标容量 /(mA·h/g)	发展方向	优　点	缺　点
镍钴锰三元材料	180	提高低温性能，提高倍率性能，提高体积比能量，改善安全性	循环性能好、容量高，安全性能优于钴酸锂，成本较低	密度低，倍率性能和低温性能比钴酸锂差，安全性能仍有待改善
镍钴铝三元材料	190	改善安全性，降低残碱含量，提高低温性能，提供体积比能量，提高倍率性能	容量高	安全性能差，加工性能差，表面 pH 值高，成本高
尖晶石锰酸锂	110	改善高温循环性	技术及配套工艺成熟，倍率性能好，成本低，安全性能较好	比能量低，高温循环性能差
磷酸铁锂	160	改善倍率性能、低温性能和加工性能，降低成本	安全性能优异，循环性能优异	体积比能量低，加工性能差，低温性能不好

续表

产品类别	技术指标容量 /(mA·h/g)	发展方向	优 点	缺 点
富锂层状锰酸锂	250	改善倍率性能、循环性能及电压衰降问题	电压高,容量高	与电解液匹配,循环性能和倍率性能亟待改善
高电压镍锰酸锂	135	改善循环性能,降低成本	电压高,制造成本高	循环稳定性较差,现有电解液匹配性差

（2）负极材料。负极材料综合性能对比见表 2.8。石墨类材料仍然是主流的选择。合金类（如硅碳）和钛酸锂材料也是当前及今后一段时间产业化及应用的重点方向。

表 2.8　　　　　　　　负极材料综合性能对比

产品类别	技术指标容量 /(mA·h/g)	发展方向	优 点	缺 点
天然石墨	360	低成本化表 2.7、表 2.8 改善循环	技术及配套工艺成熟,成本低	比能量已到极限,循环性能及倍率性能较差,安全性能差
人造石墨	350	提高容量表 2.7、表 2.8 低成本化、降低内阻	技术及配套工艺成熟,循环性能好	比能量低,倍率性能较差,安全性能差
中间相碳微球	340	提高容量、低成本化	技术及配套工艺成熟,倍率性能好,循环性能好	比能量低,安全性能较差,成本高
硬碳	430	提高首次效率,降低成本	可逆容量高,容量提升空间大,倍率性能好,安全性能好	技术与配套工艺不成熟,首次效率低,成本高,加工性能差
软碳	400（左右）	提高首次效率,提高压实密度	具有快速充放电、良好的低温性能和循环性能,成本优势	体积比能量偏低,首次效率较低
硅碳	800（以上）	提高首次效率,提高循环稳定性	原料丰富,容量高	首次放电效率低,导电性能较差,循环性能较差
钛酸锂	160	解决钛酸锂与正极、电解液匹配,提高电池能量密度	倍率性能优异,高低温性能优异,循环性能优异,安全性能优异	技术及配套工艺不成熟,成本高,能量密度低

（3）隔膜材料。聚烯烃材料是主流的选择,包括聚丙烯及聚乙烯两大类产品,主要有单层膜和复合膜。同时发展对隔膜材料表面进行改性处理的技术。

（4）电解液。六氟磷酸锂依然是市场主流产品。同时,一些新型的锂盐在市场上出现并得到了初步的应用（如双氟磺酰亚胺锂盐）。

2020 年政府的中期规划,《节能与新能源汽车发展规划（2012—2020）》提出的要求 Pack 能量密度大于 300W·h/kg,Pack 成本小于 1.5 元/(W·h),市场保有量达到 500 万辆。

《节能与新能源汽车技术路线图》定义,纯电动车续航里程大于 300km,在 2020 年时,新能源汽车的渗透率达到 7%～10%,保有量达到 500 万辆,电芯能量密度大于 350W·h/kg,Pack 能量密度大于 250W·h/kg,电芯成本小于 0.6 元/(W·h),Pack 成本小于 1 元/(W·h)。

《促进汽车动力电池产业发展行动方案》预计在2020年要求电芯能量密度达到300W·h/kg，Pack能量密度大于260W·h/kg，Pack成本小于1元/(W·h)，使用温度达到−30~55℃，充电倍率达到3C。

预计2020年一辆典型的纯电动车的参数，续航里程应该在450~500km，电量大约60kW·h，家用级产品的质保是8万~12万km，使用的温度在−20~50℃之间，充电时间15min，整车质量1.3t左右（表2.9）。

表2.9　　动力锂电池（乘用车）2020年预期实现产业化的材料体系及单体电池技术指标

正极材料	负极材料	隔膜材料	电解质盐	单体电池能量密度/(W·h/kg)	实现可能性
磷酸铁锂	石墨	PP为主，部分采用涂层膜	六氟磷酸锂，功能性添加剂	110~155	已实现商业化，持续应用（EV、PHEV及储能等）
锰酸锂为主，混合镍钴锰或镍钴铝	石墨	PP和PE均有采用，部分采用涂层膜	六氟磷酸锂，功能性添加剂	120~160	已实现商业化，持续应用（EV、PHEV及储能等）
镍钴锰（333或532型）	石墨	PE为主，部分采用涂层膜	六氟磷酸锂，功能性添加剂	160~200	大容量电池产品实现小批量应用，小容量电池产品（如18650）实现了规模化应用
镍钴锰（333或532型）	钛酸锂或石墨混合软碳	PP和PVDF	六氟磷酸锂，功能性添加剂	80~140	已实现商业化（主要为快充领域），持续应用（EV、PHEV及储能）
镍钴锰（622或811型）或镍钴铝	石墨	PE为主，薄型化和表面涂层改性	六氟磷酸锂，功能性添加剂	200~250	大容量高能量密度电池产品开发过程中，小容量或较低能量密度电池产品（如18650）实现了规模化应用
镍钴锰（622或811型）或镍钴铝	石墨	PE为主，薄型化和表面涂层改性	六氟磷酸锂，功能性添加剂	250~300	开发过程中，是研发和产业化重点和热点
高电压镍锰酸锂	石墨	PE为主，薄型化和表面涂层改性	六氟磷酸锂，功能性添加剂	200~240	开发过程中
富锂层状锰酸锂	石墨	PE为主，薄型化和表面涂层改性	六氟磷酸锂，功能性添加剂	220~280	开发过程中
富锂层状锰酸锂	石墨	PE为主，薄型化和表面涂层改性	六氟磷酸锂，功能性添加剂	280~400	开发过程中

注　PP为聚丙烯，PE为聚乙烯，PVDF聚偏氟乙烯。

2020年动力电池关键性指标如图2.39所示，车用动力电池技术路线图如图2.40所示。

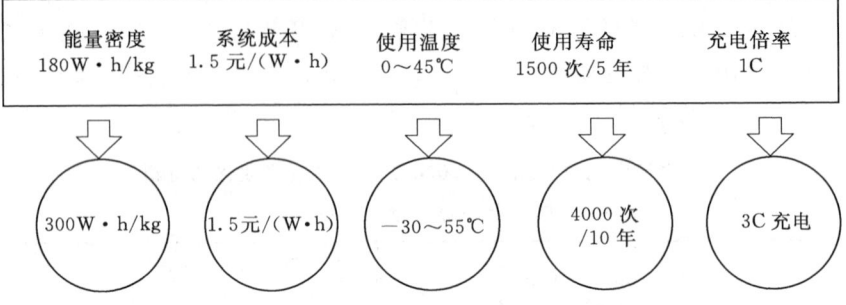

图2.39 2020年动力电池关键性指标

```
2020年                          2025年                          2030年
```

2020年达到：
比能量：单体200W·h/kg，系统120W·h/kg；
能量密度：单位400W·h/L，系统240W·h/L；
比功率：单位1500W/kg，系统900W/kg；
寿命：系统3000次/10年；
成本：单体1.0元/(W·h)，系统1.5元/(W·h)

2025年达到：
比能量：单体250W·h/kg，系统150W·h/kg；
能量密度：单位500W·h/L，系统300W·h/L；
比功率：单位1500W/kg，系统1000W/kg；
寿命：系统4000次/12年；
成本：单体0.9元/(W·h)，系统1.3元/(W·h)

2030年达到：
比能量：单体300W·h/kg，系统180W·h/kg；
能量密度：单体600W·h/L，系统350W·h/L；
比功率：单体1500W/kg，系统1000W/kg；
寿命：系统5000次/15年；
成本：单体0.8元/(W·h)，系统1.1元/(W·h)

备注：电池寿命为全寿命周期要求。

比能量和比功率的提升：
| 基于现有高容量材料体系提升材料的功率性能、优化电极设计 | 基于现有高容量材料体系提升材料的功率性能、优化电极设计 | 优化新型材料体系、使用新型电池结构 |

寿命的提升：
| 开发长寿命正、负极材料、提升电解液纯度并开发添加剂、优化电极设计、优化生产工艺与环境控制 | 开发长寿命正、负极材料、提升电解液纯度并开发添加剂、优化电极设计、优化生产工艺 | 引入固态电解质、优化固液界面 |

安全性的提升：
| 新型隔膜、新型电解液、电极安全涂层、优化电池设计 | 新型隔膜、新型电解液、电极安全涂层、优化电池设计 | 固、液电解质结合技术、新型材料体系 |

成本的控制：
| 优化设计、提升制造水平 | 优化设计、提升制造水平 | 新型材料体系、新型制造工艺路线 |

图2.40 车用动力电池技术路线图（2020—2030年）

> **扩展阅读：小百科锂电池发展历史**
>
> 1970年，埃克森的M.S.Whittingham采用硫化钛作为正极材料，金属锂作为负极材料，制成首个锂电池。锂电池的正极材料是二氧化锰或亚硫酰氯，负极是锂。电池组装完成后即有电压，不需充电。锂离子电池（Li-ion Batteries）是由锂电池发展而来。举例来讲，以前照相机里用的扣式电池就属于锂电池。这种电池也可以充电，但循环性能不好，在充放电循环过程中容易形成锂结晶，造成电池内部短路，所以一般情况下这种电池是禁止充电的。

1982年，伊利诺伊理工大学的 R. R. Agarwal 和 J. R. Selman 发现锂离子具有嵌入石墨的特性，此过程是快速的且可逆。与此同时，采用金属锂制成的锂电池，其安全隐患备受关注，因此人们尝试利用锂离子嵌入石墨的特性制作充电电池。首个可用的锂离子石墨电极由贝尔实验室试制成功。

1983年，M. Thackeray、J. Goodenough 等人发现锰尖晶石是优良的正极材料，具有低价、稳定和优良的导电、导锂性能。其分解温度高，且氧化性远低于钴酸锂，即使出现短路、过充电，也能够避免燃烧、爆炸的危险。

1989年，A. Manthiram 和 J. Goodenough 发现采用聚合阴离子的正极将产生更高的电压。

1992年，日本索尼公司发明了以炭材料为负极，以含锂的化合物作正极的锂电池，在充放电过程中，没有金属锂存在，只有锂离子，这就是锂离子电池。随后，锂离子电池革新了消费电子产品的面貌。此类以钴酸锂作为正极材料的电池，至今仍是便携电子器件的主要电源。

1996年，Padhi 和 Goodenough 发现具有橄榄石结构的磷酸盐，如磷酸铁锂（$LiFePO_4$），比传统的正极材料更具安全性，尤其耐高温，耐过充电性能远超过传统锂离子电池材料。纵观电池发展的历史可以看出当前世界电池工业发展的3个特点：一是绿色环保电池迅猛发展，包括锂离子蓄电池、氢镍电池等；二是一次电池向蓄电池转化，这符合可持续发展战略；三是电池进一步向小、轻、薄方向发展。在商品化的可充电池中，锂离子电池的比能量最高，特别是聚合物锂离子电池，可以实现可充电电池的薄型化。正因为锂离子电池的体积比能量和质量比能量高，可充且无污染，具备当前电池工业发展的三大特点，因此在发达国家中有较快的增长。电信、信息市场的发展，特别是移动电话和笔记本电脑的大量使用，给锂离子电池带来了市场机遇。而锂离子电池中的聚合物锂离子电池以其在安全性方面的独特优势，将逐步取代液体电解质锂离子电池，而成为锂离子电池的主流。聚合物锂离子电池被誉为"21世纪的电池"，将开辟蓄电池的新时代，发展前景十分乐观。

2015年3月，日本夏普公司与京都大学的田中功教授联手成功研发出了使用寿命可达70年之久的锂离子电池。此次试制出的长寿锂离子电池，体积为 $8cm^3$，充放电次数可达2.5万次。并且夏普方面表示，此长寿锂离子电池实际充放电1万次之后，其性能依旧稳定。

扫一扫

2.3.2 电源系统

纯电动汽车电源系统包括电源、充电器和能量管理系统等。电源为纯电动汽车的驱动电动机提供电能，电动机将电源的电能转化为机械能，通过传动装置驱动或直接驱动车轮。能量管理系统主要负责监测电源的使用情况、记忆控制充电机向蓄电池充电。车用动力电源系统构成原理如图2.41所示。

电池包是电源系统组成的主要部分，每套电源系统根据整车设计不同，可以由一个电池包组成，也可以由几个或几十个电池包组成。电池包内包括电池模块（电池单

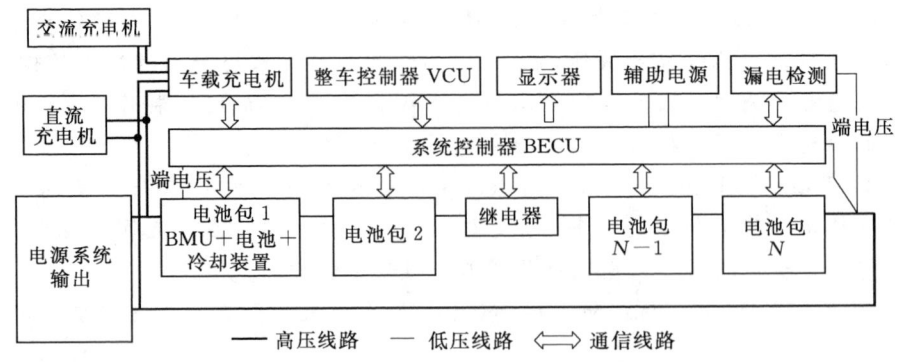

图 2.41　车用动力电源系统构成框图

元)、电池包的管理单元 BMU(主要用于电池电压、温度数据的采集及均衡等)、温度传感器、散热装置及各类线束等。散热装置的启动和关断由系统控制器 BECU 或 BMU 控制。散热系统的动力由车上的辅助电源或电池包自身提供。

BECU 是整个电源系统的管理和控制中枢,一方面根据电池包内 BMU 传输的数据对电动汽车电池状况进行判断,并将判断结果传输给整车控制器或多能源控制器,由整车控制装置根据电池状况进行工况的调整;BECU 还将一些主要参数在显示器上进行显示。充电时与充电机进行通信,根据 BMU 传输的数据对充电进行控制。另一方面执行整车控制器传送的指令,对电源系统进行控制。

电流传感器、继电器等是电源系统的重要组成部分,BECU 根据电流对电池组进行过流保护及 SOC(荷电状态)计算;对电源系统的有效保护、漏电安全保护等是通过 BECU 或整车控制器对继电器的控制来进行的。

辅助电源为 BECU 供电。某些情况下也为电池包的散热系统提供动力。一般为车上配置 12V 或 24V 电源。或者通过 DC-DC 模块将电源系统的电压转换为所需的电压对 BECU 及车辆电子附件进行供电。

对于车用动力电源系统来说,最高的电压超过 600V,所以系统中必须安装继电器或熔断装置,有的要求不止安装一个,以便在出现故障或安全隐患时及时将电源系统断开,并形成较低电压的系统。继电器的控制指令由 BECU 下发,但最终控制应由整车控制系统来进行。因为在应用过程中,当 BECU 直接下发指令断开继电器时,爬坡过程中车辆可能会出现溜坡现象,行驶过程中会出现突然熄火,更容易造成安全事故。

根据《电动汽车高压系统电压等级》(GB/T 31466—2015),电动汽车高压系统中动力电池系统和/或高压配电系统(高压继电器、熔断器、电阻器、主开关等)、电机及其控制器系统、电动压缩机总成、DC/DC 变换器、车载充电机和 PTC 加热器等直流电压等级详见表 2.10 和图 2.42。

表 2.10　　　　　　　　高压系统直流电压等级

高压系统直流电压等级/V					
144	288	317	346	400	576

注　由于电动车技术进步、整车布置空间方面的因素,在具体应用时,可采用偏离该电压等级的其他电压。

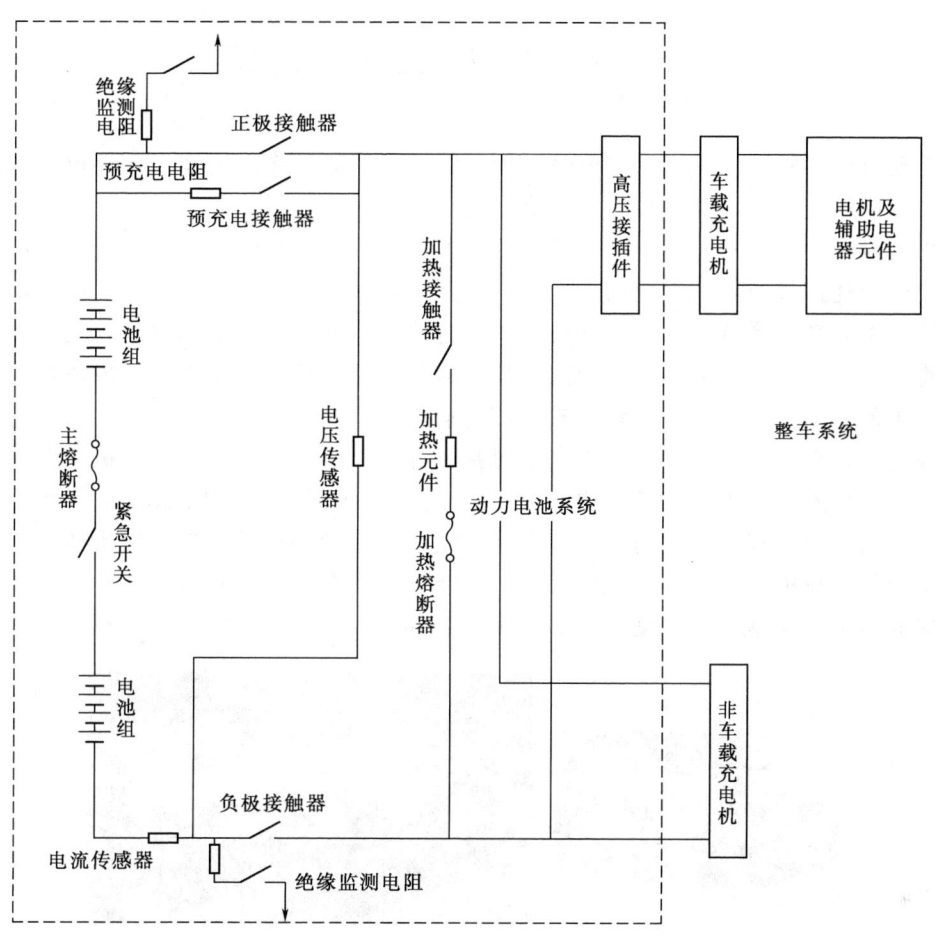

图 2.42 动力电池高压系统基本组成（北汽）

漏电保护装置主要检测系统与车体之间的绝缘程度，一旦出现漏电现象，及时切断电源，进行维护。某些漏电保护装置直接装在整车控制系统中，由整车来直接控制（因漏电原因除了电源系统外，电机等其他部件也会出现漏电现象）。

纯电动汽车或 PHEV 可能会要求安装车载充电机，以便及时充电。混合电动车在使用过程中不必专门用充电机充电。充电过程中管理系统与充电机应实时通信，以便对充电进行有效控制。

显示器主要显示电源系统的一些基本参数，如 SOC、SOH（电池健康状态）等状况。

在车用电源系统中，系统控制器 BECU 是系统的中枢控制中心，对电源系统的各部件进行信息收集与处理，并下达指令。另外，接受"大脑"（整车控制系统 VCU）的指令，并下发系统相关部件执行。电池包是"躯干"，是进行运动的主要部件。继电器、漏电保护器是组成身体的"器官"，任何一个部件出现问题都将影响系统的正常运行。

任务 2.4　电力驱动系统

电动机以驾驶人的操作（主要是以加速踏板位置的操作）为输入，经过驱动系统电子控制器的变换后，输出转矩给定值提供给电动机逆变器，电动机逆变器控制驱动电动机的输出转矩，从而使电动汽车以驾驶人预期的状态行驶。当电子控制器同时收到制动和加速信号时，则以制动信号优先。其中，最关键的是电动机逆变器，电动机逆变器的主要功能是调节动力电动机和动力电池之间的电流频率和幅值，使其达到匹配，将动力电池的直流电逆变成交流电提供给驱动电动机，将电能转换成机械能，电动机输出的转矩经传动系统驱动车轮，使电动汽车行驶。

纯电动汽车电力驱动系统主要由电机控制器（图 2.43）、驱动电动机、电动机逆变器、各种传感器（加速踏板位置传感器、制动踏板开关、转向盘转角传感器等）、机械传动装置（变速器和差速器）和车轮等组成。它能够将动力电池输出的电能转换为车轮上的机械能，驱动电动汽车行驶，并能够在汽车减速制动时将车轮的动能转化为电能充入动力电池，是电动汽车的关键组成部分。

图 2.43　比亚迪 e6 和电机控制器

驱动电动机是驱动纯电动汽车（EV）行驶的唯一动力装置。驱动电动机的主要任务是将储存在动力电池中的电能高效率地转化成能驱动车轮行驶的机械能，并能在车轮制动时将制动能回收给动力电池进行充电。纯电动汽车在行驶过程中起动、加速和减速等操作频繁，因此对驱动电动机有很高的要求。纯电动汽车要求驱动电动机具有高转速、高电压、体积小、质量轻；具有较大的起动转矩、较宽的恒功率范围、较宽的调速性能；瞬时功率大、加速性好、过载能力强；工作效率高、能耗低、能实现制动能量的回收；无驱动噪声、良好的环境适应性、耐温和耐潮湿性能强、可靠性好、寿命长；结构简单，使用维修方便。电动机分类如下。

（1）直流电动机。直流电动机是使用最早的一种驱动电动机，其逆变器通常采用斩波器控制方式。直流电动机技术成熟、速度控制简单、成本低；起动转矩和制动转矩大，易于快速起动和停止；调速范围广、方便，易于平滑调速。但是其笨重，质量和体积较大，可靠性差，需要定期进行维护；由于结构中存在电刷、换向器等磨损，使得效率低，高速运行时会产生火花，可能影响车上其他电子器件的工作，制约了电动机的最高转速。

（2）交流三相感应电动机。交流三相感应电动机是目前电动汽车上应用较多的驱动电动机。其定子和转子采用硅钢片叠压在一起，之间没有相互接触的滑环、换向器等部件。其优点是：结构简单、坚固、成本低；免维护、工作性能稳定、可靠性好，使用寿命长；较直流电动机效率高、体积小、质量轻；转矩脉动小、噪声小、转速极限高、响应快；可采用空气冷却或液体冷却方式，冷却速度高；对环境的适应性好，并能实现再生反馈制动。交流三相感应电动机的最大缺点是逆变器结构复杂且容易损坏。但是，随着电子技术的发展和调速方法的改进，交流三相感应电动机的调速性能有较大的改善，逐渐赶超了直流电动机。目前纯电动汽车较多采用交流三相感应电动机作为驱动电动机。由于交流三相感应电动机不能直接使用动力电池供给的直流电，加上交流三相感应电动机具有非线性输出特性。因此，在采用交流三相感应电动机的电动机汽车上，需要应用逆变器中的功率半导体器件，将直流电变为频率和幅值都可以调节的交流电来实现对三相交流电动机的控制，控制交流三相感应电动机旋转磁场的磁通量和转矩，实现改变交流三相感应电动机的转速和输出转矩，来满足负载变化特性的要求，并能获得高效率，从而使得交流三相感应电动机能够在电动汽车上得到广泛应用。交流三相感应电动机的耗电量较大，转子容易发热，在高速运转时需要对交流三相感应电动机冷却；否则会损坏电动机。

（3）开关磁阻电动机。开关磁阻电动机结构简单，使用安全可靠；低速转矩大、起动转矩高、起动电流小；转子无绕组、工作效率高、调频范围宽，适合于频繁正反转及冲击载荷等工况条件。但是，因为开关磁阻电动机有严重的转矩脉动，使电动机的振动高和噪声大、非线性严重，逆变器复杂、价格高。目前该电动机在电动机汽车上应用较少。

（4）永磁电动机。永磁电动机因磁场由永磁材料产生，一般采用电流控制，其体积小、调频范围宽、功率密度和效率高、惯性小、响应快等，比较适用于电动机汽车，但是其价格高，同时大功率的永磁电动机做到体积小、质量轻很困难。随着电子技术的不断发展、进步，使得成本不断下降，永磁电动机是具有前途的电动汽车用驱动电动机。永磁电动机根据输入电动机接线端的波形不同，可分为无刷直流电动机（BDCM）和三相永磁同步电动机（PMSM）。

图 2.44 所示为旋转电机的类型。

2.4.1 电机的结构及性能

驱动电机系统是新能源车三大核心部件之一。电机驱动控制系统是新能源汽车车辆行驶中的主要执行结构，其驱动特性决定了汽车行驶的主要性能指标，它是电动汽车的重要部件。电动汽车的整个驱动系统包括电动机驱动系统与其机械传动机构两个部分。电机驱动系统主要由电动机、功率转换器、控制器、各种检测传感器以及电源等部分构成。

简单来讲，电动机驱动系统主要由驱动电机和电机控制器两部分构成，如图 2.45 所示。从电机驱动系统的产业价值链来看，驱动电机和电机控制器所占的成本之比大致相同。

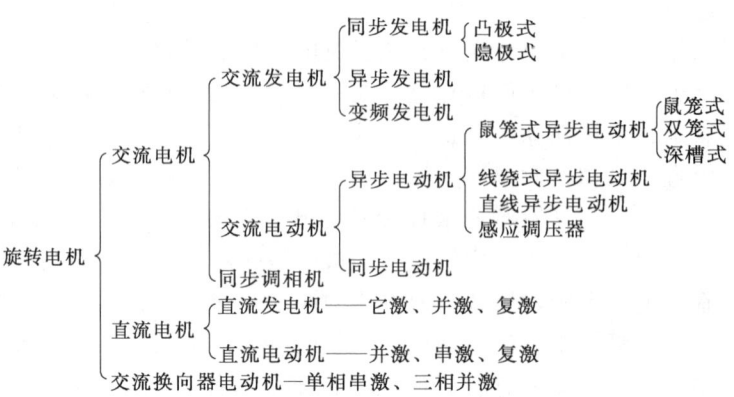

图 2.44 旋转电机的类型

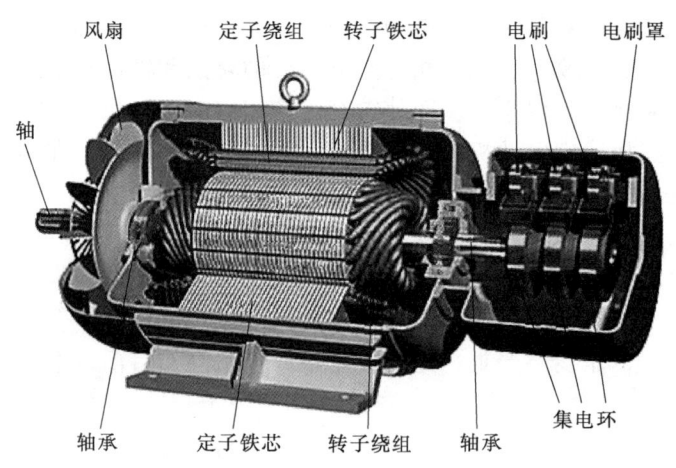

图 2.45 电机结构示意图

新能源汽车驱动电机属于中低压电机范畴，由于其应用领域的特殊性，相对一般中低压产品，它具有较高的性能要求。

（1）电机结构紧凑、尺寸小，封装尺寸有限，必须根据具体产品进行特殊设计。

（2）重量轻，以减轻车辆的整体重量。应尽量采用铝合金外壳，同时转速要高，以减轻整车的质量，增加电机与车体的适配性，扩大车体可利用空间，从而提高乘坐的舒适性。

（3）可靠性高，失效模式可控，以保证乘车者的安全。

（4）提供精确的力矩控制，动态性能较好。

（5）效率高，功率密度较高。要保证在较宽的转速和转矩范围内都有很高的效率，以降低功率损耗，提高一次充电的续驶里程。

（6）成本低，以降低车辆生产的整体费用。

（7）调速范围宽。应包括恒转矩区和恒功率区，低速运行输出的恒定转矩大，以满足汽车快速启动、加速、负荷爬坡等要求；高速运行输出恒定功率，有较大的调速范围,以满足平坦的路面、超车等高速行驶的要求。

(8) 瞬时功率大,过载能力强。要保证汽车具有4~5倍的过载能力,以满足短时内加速行驶与最大爬坡的要求。

(9) 环境适应性好。要适应汽车本身行驶的不同区域环境,即使在较恶劣的环境中也能够正常工作,具有良好的耐高温、耐潮湿性能。

(10) 制动再生效率高。在汽车减速时,能够实现反馈制动,将能量回收并反馈回电池,使得电动汽车具有最佳能量利用率。

(11) 其他。结构简单,价格低廉,适合大批量生产,运行时噪声低,使用维修方便。

(12) 与一般工业用电机不同,用于汽车的驱动电机应具有调速范围宽、起动转矩大、后备功率高、效率高的特性。此外,还要求可靠性高、耐高温及耐潮、结构简单、成本低、维护简单、适合大规模生产等。未来我国电动汽车用驱动电机系统将朝着永磁化、数字化和集成化方向发展。

新能源汽车驱动电机性能要求见表2.11。

表 2.11　　　　　　　　　　新能源汽车驱动电机性能要求

要　求	原　　因
调速范围宽	包括恒转矩区(起动、加速、爬坡)和恒功率区(高速行驶)
功率密度高	提高续航里程
安全可靠	抗震
轻量化	体积小、减重,过载能力强,4~5倍的过载能力(起动、加速、爬坡)

电机一般要求具有电动、发电两项功能,按类型可选用直流、交流、永磁无刷或开关磁阻等几种电动机。功率转换器按所选电机类型,有DC/DC功率变换器、DC/AC功率变换器等形式,其作用是按所选电动机驱动电流要求,将蓄电池的直流电转换为相应电压等级的直流、交流或脉冲电源。

适合新能源汽车的驱动电机主要有永磁同步、交流异步和开关磁阻三大类。因其不同特点,各有应用场合。

永磁同步电机体积小、质量轻、功率密度大、可靠性高、调速精度高、响应速度快;但最大功率较低,且成本较高。由于永磁同步电机具有最高的功率密度,其工作效率最高可达97%,能够为车辆输出最大的动力及加速度,因此主要用在对能量体积比要求最高的新能源乘用车上。

交流异步电机价格低、运行可靠;但其功率密度低、控制复杂、调速范围小是固有限制。价格优势使得其在新能源客车中使用得较广泛。

开关磁阻电机价格低、电路简单可靠、调速范围宽;但震动、噪声大,控制系统复杂,且对直流电源会产生很大的脉冲电流。用于大型客车。表2.12为驱动电机性能指标对比。图2.46所示为各类型电机发展历史。

表 2.12　　驱动电机性能指标对比

电机类型	永磁同步	交流异步	开关阻尼
最高效率/%	97	95	90
10%负荷对应效率/%	92	85	86
最高转速/(r/min)	10000	15000	15000
单位功率成本	1.5	1.2	1.0
控制器价格	2.5	3.5	4.5
可靠性	良	优	优
功率密度	好	一般	一般
调速范围/(r/min)	4000~15000	9000~15000	<15000

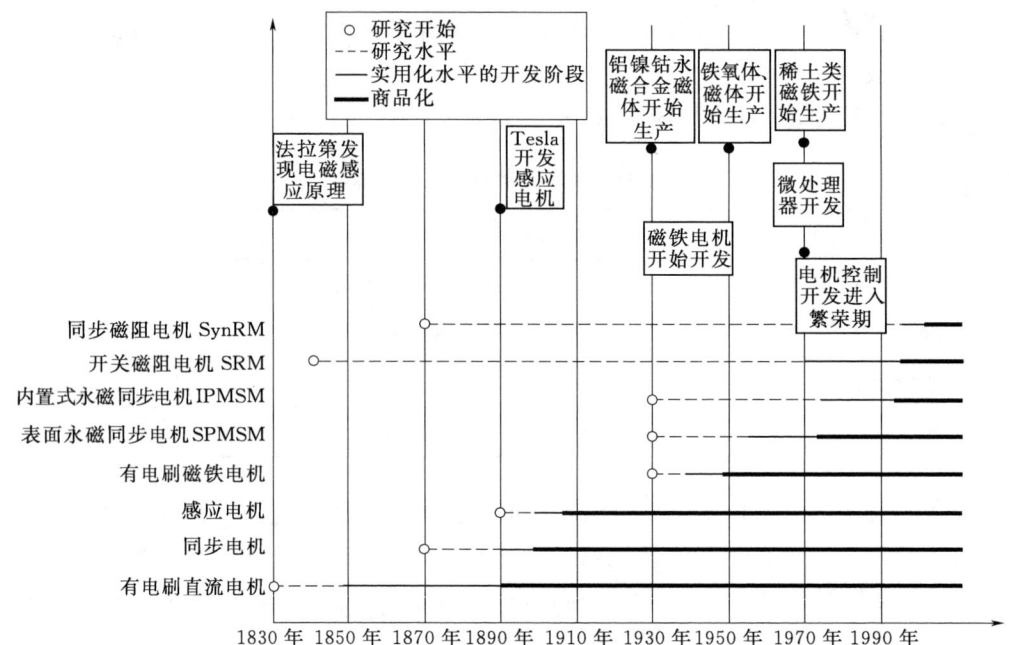

图 2.46　各类型电机发展历史

新能源汽车驱动电机目前的发展方向有以下几个方面：小型轻量化；高效性；更出色的转矩特性；使用寿命长，可靠性高；噪声低；价格低廉。随着时间的推移，新能源驱动电机的发展呈现了下面的趋势。

1) 电机本体永磁化。永磁电机具有高转矩密度、高功率密度、高效率、高可靠性等优点。我国具有世界最为丰富的稀土资源，因此高性能永磁电机是我国车用驱动电机的重要发展方向。

2) 电机控制数字化。专用芯片及数字信号处理器的出现，促进了电机控制器的数字化，提高了电机系统的控制精度，有效减小了系统的体积。

3) 电机系统集成化。通过机电集成（电机与发动机集成或电机与变速箱集成）和控制器集成，有利于减小驱动系统的重量和体积，可有效降低系统的制造成本。

1. 异步电机

(1) 异步电动机概述。感应电动机又称为"异步电动机",即转子置于旋转磁场中,在旋转磁场的作用下,获得一个转动力矩,因而转子转动。转子是可转动的导体,通常多呈鼠笼状。定子是电动机中不转动的部分,其主要任务是产生一个旋转磁场。旋转磁场并不是用机械方法来实现的,而是以交流电通于数对电磁铁中,使其磁极性质循环改变,故相当于一个旋转的磁场。这种电动机并不像直流电动机有电刷或集电环,依据所用交流电的种类有单相电动机和三相电动机。

三相异步电动机的结构如图2.47所示,它由定子、转子和其他附件组成。

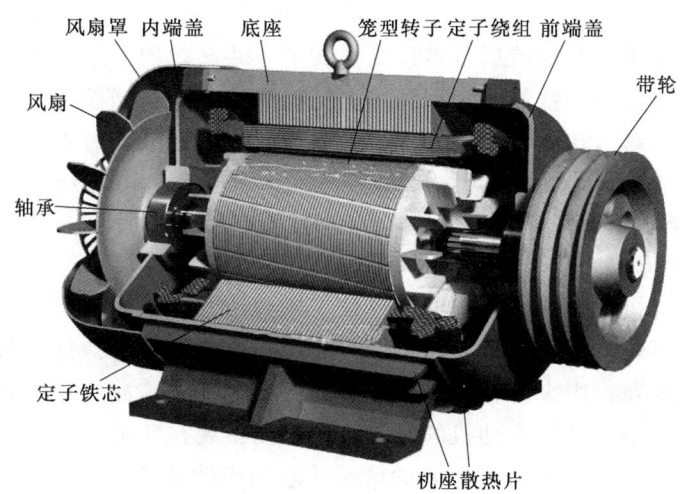

图2.47 三相异步电动机的结构

1) 定子(静止部分)。

a. 定子铁芯。

作用:电机磁路的一部分,并在其上放置定子绕组。

构造:定子铁芯一般由0.35~0.5mm厚表面具有绝缘层的硅钢片冲制、叠压而成,在铁芯的内圆冲有均匀分布的槽,用以嵌放定子绕组。

定子铁芯槽型有以下几种。

半闭口型槽:电动机的效率和功率因数较高,但绕组嵌线和绝缘都较困难。一般用于小型低压电机中。

半开口型槽:可嵌放成型绕组,一般用于大型、中型低压电机。成型绕组即绕组可事先经过绝缘处理后再放入槽内。

开口型槽:用以嵌放成型绕组,绝缘方法方便,主要用在高压电机中。

b. 定子绕组。

作用:电动机的电路部分,通入三相交流电,产生旋转磁场。

构造:由3个在空间互隔120°电角度、对称排列的结构完全相同的绕组连接而成,这些绕组的各个线圈按一定规律分别嵌放在定子各槽内。

定子绕组的主要绝缘项目有以下3种(保证绕组的各导电部分与铁芯间的可靠绝

缘以及绕组本身间的可靠绝缘)。

ⅰ．对地绝缘：定子绕组整体与定子铁芯间的绝缘。

ⅱ．相间绝缘：各相定子绕组间的绝缘。

ⅲ．匝间绝缘：每相定子绕组各线匝间的绝缘。

电动机接线盒内的接线：电动机接线盒内都有一块接线板，三相绕组的6个线头排成上、下两排，并规定上排3个接线桩自左至右排列的编号为1（U1）、2（V1）、3（W1），下排3个接线桩自左至右排列的编号为6（W2）、4（U2）、5（V2）。将三相绕组接成星形接法或三角形接法。凡制造和维修时均应按这个序号排列。

c．机座。

作用：固定定子铁芯与前后端盖以支撑转子，并起防护、散热等作用。

构造：机座通常为铸铁件，大型异步电动机机座一般用钢板焊成，微型电动机的机座采用铸铝件。封闭式电机的机座外面有散热筋以增加散热面积，防护式电机的机座两端端盖开有通风孔，使电动机内外的空气可直接对流，以利于散热。

2）转子（旋转部分）。

a．三相异步电动机的转子铁芯。

作用：作为电机磁路的一部分以及在铁芯槽内放置转子绕组。

构造：所用材料与定子一样，由0.5mm厚的硅钢片冲制、叠压而成，硅钢片外圆冲有均匀分布的孔，用来安置转子绕组。通常用定子铁芯冲落后的硅钢片内圆来冲制转子铁芯。一般小型异步电动机的转子铁芯直接压装在转轴上，大、中型异步电动机（转子直径在300～400mm以上）的转子铁芯则借助转子支架压在转轴上。

b．三相异步电动机的转子绕组。

作用：切割定子旋转磁场产生感应电动势及电流，并形成电磁转矩而使电动机旋转。

构造：分为鼠笼式转子和绕线式转子。

ⅰ．鼠笼式转子。转子绕组由插入转子槽中的多根导条和两个环形的端环组成。若去掉转子铁芯，整个绕组的外形像一个鼠笼，故称为笼型绕组。小型笼型电动机采用铸铝转子绕组，对于100kW以上的电动机采用铜条和铜端环焊接而成。

ⅱ．绕线式转子。绕线转子绕组与定子绕组相似，也是一个对称的三相绕组，一般接成星形，3个出线头接到转轴的3个集流环上，再通过电刷与外电路连接。

特点：结构较复杂，故绕线式电动机的应用不如鼠笼式电动机广泛。但通过集流环和电刷在转子绕组回路中串入附加电阻等元件，用以改善异步电动机的起、制动性能及调速性能，故在要求一定范围内进行平滑调速的设备，如吊车、电梯、空气压缩机等上面采用。

c．三相异步电动机的其他附件。

ⅰ．端盖：支撑作用。

ⅱ．轴承：连接转动部分与不动部分。

ⅲ．轴承端盖：保护轴承。

ⅳ．风扇：冷却电动机。

（2）异步电动机的特点。异步电动机有下面的优点：结构紧凑、坚固耐用；运行可靠、维护方便；价格低廉，体积小、质量轻；环境适应性好；转矩脉动低，噪声低。交流异步电动机成本低而且可靠性高，逆变器即便损坏而产生短路时也不会产生反电动势，所以不会出现急刹车的可能性。因此，广泛应用于大型高速的电动汽车中。三相笼型异步电动机的功率容量覆盖面很广，从零点几瓦到几千瓦。它可以采用空气冷却或液体冷却方式，冷却自由度高、对环境的适应性好，并且能够实现再生制动。与同样功率的直流电动机相比较，效率较高、重量要轻一半左右。

但它也有下面的缺点：功率因数低，运行时必须从电网吸收无功电流来建立磁场；控制复杂，易受电机参数及负载变化的影响；转子不易散热；调速性能差，调速范围窄。

优势分析：新能源汽车专用的电动机，通过从电池中获取有限的能量产生动作，所以要求其在各种环境下的效率都要很好。因而，在性能上要求比一般工业用的电动机更加严格。适合作为电动汽车专用的电机需要满足几个特性：由高速化而生的小型轻量化（坚固性）、高效性（一次充电后的续驶里程长）、低速大转矩情况下的大范围内的恒定输出特性、寿命长以及高可靠性、低噪声性和成本低廉。但是现实中全部满足以上几个特性的电机还未被开发出来。目前更适于新能源汽车的电机是交流异步电机和PM电动机。

（3）异步电动机的控制系统。由于交流三相感应电机不能直接使用直流电，因此需要逆变装置进行转换控制。新能源汽车减速或制动时，电机处在发电制动状态，给蓄电池充电，实现机械能转换为电能。在新能源汽车上，由功率半导体器件构成的PWM功率逆变器把蓄电池电源提供的直流电变换为频率和幅值都可以调节的交流电。三相异步电动机逆变器的控制方法主要有 U/f 恒定控制法、转差率控制法、矢量控制法和直接转矩控制法（DTC）。20世纪90年代以前主要使用前两种控制方式，但是因转速控制范围小、转矩特性不理想，而对于需频繁起动、加减速的电动车并不适合。现在，后两种控制方式目前处于主流的地位。

（4）异步电动机的应用现状。在美国，异步电动机应用得较多，这也被认为是和路况有关。在美国，高速公路已经具有一定的规模，除了大城市外，汽车一般以一定的高速持续行驶，所以能够实现高速运转而且在高速时有较高效率的异步电动机得到广泛应用。在我国，随着高速公路规模的发展，交流异步电动机在新能源汽车上的应用也会越来越重要。

2. 永磁无刷电动机

随着近些年来电力电子技术、微电子技术、微型计算机技术、稀土永磁材料、传感器技术与电机控制理论的快速发展，使得交流驱动技术逐渐成熟。相比于现有串励或者并励有刷直流电机驱动系统，永磁无刷电机拥有功率密度大、体积小、效率高、结构简单牢固、易于维护等优点，且采用永磁无刷电机作为驱动元件的电动汽车驱动系统运行和维护成本较低；采用全数字化和模块化结构设计，使得驱动器接口灵活，控制能力更强，操作更加舒适；应用能量回馈制动技术，可以减少刹车片的磨损，同时又增加汽车续驶里程。

因此，基于电动汽车市场发展需要和技术现状，设计开发可靠、低成本、性能优良的全数字化电动汽车永磁无刷电机驱动系统，对于电动汽车产业的发展有着重要的现实意义。

（1）永磁同步电动机简介。在电机内建立进行机电能量转换所必需的气隙磁场有两种方法：一种是在电机绕组内通电流产生磁场，这种方法既需要有专门的绕组和相应的装置，又需要不断供给能量以维持电流流动，如普通的直流电机和同步电机；另一种是由永磁体来产生磁场，这种方法既可简化电机结构又可节约能量。由永磁体产生磁场的电机就是永磁电机。永磁同步电机结构如图 2.48 所示，其特点如图 2.49 所示。

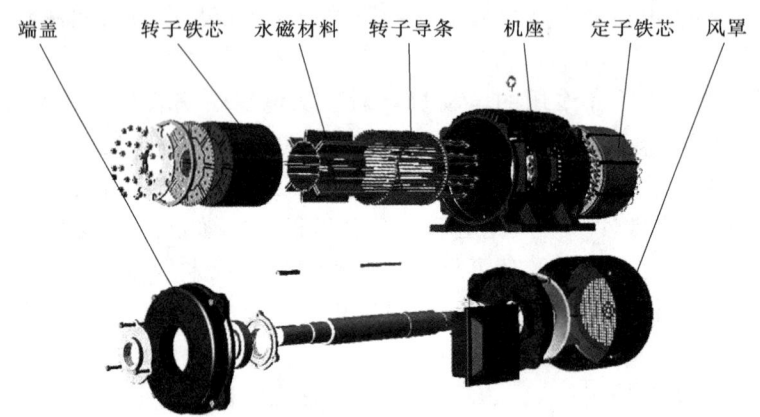

图 2.48　永磁同步电机结构示意图

效率高	功率因数高	节能回报高	电流小
• 额定效率可达最新国标的 1 级效率（最高标准），较三相异步电动机提高 3%～5% 以上，低负载时效率提高更显著	• 0.96 以上，甚至呈现容性，不需无功补偿	• 视负载情况而定，替代异步电动机，系统节能 4%～30%	• 较三相异步电动机电流降低 10% 以上，无需无功补偿，新建项目时，可大幅度减小电缆、变压器投资
温升低	高起动转矩、高过载能力	控制性能优良	可以直接替换
• 较三相异步电动机温升降低 20K，设计温升相同时可以做成更小的体积、更大的功率	• 根据需要，可以设计成高起动转矩（3～5 倍）、高过载能力	• 永磁电动机控制方便，严格同步，动态响应性能好，适合变频控制	• 安装外形尺寸符合 IEC 标准，可以直接替换三相异步电动机

图 2.49　永磁同步电机特点

它利用永磁体建立励磁磁场的同步电动机，其定子产生旋转磁场，转子用永磁材料制成。同步发电机为了实现能量的转换，需要有一个直流磁场，而产生这个磁场的直流电流，称为发电机的励磁电流。根据励磁电流的供给方式，凡是从其他电源获得励磁电流的发电机，称为它励发电机，从发电机本身获得励磁电源的则称为自励发电机。

（2）永磁同步电动机的特点。永磁同步电动机有以下优点：功率因数大，效率高，功率密度大；结构简单、便于维护，使用寿命较长、可靠性高；调速性能好，精度高；具有良好的瞬时特性，转动惯量低，响应速度快；频率高，输出转矩大，极限转速和制动性能优于其他类型的电机；采用电子功率器件作为换向装置，驱动灵活，可控性强；形状和尺寸灵活多样，便于进行外形设计；采用稀土永磁材料后电机的体积小、质量轻。

但是永磁同步电动机也有以下缺点：电机造价较高；在恒功率模式下，操纵较为复杂，控制系统成本较高；弱磁能力差，调速范围有限；功率范围较小，受磁材料工艺的影响和限制，最大功率仅为几十千瓦；低速时额定电流较大，损耗大，效率较低；永磁材料在受到振动、高温和过载电流作用时，其导磁性能可能会下降或发生退磁现象，将降低永磁电动机的性能，严重时还会损坏电动机，在使用中必须严格控制，使其不发生过载。永磁材料磁场不可变，要想增大电机的功率，其体积会很大；抗腐蚀性差；不易装配。

（3）永磁电机作为驱动电机的优越性。

1）转矩、功率密度大、起动力矩大。永磁电机气隙磁密度可大大提高，电机指标可实现最佳设计，使得电机体积缩小、重量减轻，同容量的稀土永磁电机体积、重量、所用材料可以减轻30%左右。永磁驱动电机起动转矩大，在汽车起动时能提供有效的起动转矩，满足汽车的运行需求。

2）力能指标好。Y系列电机在60%的负荷下工作时，效率下降15%，功率因数下降30%，力能指标下降40%。而永磁电机的效率和功率因数下降甚微，当电机只有20%负荷时，其力能指标仍为满负荷的80%以上。同时永磁无刷同步电机的恒转矩区比较长，一直延伸到电机最高转速的50%左右，这对提高汽车的低速动力性能有很大帮助。

3）高效节能。在转子上嵌入稀土永磁材料后，在正常工作时转子与定子磁场同步运行，转子绕组无感生电流，不存在转子电阻和磁滞损耗，提高了电机效率。永磁电机不但可减小电阻损耗，还能有效地提高功率因数，如在25%～120%额定负载范围内永磁同步电机均可保持较高的效率和功率因数。

4）结构简单、可靠性高。用永磁材料励磁，可将原励磁电机中励磁线圈由一块或多块永磁体替代，零部件大量减少，在结构上大大简化，改善了电机的工艺性，而且电机运行的机械可靠性大为增强，寿命增加。转子绕组中不存在电阻损耗，定子绕组中几乎不存在无功电流，电机温升低，这样也可以使整车冷却系统的负荷降低，进一步提高整车运行的效率。

（4）永磁同步电机的控制系统。永磁电机的控制技术与感应电机类似，控制策略上主要集中在提高低速转矩特性和高速恒功率特性上。目前，永磁同步电机低速时常采用矢量控制，包括气隙磁场定向、转子磁链定向、定子磁链定向等；而在高速运行时，永磁同步电机通常采用弱磁控制。

（5）永磁电机应用现状。稀土永磁电机的设计理论、计算方法、检测技术和制造工艺正不断地完善和发展，永磁材料的性能和可靠性正不断地提高。电力电子技术、大规模集成电路和计算机技术的快速发展也对永磁驱动电机的发展起到了积极的促进作用。随着未来混合动力汽车和纯电动汽车的快速发展，永磁驱动电机将迎来一个更为快速发展的时期，其发展趋势也将呈现高功率密度、高转矩密度、高可控性、高效率、高性能、高价格比等特点，以满足混合动力汽车和纯电动汽车的实际需求。

(6) 永磁同步电机成主流趋势。现阶段，交流异步电机主要是以特斯拉为首的美国车企和部分欧洲企业使用。一方面，这与特斯拉最初的技术路径选择有关，交流感应电机价格低廉，而偏大的体积对美式车并无挂碍；另一方面，美国高速路网发达，交流电机的高速区间效率性能上佳。

包括中国、日本在内的其他国家新能源汽车电机最广泛使用的仍是永磁同步电机（图2.50）。适合本国路况是主要因素，永磁同步电机在反复起停、加减速时仍能保持较高效率，对高速路网受限的工况是最佳选择。此外，我国稀土储量丰富，日本稀土永磁产业有配套基础也是重要因素。目前，永磁同步电机在我国新能源汽车中的使用占比超过90%。

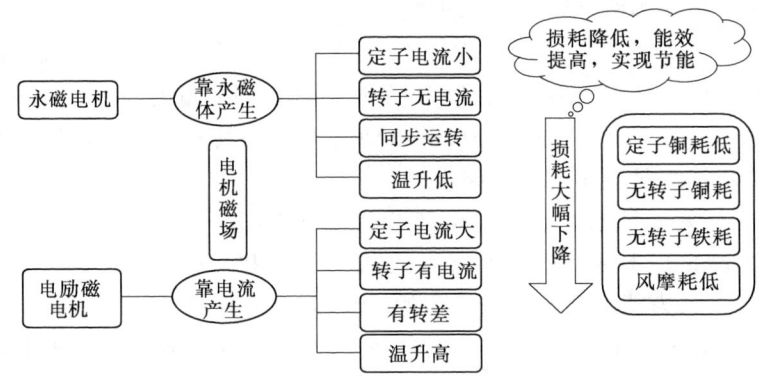

图2.50 永磁电机的优势

日本的丰田、本田、日产等汽车公司基本上都采用永磁同步电机驱动系统，如丰田公司的普锐斯、本田公司的思域。因为在日本，供应永磁电机使用的稀土磁铁的公司比较多，同时汽车大多以中低速行驶，因此采用加减速时效率较高的永磁同步电动机较为适宜。日本在发展混合动力汽车方面居世界领先地位，其中以丰田普锐斯最为著名。表2.13～表2.15为国内外主要新能源汽车电动机类型及供应商情况。

表2.13　　　　　国外主要新能源汽车电动机类型及供应商情况

车　型	电动机类型	电机供应商
宝马 i3	永磁同步电动机	采埃孚
宝马 Mini-E	交流感应电动机	AC Propulsion
日产 Leaf	永磁同步电动机	In-house
Tesla S	交流感应电动机	福田电机
雪佛兰 Spark	永磁电动机	日立汽车系统
福特 Focus Electric	永磁电动机	Magna Powertrain
本田 Fit EV	永磁电动机	In-house
丰田 Pruis	交流电动机	In-house

表 2.14　　　国内主要新能源汽车电动机类型及供应商情况（乘用车）

车　型	电动机类型	电机供应商
北汽	永磁电动机	精进电机
比亚迪	永磁电动机	比亚迪
上汽	永磁电动机	上海电驱动、上海大郡、林泉电机
东风	永磁电动机	大地和、上海电驱动
奇瑞	永磁电动机	上海电驱动、浙江尤奈特、芜湖杰瑞诺
江淮	永磁电动机	尤奈特电机、巨一自动化、上海电驱动
长安	永磁电动机	上海电驱动、宁波远洲、成都华川电装
吉利	永磁电动机	吉利、江苏微特利

资料来源：一览众咨询。

表 2.15　　　国内主要新能源汽车电动机类型及供应商情况（商用车）

车　型	电动机类型	电机供应商
宇通	异步电机	中车时代、大连天元
中通	异步电机	电驱动、大洋电机、精进
厦门金龙	异步电机、永磁同步电机	北京精进、大洋电机、大郡
厦门金旅	异步电机、永磁同步电机	大郡、福建尤迪电机、福工动力
苏州金龙	异步电机、永磁同步电机	北京精进
安凯	异步电机	中车、南洋电机
北汽福田	永磁同步电机	中车时代
青年客车	异步电机	美国伊顿、中车时代
上海申沃	异步电机、永磁同步电机	江门电机、上海大郡

综合来看，新能源汽车电机技术要求较高，永磁同步电机最具优势。驱动电机是新能源汽车的三大核心部件之一，与传统工业电机相比，新能源汽车驱动电机有更高的技术要求。从综合性能来看，永磁同步电机最具优势，更能代表新能源汽车驱动电机的发展方向。由于中国稀土储量极其丰富，而且电机工艺已经接近世界先进水平，因此预计永磁电机将在较长时间内占据中国新能源汽车的电机市场。

3. 开关磁阻电动机

（1）开关磁阻电动机简介。开关磁阻电动机（Switched Reluctance Drive，SRD）是继变频调速系统、无刷直流电动机调速系统之后发展起来的最新一代无级调速系统，是集现代微电子技术、数字技术、电力电子技术、红外光电技术及现代电磁理论、设计和制作技术为一体的光、机、电一体化高新技术。它具有调速系统兼具直流、交流两类调速系统的优点。

开关磁阻电机覆盖功率范围10W～5MW的各种高低速驱动调速系统。使的开关磁阻电机存在许多潜在的领域，在各种需要调速和高效率的场合均能得到广泛使用（电动车驱动、通用工业、家用电器、纺织机械、电力传动系统等各个领域）。

开关磁阻电动机工作原理：开关磁阻电动机的运行遵循"磁阻最小原理"——磁

通总要沿磁阻最小的路径闭合。而具有一定形状的铁芯在移动到最小磁阻位置时，必使自己的主轴线与磁场的轴线重合。

（2）开关磁阻电机特点。它的结构比其他任何一种电动机都要简单，在电动机的转子上没有滑环、绕组和永磁体等，只是在定子上有简单的集中绕组，绕组的端部较短，没有相间跨接线，维护修理容易。因而可靠性好，转速可达15000r/min。效率可达85%～93%，比交流感应电动机要高。损耗主要在定子上，电机易于冷却；转子无永磁体，易于实现各种特殊要求的转矩—速度特性，而且在很广的范围内保持高效率。更加适合电动汽车动力性能要求。

开关磁阻电机还具有在较宽转速和转矩范围内高效运行、控制灵活、可四象限运行、响应速度快、成本较低等优点。工艺性好，适用于高速，环境适应性强；电机转矩的方向与绕组电流的方向无关；适用于频繁起停以及正/反向转换运行；起动电流小，转矩大；可控参数多，调速性能好；具有较强的再生制动能力；定子和转子的材料均采用硅钢片，易于获取和回收利用。

但开关磁阻电机有转矩波动大、需要位置检测器、系统非线性特性、磁场为跳跃性旋转、控制系统复杂以及对直流电源会产生很大的脉冲电流等缺点。位置检测器是开关磁阻电动机的关键器件，其性能对开关磁阻电动机的控制操作有重要影响。由于开关磁阻电动机为双凸极结构，不可避免地存在转矩波动，噪声是开关磁阻电动机最主要的缺点。但近年来的研究表明，采用合理的设计、制造和控制技术，开关磁阻电动机的噪声完全可以得到良好的抑制。另外，由于开关磁阻电动机输出转矩波动较大，功率变换器的直流电流波动也较大，所以在直流母线上需要装置一个很大的滤波电容器。

（3）开关磁阻电动机的控制系统。开关磁阻电动机驱动系统的核心是开关磁阻电动机（SRM），它涉及电动机、电力电子、微机、控制、光电转换及角度测量等多学科知识，结构比较复杂，控制系统要求也比较独特，感应电动机和永磁同步电动机的控制方法通常难以满足系统的控制要求。目前电动汽车应用较少。它的主要研究方向是模型研究。由于开关磁阻电动机具有明显的非线性特性，系统难以建模，一般的线性控制方式不适于开关磁阻电动机系统。目前主要利用模糊逻辑控制、神经网络控制等。

它的控制系统包括功率变换器、控制器和位置传感器及速度检测器等部分。

1）功率变换器。开关磁阻电动机的励磁绕组，无论通过正向电流还是反向电流，其转矩方向不变，其换向每相只需要一个容量较小的功率开关管，功率变换器电路较简单，不会出现直通故障，可靠性好，易于实现系统的软起动和四象限运行，具有较强的再生制动能力。成本比交流三相感应电动机的逆变器控制系统要低。

2）控制器。控制器由微处理器、数字逻辑电路等元件组成。微处理器根据驾驶员输入的命令，同时对位置检测器、电流检测器所反馈的电动机转子位置进行分析、处理，并在瞬间做出决策，发出一系列执行命令，来控制开关磁阻电动机适应电动汽车不同条件下运行。控制器性能好坏和调节的灵活性，取决于微处理器的软件和硬件的性能配合关系。

3）位置传感器及速度检测器。开关磁阻电动机需要高精度的位置传感器及速度检测器，来为控制系统提供电动机转子的位置、转速和电流的变化信号，并要求有较高的开关频率以降低开关磁阻电动机的噪声。

4. 直流电动机

直流电机可分为永磁式直流电机和绕组励磁式电机两种。一般小功率采用前者，大功率采用后者，以下主要讨论后者。

（1）直流电动机简介。直流电动机是指将直流电能转化成机械能（直流电动机）或将机械能转化为直流电能（直流发电机）的旋转电机。

直流电动机的结构应由定子和转子两大部分组成，如图 2.51 所示。直流电动机运行时静止不动的部分称为定子，定子的主要作用是产生磁场，由机座、主磁极、换向极、端盖、轴承和电刷装置等组成。运行时转动的部分称为转子，其主要作用是产生电磁转矩和感应电动势，是直流电动机进行能量转换的枢纽，所以通常又称为电枢，它由转轴、电枢铁芯、电枢绕组、换向器和风扇等组成。

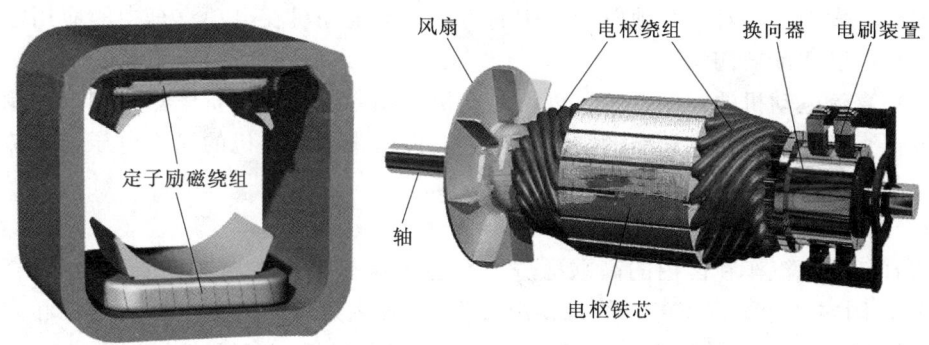

图 2.51 直流电动机结构

有刷直流电动机被广泛用于要求转速可调、调速性能好，以及频繁起动、制动和反转的场合。图 2.52 所示为直流电动机模型的定子有一对主磁极，安装在机座上，机座也叫磁轭，是主磁极磁力线的通路。磁极与磁轭都是用导磁良好的钢铁制成。在主磁极上安装有励磁绕组，绕组通电后就会在两个主磁极间产生主磁场。直流电机转子也称为电枢，电枢铁芯由导磁良好的硅钢片叠成，铁芯圆周均匀分布 18 个槽，用来嵌放电枢绕组。电枢铁芯直径比主磁极间距离略小点。

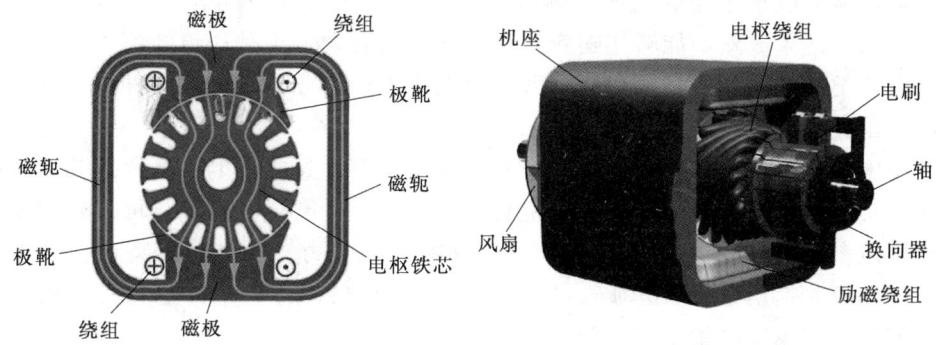

图 2.52 直流电机磁路、定子与电枢

电枢绕组通过电刷供电,电刷的主要成分是石墨,导电良好又润滑。电刷固定在刷握内,由弹簧片压向换向器。图2.52中有两个主磁极,故有两个电刷组,每个电刷组由两个电刷构成。电刷组固定在电刷座上,构成电刷装置。

(2) 直流电动机的特点。直流电动机的优点:结构简单;具有优良的电磁转矩控制特性,可实现基速以下恒转矩、基速以上恒功率,可满足汽车对动力源低速高转矩、高速低转矩的要求;可频繁快速起动、制动和反转;调速平滑、无级、精确、方便、范围广;抗过载能力强,能够承受频繁的冲击负载;控制方法简单,只需要用电压控制,不需要检测磁极位置。

但是它也有缺点:设有电刷和换向器,高速和大负荷运行时换向器表面易产生电火花,同时换向器维护困难,很难向大容量、高速度发展,此外电火花会产生电磁干扰;不宜在多尘、潮湿、易燃易爆的环境中使用;价格高、体积和质量大。其中电火花产生的电磁干扰,对高度电子化的电动汽车来说将是致命的。随着电力电子技术和控制理论的发展,相对于其他驱动系统而言,直流电动机在电动汽车中的应用已处于劣势,目前已逐渐被淘汰。

(3) 直流电动机的控制系统。直流电动机控制系统主要由斩波器和中央控制器构成,根据直流电动机输出转矩的需要,通过斩波器来控制电机的输入电压、电流,来控制和驱动直流电动机的运行。

2.4.2 新能源汽车用电机市场特征

随着新能源汽车在国内的高歌猛进,新能源汽车电机的增速也非常高。据测算,2014年,国内新能源汽车电机的市场规模为14.8亿元,其中客车驱动电机和乘用车驱动电机分别占比53%和42%,还有5%为专用车电机。2015年我国新能源汽车电机行业对应规模约为65.6亿元,客车、乘用车、专用车驱动电机所占份额分别为52%、33%、15%。

随着新能源汽车产销的持续增长,电机市场将呈现高速增长态势。2016年中国新能源汽车用电机市场规模达到97亿元,"一览众咨询"预计到2020年市场空间将突破190亿元。未来几年,新能源乘用车的产销量增速将习惯于客车增速,乘用车用电机的比例将呈现上升态势,预计到2020年,新能源乘用车用电机占比达到47.4%,新能源客车用电机占比达到42.7%,专用车用电机占比为10%。

目前新能源汽车驱动电机产业颇具吸引力,潜在市场空间较大、行业标准未确定、整车供应链未成熟,能够伴随新能源汽车一同壮大,正是理想的朝阳行业。现阶段主要有3类市场(潜在)参与者,即传统电机生产企业、汽车零部件供应商、整车企业内部配套。

传统电机企业产能成熟、电机生产制造经验丰富,且中小电机行业近几年持续低迷,使其具有迫切的向新能源驱动电机转型的需求。这类企业生产线可以较快地技改切换以适应激增的新能源汽车订单,在竞争中最具实力。例如,江特电机、大洋电机、方正电机、信质电机、正海磁材、尼得科(中纺锐力)、东方电机等,纷纷转型进入新能源汽车驱动电机生产阵营。

由于电力电子及材料储能技术的进步,汽车终端消费市场逐渐被电气化的新能源产品替代，汽车整车厂及零部件供应商为了适应这种产品形态的渗透乃至颠覆，都有自我革新、推出电动化新世代产品的需求。其中的先行者包括华域电动、南车时代电动、万向钱潮、比亚迪、上汽集团、奇瑞汽车等。

事实上，由于新能源汽车驱动系统电机和控制器需要高效匹配，且两类产业电机制造偏重资产，控制器属于轻资产，具有一定互补性，因此，市场上越来越多的参与者希望将驱动系统进行整体打包制造销售。因此，电机、控制器的相互合作并购、产业联盟就越来越频繁，产业界限逐渐模糊，这种趋势带来的另一结果就是动力系统集成化的趋势。

由于新能源汽车行业享受了多项政策优惠，为了抢先占据新能源汽车电机市场，近年来，资本市场密集出现涉及新能源汽车电机项目的并购重组案例。其中上海电驱动、上海大郡、天津松正、大洋电机等都是新能源汽车电机行业的佼佼者。大洋电机已经收购了上海电驱动，方正电机也将并购上海海能和德沃仕。国内电机业巨头纷纷收购新能源汽车电机及上游材料企业，意图通过并购企业的方式来为自己增加竞争砝码，足见这些企业对新能源汽车的重视。

由于新能源汽车电机的起步时间并不长，所以还需要从汽车应用的角度入手，让整车企业与电机厂商共同携手来研究制造出满足新能源汽车需求的专用电机。在中国乃至全球范围内，汽车电机都是电机业中的小分支，但是汽车电机制造门槛非常高，尤其是我国的电机驱动系统与国外电机驱动系统相比还存在不小的差距与不足，得益于政策的扶持和电机巨头对市场的重视，目前中国的新能源汽车产业正在加快发展步伐。

各种电机在我国发展现状如下。

（1）交流异步电机驱动系统。我国已建立了具有自主知识产权异步电机驱动系统的开发平台，形成了小批量生产的开发、制造、试验及服务体系；产品性能基本满足整车需求，大功率异步电机系统已广泛应用于各类电动客车。通过示范运行和小规模市场化应用，产品可靠性得到了初步验证。

（2）开关磁阻电机驱动系统。已形成优化设计和自主研发能力，通过合理设计电机结构、改进控制技术，产品性能基本满足整车需求；部分公司已具备年产2000套的生产能力，能满足小批量配套需求，目前部分产品已配套整车示范运行，效果良好。

（3）无刷直流电机驱动系统。国内企业通过合理设计及改进控制技术，有效提高了无刷直流电机产品性能，基本满足电动汽车需求；已初步具有机电一体化设计能力。

（4）永磁同步电机驱动系统。已形成了一定的研发和生产能力，开发了不同系列产品，可应用于各类电动汽车；产品部分技术指标接近国际先进水平，但总体水平与国外仍有一定差距；基本具备永磁同步电机集成化设计能力；多数公司仍处于小规模试制生产，少数公司已投资建立车用驱动电机系统专用生产线。

（5）永磁电机材料。永磁电机的主要材料有钕铁硼磁钢、硅钢等。部分公司掌握了电机转子磁体先装配后充磁的整体充磁技术。国内研制的钕铁硼永磁体最高工作温度可达280℃，但技术水平仍与德国和日本有较大差距。硅钢是制造电机铁芯的重要磁性材料，其成本占电机本体的20%左右，其厚度对铁耗有较大影响，日本已生产出0.27mm硅钢片用于车用电机，我国仅开发出0.35mm硅钢片。

随着新能源汽车驱动技术的快速发展，许多新结构或新概念电机已经投入研究。其中新型永磁无刷电机是目前最有发展前景的电机之一，包括混合励磁型、轮毂型、双定子型、记忆型以及磁性齿轮复合型等。此外，非晶电机也开始走进新能源汽车领域，作为新一代高性能电机，其自身的优越性必将对新能源汽车产业的发展起到巨大的推动作用。

（1）混合励磁电机。混合励磁电机是在保持电机较高效率的前提下，改变电机的拓扑结构，由两种励磁源共同产生电机主磁场，实现电机主磁场的调节和控制，改善电机调速、驱动性能或调压特性的一类新型电机。其不仅继承了永磁电机的诸多特点，而且还具有电励磁电机气隙磁场平滑可调的优点，如永磁开关磁阻电机和永磁同步磁阻电机。

（2）双定子永磁电机。双定子电机是在现有电机体积不变的基础上增加定子的个数，使气隙数量由一层变为两层或者多层的一种新型永磁无刷电机。由于转矩的叠加，作用于转子上的电磁转矩也会相应增加，从而提高电机整体的转矩密度和功率密度。由于这种电机的机械集成度较高，所以其具有响应快、动态特性好、结构材料利用率高和驱动灵活等特点。

（3）记忆电机。记忆电机又称为磁通可控永磁电机，与一般永磁电机的区别在于，永磁材料本身的磁化程度能够在很短的时间内通过施加充磁或者去磁电动势而得到改变，并且充磁和去磁之后其磁化程度也能被保留住记忆。因此，永磁电机具有更宽的调速范围，同时可以避免产生额外的励磁损耗，实质上是一种新的简单、高效的弱磁控制技术。

（4）磁性齿轮永磁无刷复合电机。该电机是一种集成无刷直流驱动电机和共轴磁性齿轮的复合电机。共轴磁性齿轮是一种基于调磁谐波原理的高性能、无接触的变速传递装置。这种电机巧妙地利用了共轴磁性齿轮内转子的中空部分，将电机定子嵌入其中，轮胎直接铆合在齿轮外转子上，实现了电机、磁性齿轮、轮胎的一体化，有效地提高了空间利用率。

（5）非晶电机。非晶电机是一种利用非晶合金取代传统硅钢片作为铁芯材料的高效、节能、无污染的新型电机。其在高频下的损耗极低，具有很高的效率。与相同标准的普通电机相比，体积和质量大大减小，极大地提高了能源和资源的利用率。对于同样的新能源汽车，若使用非晶电机可以增加其行驶里程30%以上，而在相同行驶里程的情况下，电池可以节省30%的费用。总之，非晶电机凭借其高效率、高功率密度等优势将成为替代传统电机的下一代高效电机。

任务2.5　电机控制系统

驱动电机及控制系统是新能源汽车行驶的原动力，一旦出现故障，轻则使车辆性能严重下降或者不能起动，重则导致重大安全事故。驱动电机故障诊断及失效控制技术就是通过电机控制系统实时监测系统的工作状态，并通过 CAN 总线将自身工作状态实时地传输给整车控制器，以便整车控制器根据电机及控制系统所上传的信息对车辆的工作状态做出及时的调整，或者通过报警系统及时地警告车辆驾驶人员，从而保证车辆行驶的安全。

硬件电路系统采用双电源冗余设计、多重隔离、多级过流保护（图 2.53）。系统运行过程中，如果控制电路突然掉电，IGBT 模块栅极就会失去控制，电池的母线电压会将 IGBT 芯片击穿，造成严重的损失。较好的系统方案是采用双辅助电源冗余设计，当车载 12V/24V 电源异常断电后，电源部分会不间断启用动力电池电源，从而避免 IGBT 模块击穿损坏。

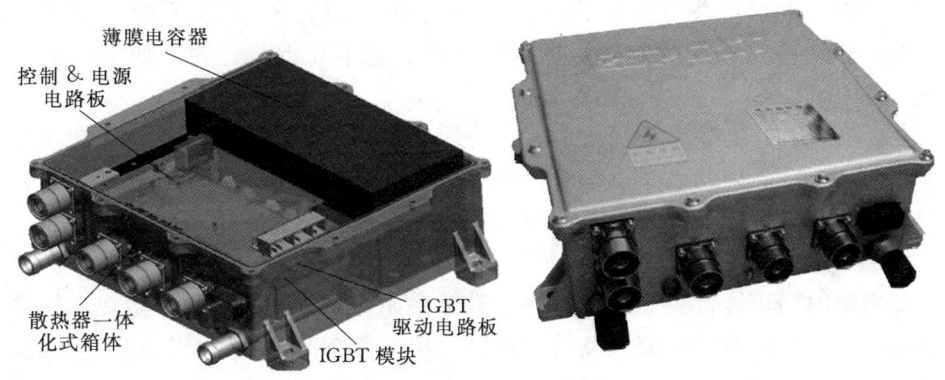

图 2.53　电机控制器内部结构及外形（资料来源：深圳依思普林）

系统工作电源采用独立宽范围开关电源设计，系统电源与车载 12V/24V 电源以及高压蓄电池组电气隔离，既保证电路绝缘隔离安全要求、降低相互干扰，同时优异的输入宽范围特性，让系统工作更加稳定。系统工作过流保护在常规的硬件及软件检测上，还配置了 IGBT 饱和导通压降检测保护，异常状态时可快速动作，大幅缩短故障响应时间，提高了系统可靠性。

1. 直流电动机的转速控制

直流电动机的转速控制方式有电枢电压调节法、电枢回路电阻调节法。

电枢电压调节法是通过改变电枢电压来控制电动机的转速，其调速过程是：当降低电枢电压时，在电动机转速、阻力矩还没有来得及改变时，电枢电流必然下降，电枢产生的电磁转矩下降，致使电枢转速下降。随着电枢转速的降低，电枢反电动势减小，电枢电流回升，电枢电磁转矩增大，直到与电动机阻力矩相一致时，电动机才会比在调压前低的转速下稳定运转。电枢回路电阻调节法是在磁极绕组励磁电流不变的情况下，通过改变电枢回路的电阻，使电枢电流变化来实现电动机转速的调节。电枢回路电阻调节法的机械特性较软，而且会使电动机运转不稳定，加之电枢回路串入电阻消耗了电能，因而这种方式在电动汽车上很少被采用。

2. 感应电动机的转速控制

与直流电动机相比，感应电动机具有结构简单、制造容易、维护工作量小等优点，但感应电动机的控制却比直流电动机复杂得多。早期的交流传动均用于不可调传动，而可调传动则用直流传动。随着电力电子技术、控制技术和计算机技术的发展，交流可调传动的应用已成为不争的事实。按转差功率可以把感应电动机的转速控制分成以下3种类型。

（1）转差功率消耗型转速控制。转差功率转换成热能消耗在转子回路中，以增加转差功率的消耗来换取转速的降低，这类系统的效率较低，且随着转速的降低而降低，这类系统结构简单、设备成本低，仍具有一定的应用价值，如降电压调速。

（2）转差功率馈送型转速控制。转差功率的一部分被消耗掉，大部分则通过变换装置回馈给系统或转化成机械能予以利用，这类系统的效率比转差功率消耗型高，若转差功率由转子侧送入，则可使转速高于同步转速，此类系统只能用于绕线型感应电动机，应用场合受到一定的限制，设备成本高于前一种，如绕线电动机双馈调速。

（3）转差功率不变型转速控制。在这类系统中，无论转速高低，转差功率都为转子铜损，保持不变，因此效率也较高，变极对数调速和变压变频调速属于此类。其中变极对数调速是有级的，应用场合有限，只有变压变频调速应用最广泛。

3. 开关磁阻电动机的转速控制

开关磁阻电动机转速控制系统主要由开关磁阻电动机（SRM）、功率变换器、电子控制器、位置检测器、电流检测器等构成。功率变换器的作用是将动力电池提供的能量经适当转换后提供给开关磁阻电动机，由动力电池或交流电整流后得到的直流电供电。由于SRM绕组电流是单向的，使得其功率变换器主电路不仅结构较简单，而且相绕组与主开关器件是串联的，因而可防止短路故障。电子控制器综合处理速度指令、速度反馈信号即电流传感器、位置传感器的反馈信息，控制功率变换器中主开关器件的工作状态，实现对SRM运行状态的控制。开关磁阻电动机需要高精度的位置检测器，来为控制系统提供电动机转子的位置、转速和电流的变化信号，并要求有较高的开关频率以降低开关磁阻电动机的噪声。

4. 永磁同步电动机的转速控制

永磁同步电动机的调速主要通过改变供电电源的频率来实现。目前常用的变频调速方式有转速闭环恒压频比控制（v/f）、转差频率控制、基于磁场定向的矢量控制以及直接转矩控制。

转速闭环恒压频比控制（v/f）是一种最常用的变频调速控制方法，该方法是通过控制v/f恒定，使磁通保持不变，并以控制转差频率来控制电动机的转矩和转速。这种控制方法低速带载能力不强，须对定子压降实行补偿，因该控制方法只控制了电动机的气隙磁通，不能调节转矩，故性能不高。但该方法实现简单、稳定可靠、调速方便。

转差频率控制的优点在于频率控制环节的输入是转差信号，而频率信号是由转差信号与实际转速信号相加后得到的，这样，在转速变化过程中，实际频率随着实际转速同步地上升或者下降。尽管转差频率控制能够在一定程度上控制电动机的转矩，但它依据的只是稳态模型，并不能真正控制动态过程中的转矩，从而得不到很理想的动态控制性能。

基于磁场定向的矢量控制理论的提出，使交流电动机控制理论得到一次质的飞跃，其基本思想为：以转子磁链旋转空间矢量为参考坐标，将定子电流分解为相互正交的两个分量，一个与磁链同方向，代表定子电流励磁分量，另一个与磁链方向正交，代表定子电流转矩分量。分别对它们进行控制可获得像直流电动机一样良好的动态特性。因其控制结构简单，控制软件实现较容易，已被广泛应用到电动机的调速控制系统中。但矢量控制方法在实现时要进行复杂的坐标变换，并须准确观测转子磁链，而且对电动机的参数依赖性很大，难以保证完全解耦，使控制效果大打折扣。矢量控制的优点在于调速范围宽，动态性能较好。不足之处是按转子磁链定向会受电动机参数变化的影响而失真，从而降低了系统的调速性能。解决方法是采用智能化调节器可以提高系统的调速性能和鲁棒性。

直接转矩控制（DTC）采用的是按一定规则从预制的开关表中选取近似合适的电压空间矢量对电动机转矩和磁链进行控制，由于所选的空间矢量有限，会不同程度地导致直接转矩控制系统出现较大的磁链和转矩脉动，在一个控制周期内，通过相邻基本电压矢量和零矢量合成，得到所需的任意电压矢量，实现电压矢量的线性连续可调，达到对电动机磁链和转矩更精确的控制，从而降低转矩脉动。

5．电机控制器

电机控制器是通过集成电路的主动工作来控制电机按照设定的方向、速度、角度、响应时间进行工作。使得电机具有应用范围更为广泛、输出效率更高、噪声更小等优点。下面就带大家了解一下电动汽车电机控制器。

根据《电动汽车用电机及其控制器技术条件》（GB/T 18488.1—2001）对电机控制器的定义，电机控制器就是控制主牵引电源与电机之间能量传输的装置，是由外界控制信号接口电路、电机控制电路和驱动电路组成。

电机、驱动器和电机控制器作为电动汽车的主要部件，在电动汽车整车系统中起着

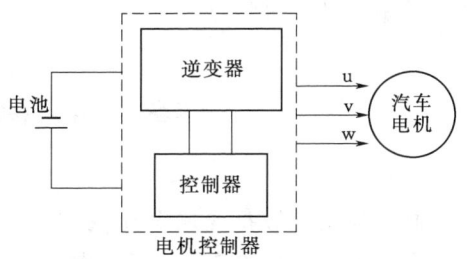

图2.54　电机控制器示意图

非常重要的作用，其相关领域的研究具有重要的理论意义和现实意义。电机控制器示意图如图2.54所示。

电机控制器作为整个制动系统的控制中心，它由逆变器和控制器两部分组成。逆变器接收电池输送过来的直流电电能，逆变成三相交流电给汽车电机提供电源。控制器接收电机转速等信号反馈到仪表，当发生制动或者加速行为时，控制器控制变频器频率的升降，从而达到加速或者减速的目的。

电动机逆变器的作用是将动力电池的直流电通过功率元件转换为三相交流电，向交流电动机供电。在交—直—交变频调速系统中，由于直流环节的滤波方式不同，电动机逆变器可分为电压型和电流型两种基本类型，脉宽调制（PWM）型在本质上也

可归纳为电压型或电流型。电压型电动机逆变器的中间环节设置电容，以维持中间直流电压恒定。电动机逆变器的输出电流波形由电压波形与电动机的感应电动势之差决定，其幅值和相位取决于电动机负载。电流型电动机逆变器的特点是中间直流环节的能量由电感线圈传递。在这种系统中，中间回路的电流近似恒定，电动机逆变器输出平直的矩形波电流，电动机逆变器的电压波形则取决于电动机的感应电动势，幅值与相位随负荷而变。由于电压型和电流型电动机逆变器的结构和功能不同，因而对电动机参数的要求不同。

（1）直流电机驱动系统。电机控制器一般采用脉宽调制（PWM）斩波控制方式，控制技术简单、成熟、成本低，但具有效率低、体积大等缺点。

（2）交流感应电机驱动系统。电机控制器采用PWM方式实现高压直流到三相交流的电源变换，采用变频调速方式实现电机调速，采用矢量控制或直接转矩控制策略实现电机转矩控制的快速响应。

（3）交流永磁电机驱动系统。包括正弦波永磁同步电机驱动系统和梯形波无刷直流电机驱动系统，其中正弦波永磁同步电机控制器采用PWM方式实现高压直流到三相交流的电源变换，采用变频调速方式实现电机调速；梯形波无刷直流电机控制通常采用"弱磁调速"方式实现电机的控制。由于正弦波永磁同步电机驱动系统低速、转矩脉动小且高速恒功率区调速更稳定，因此比梯形波无刷直流电机驱动系统具有更好的应用前景。

（4）开关磁阻电机驱动系统。开关磁阻电机驱动系统的电机控制一般采用模糊滑模控制方法。目前纯电动汽车所用电机均为永磁同步电机，交流永磁电机采用稀土永磁体励磁，与感应电机相比不需要励磁电路，具有效率高、功率密度大、控制精度高、转矩脉动小等特点。

任务2.6 制动回收系统

制动能量回收是现代电动汽车与混合动力车重要技术之一，也是它们的重要特点。在一般内燃机汽车上，当车辆减速、制动时，车辆的运动能量通过制动系统而转变为热能，并向大气中释放。而在电动汽车与混合动力车上，这种被浪费掉的运动能量已可通过制动能量回收技术转变为电能并储存于蓄电池中，并进一步转化为驱动能量。例如，当车辆起步或加速时，需要增大驱动力时，电机驱动力成为发动机的辅助动力，使电能获得有效应用。

制动能量回收系统（Braking Energy Recovery System，BERS）是指一种应用于汽车或者轨道交通上的，能够将制动时产生的热能转换成机械能，并将其存储在电容器内，在使用时可迅速将能量释放的系统。

制动能量回收是现代电动汽车以及混合动力汽车重要技术之一，也是它们的重要特点。在一般内燃机汽车上，当车辆减速、制动时，车辆的动能通过制动系统而转变为热能，并向大气中释放。而在电动汽车与混合动力汽车上，这种被浪费的动能已可通过制动能量回收技术转变为电能并储存于蓄电池中,并进一步转化为驱动能量。

制动能量回收就是把电动汽车电机的无用的、不需要的或有害的惯性转动产生的动能转化为电能,并回馈蓄电池。同时产生制动力矩,使电动机快速停止无用的惯性转动,这个总过程也称为再生制动,如图2.55所示。

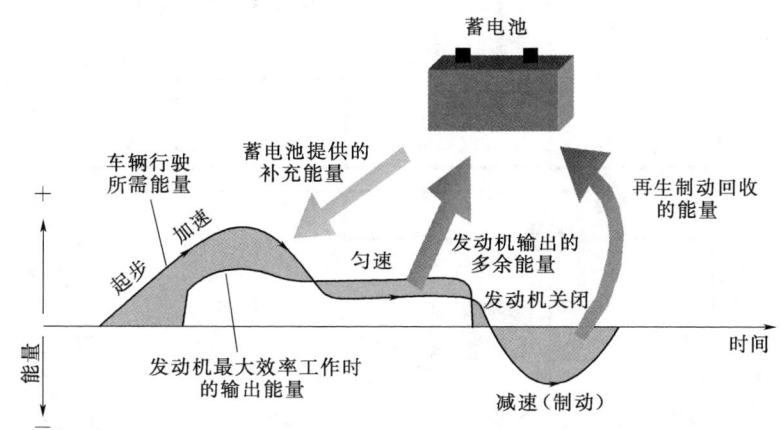

图 2.55　制动回收系统能量需求与回收部分能量示意图

电动汽车正常行驶时,电动机是一个能将电能转化为机械能的装置。而这个转化过程常见的是通过电磁场的能量变化来传递能量和转化能量的,从更直观的力学角度来讲,主要体现为磁场大小的变化。电动机接通电源,产生电流,构建了磁场。交变的电流产生了交变的磁场,当绕组在物理空间上呈一定角度布置时,将产生圆形旋转磁场。运动是相对的,等于该磁场被其空间作用范围内的导体进行了切割,于是导体两端建立了感应电动势,通过导体本身和链接部件,构成了回路,产生了电流,形成了一个载流导体。该载流导体在旋转磁场中将受到力的作用,这个力最终成为电动机输出扭矩中的力。当电动汽车减速和制动时,即切除电源时,电动汽车电机惯性转动,此时通过电路切换,往转子中提供相比而言功率较小的励磁电源,产生磁场,该磁场通过转子的物理旋转,切割定子的绕组,于是定子感应出电动势,也称为逆电动势,此时电动机反转,功能与发电机相同,是一个将机械能转化为电能的装置,所产生的电流通过功率变化器接入蓄电池,即为能量回馈,至此制动能量回收过程完成。与此同时,转子受力减速,形成制动力,这个总过程称为再生制动。再生制动系统结构如图2.56所示。

自电动车诞生以来,其续航性能一直是人们关注的重点。除了改进蓄能和驱动方式外,制动能量回收是现代电动汽车以及混合动力汽车重要技术之一,也是它们的重要特点。

制动能量回收就是把电动汽车电机无用的、不需要的或有害的惯性转动产生的动能转化为电能,并回馈蓄电池。同时产生制动力矩,使电动机快速停止惯性转动,这个总过程也称为再生制动。现在大部分电动汽车都已安装了类似的装置以节约制动动

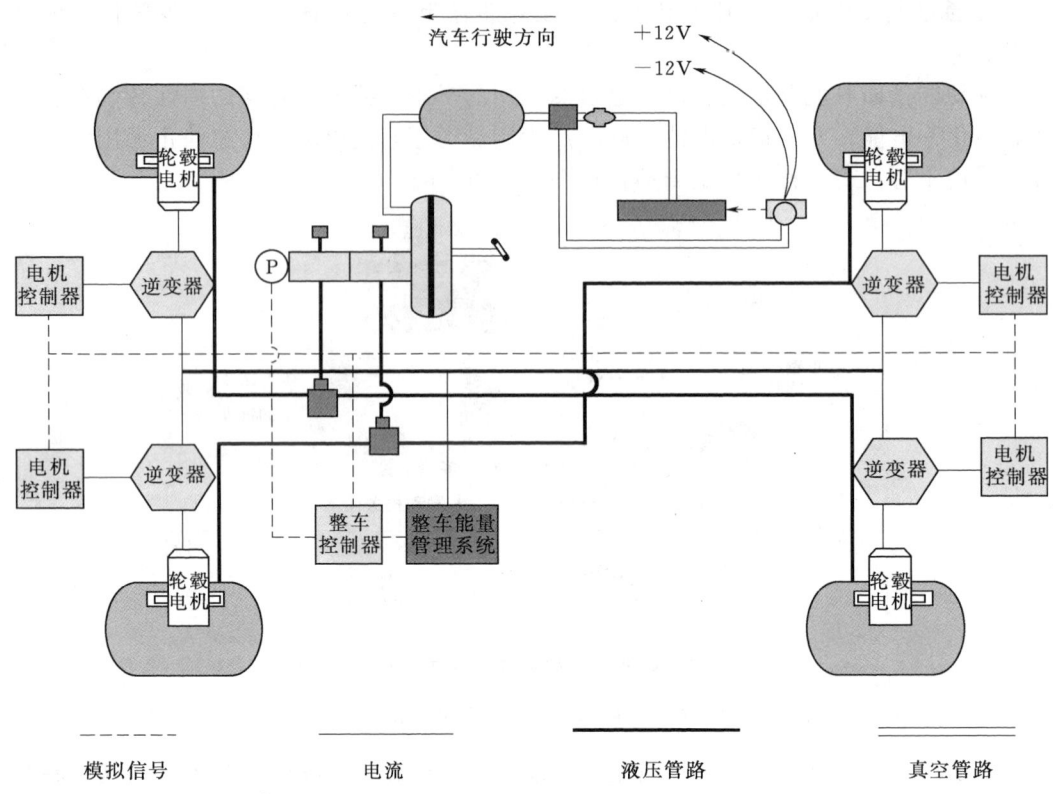

图 2.56　再生制动系统结构

能、回收部分制动动能,为驾驶者提供常规制动性能。研究表明,在行驶工况变化比较频繁的路段,采用制动能量回收可增加续驶里程约 20%。

再生制动是指电动汽车在减速制动（刹车或者下坡）时将汽车的部分动能转化为电能,转化的电能储存在储存装置中,如各种蓄电池、超级电容和超高速飞轮,最终增加电动汽车的续驶里程。电动汽车的制动系统结构如图 2.57 所示。

制动能量回收的基本原理是先将汽车制动或减速时的一部分机械能（动能）经再生系统转换（或转移）为其他形式的能量（旋转动能、液压能、化学能等）,并储存在储能器中,同时产生一定的负荷阻力使汽车减速制动。当汽车再次起动或加速时,再生系统又将储存在储能器中的能量再转换为汽车行驶所需要的动能（驱动力）。

1. 制动能量回收方法

根据储能机理不同,电动汽车制动能量回收的方法也不同,主要有 3 种,即飞轮储能、液压储能和电化学储能。

（1）飞轮储能。飞轮储能是利用高速旋转的飞轮来储存和释放能量,能量转换过程如图 2.58 所示。当汽车制动或减速时,先将汽车在制动或减速过程中的动能转换成飞轮高速旋转的动能；当汽车再次起动或加速时,高速旋转的飞轮又将存储的动能通过传动装置转化为汽车行驶的驱动力。

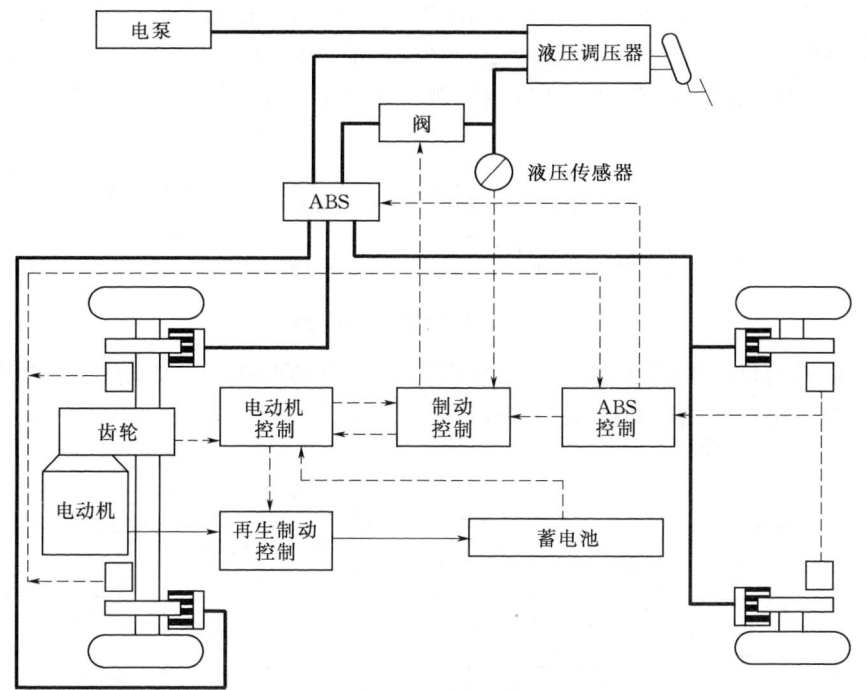

图 2.57 电动汽车的制动系统结构

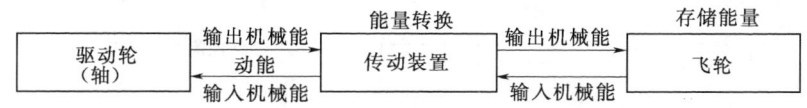

图 2.58 飞轮储能示意框图

系统主要由发动机、高速储能飞轮、增速齿轮、飞轮离合器和驱动桥等组成。发动机用来提供驱动汽车的主要动力，高速储能飞轮用来回收制动能量以及作为负荷平衡装置，为发动机提供辅助的功率以满足峰值功率的要求，如图 2.59 所示。

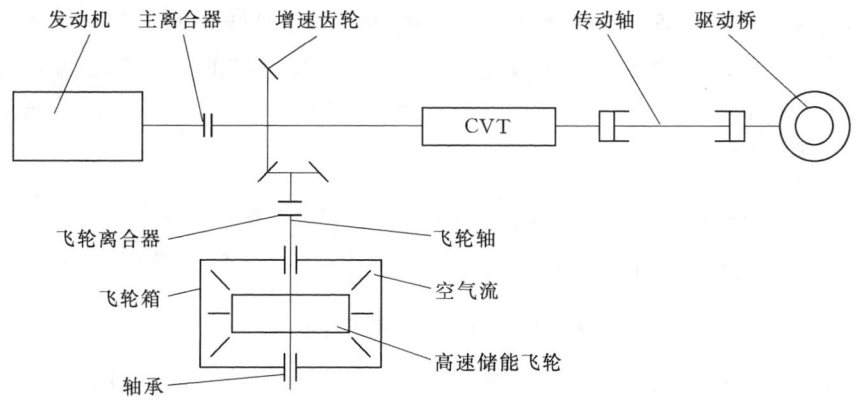

图 2.59 飞轮储能式制动能量回收系统示意图

(2) 液压储能。液压储能工作过程如图 2.60 所示。它是先将汽车在制动或减速过程中的动能转换成液压能,并将液压能储存在液压蓄能器中。当汽车再次起动或加速时,储能系统又将蓄能器中的液压能以机械能的形式反作用于汽车,以增加汽车的驱动力。

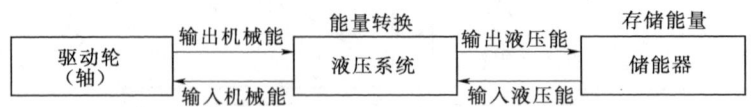

图 2.60 液压储能示意框图

系统由发动机、液压泵/马达、液压蓄能器、连动变速器、驱动桥、液控离合器和液压控制系统等组成,如图 2.61 所示。

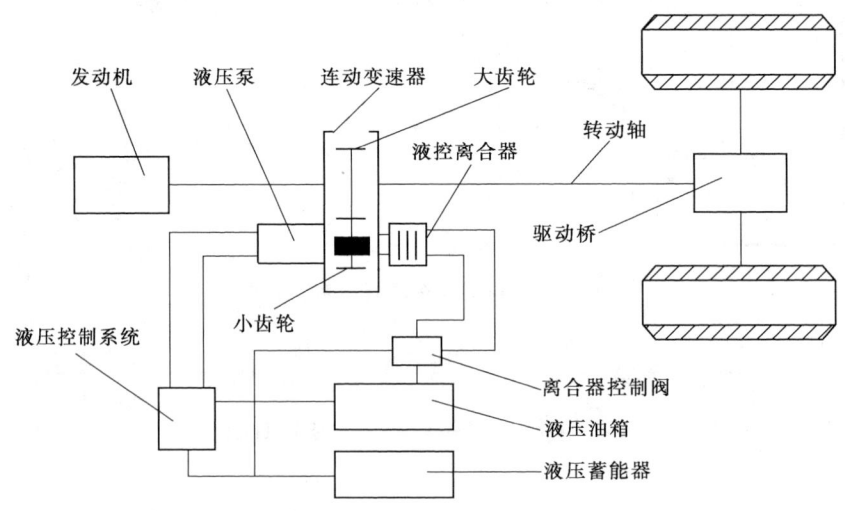

图 2.61 液压储能式制动能量回收系统示意图

(3) 电化学储能。电化学储能工作原理如图 2.62 所示。它是先将汽车在制动或减速过程中的动能,通过发电机转化为电能并以化学能的形式储存在储能器中;当汽车再次起动或加速时,再将储能器中的化学能通过电动机转化为汽车行驶的动能。储能器可采用蓄电池或超级电容,由发电机/电动机实现机械能和电能之间的转换。系统还包括一个控制单元,用来控制蓄电池或超级电容的充放电状态,并保证蓄电池的剩余电量在规定的范围内。

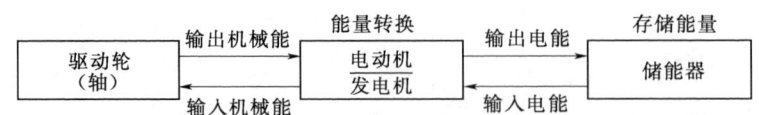

图 2.62 电化学储能示意框图

当汽车以恒定速度或加速度行驶时,电磁离合器脱开。当汽车制动时,行车制动系统开始工作,汽车减速制动,电磁离合器接合,从而接通驱动轴和变速器的输出轴。这样,汽车的动能由输出轴、离合器、驱动轴、驱动轮和从动轮传到发动机和飞轮上。制动时的机械能由电动机转换为电能，存入蓄电池。电化学储能式制动能量回收示意图如图 2.63 所示。

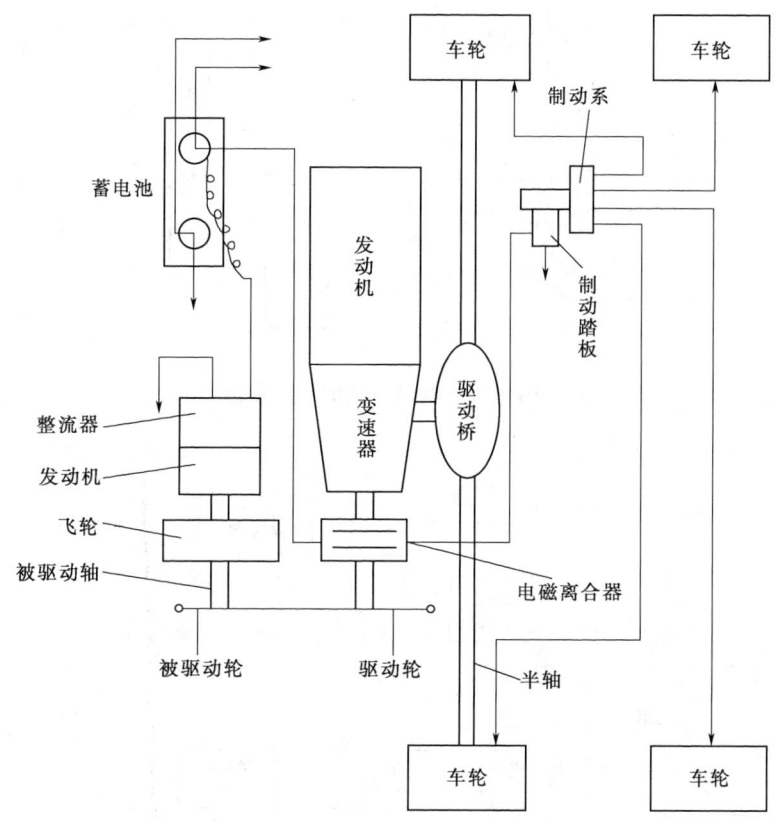

图 2.63　电化学储能式制动能量回收示意图

2. 制动能量回收系统的类型

制动能量回收系统的类型因储能方法不同而不同，主要有电能式、动能式和液压式。

（1）电能式，主要由发电机、电动机和蓄电池或超级电容组成，一般在电动汽车上使用。

（2）动能式，主要由飞轮、无级变速器构成，一般在公交汽车上使用。

（3）液压式，主要由液压泵/液压马达、蓄能器组成，一般在工程机械或大型车辆上使用。

3. 制动能量回收系统

再生制动系统的结构如图 2.64 所示，其主要由驱动轮、主减速器、变速器、电动机、AC/DC 转换器、DC/DC 转换器、能量储存系统以及再生制动控制器等组成。

4. 再生—液压混合制动系统

某电动汽车的再生—液压混合制动系统（图 2.65），只在前轮上进行制动能量回收，前轮上的总制动力矩大小等于电机产生的再生制动力矩与机械制动系统产生的摩擦制动力矩的和。

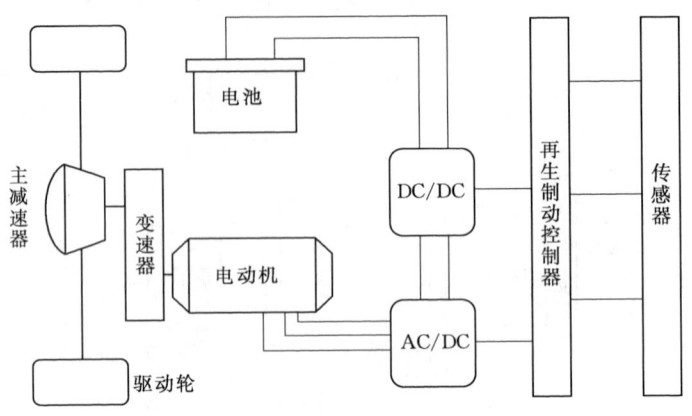

图 2.64 再生制动系统的结构示意图

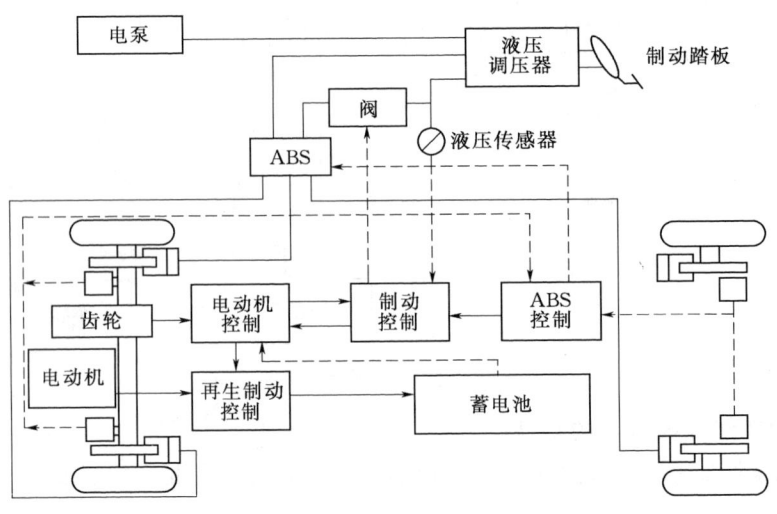

图 2.65 再生—液压混合制动系统示意图

在电动汽车上采取制动能量回收方法，其作用为：在目前电动汽车的储能元件没有大的突破与发展的状况下，制动能量回收装置可以提高电动汽车的能量利用率，延长电动汽车的行驶里程；电制动与传统制动相结合，可以减轻传统制动器的磨损，延长其使用周期，达到降低成本的目的；可以减少汽车制动器在制动，尤其是缓速下长坡以及滑行过程中产生的热量，降低汽车制动器的热衰退，提高汽车的安全性和可靠性。

任务 2.7　动力与经济性能

电动汽车是综合了多个学科、多个领域的复杂技术系统。为了提高电动汽车的总体性能，降低电动汽车的成本，在电动汽车的系统中系统优化尤为重要。目前的设计可以通过计算机建模仿真、有限元分析、综合评估的方式进行优化，从而降低开发成本和缩短开发时间。

电动汽车整体优化需要考虑的问题主要有以下几个方面。

（1）电动汽车各个子系统之间的相互作用复杂，因此要考虑电动汽车的各个子系统。

（2）由于模型的精确性与复杂性相伴而生，却往往与仿真的实用性相矛盾，因此合理地建立模型是十分重要的。

（3）考虑各部件或设备的电压等级需求，合理安排好电池电压、控制系统电压、驱动电动机电压之间的关系，车辆的电压与电器往往与车辆有着密切的联系。

（4）需要着重考虑车辆各电能消耗部件用电的比例关系，合理分配能源的同时充分考虑总的电能需求。

（5）需要全面考虑电动汽车与传统汽车的性能和操作对驾驶者的影响，应尽量合理设计驾驶操纵机构。

（6）车辆的传动和操纵系统可以从新的角度重新设计，但是必须要考虑到新的传动和操作系统在失电情况下的安全性和可靠性。

1. 整车的动力性能指标及影响参数

纯电动汽车动力性特点与它产生动力源的电动机有密切关系，纯电动汽车的动力性能一般采用汽车加速时间 t、最大爬坡度 i_m 和最高车速 u_{max} 来综合评价。

（1）加速时间 t。加速时间是由原地起步加速时间和以一定初速度再加速时间（超车加速时间），即加速度最大的时候，达到某一要求车速所经过的时间。

$$t = \frac{1}{3.6} \int_{v_1}^{v_2} \frac{\delta m}{v_t - \left(G_f + \frac{C_d A v_r^2}{21.15}\right)} dv$$

式中　δ——汽车旋转质量换算系数，$\delta > 1$；

　　　G_f——滚动阻力；

　　　C_d——风阻系数；

　　　A——迎风面积，m^2；

　　　v_r——风与汽车相对速度；

　　　v_1——初速度；

　　　v_2——末速度，忽略坡度阻力。

（2）最大爬坡度 i_m。最大爬坡度指的是汽车除了克服滚动阻力和空气阻力，剩余的功率都用于克服坡度阻力，所能爬上的最大坡度。

$$i_m = \tan\alpha = \tan\left[\arcsin\left(\frac{\frac{T_{tq} i_g i_0 \eta_T}{r} - \frac{C_d A v_r^2}{21.15}}{G\sqrt{1+f^2}}\right) - \arctan(f)\right]$$

(3) 最高时速 v_{max}。最高时速指的是汽车在水平路面上行驶，所能达到的最高时速，可通过汽车驱动力和行驶阻力平衡图得到。

$$v_{max}=f(v_a)=0.377\frac{T_{tq}n\eta_T}{v_a}=G_f+\frac{C_dAv_a^2}{21.15}$$

2. 整车的经济性指标及影响参数

由于续航里程、单位里程消耗能量（单位能量消耗的里程数）决定着整车对电池容量的选择，所以经济性指标应考虑以下方面。

(1) 单位里程消耗电能指标。在考虑该指标时，汽车的质量、外形等都会对计算产生较大的影响，所以计算时必须综合考虑。假设控制车速为匀速，计算单位里程电能消耗为

$$\eta_\xi=\frac{\int_0^T\left(G_fv+\frac{C_dAv_a^2}{21.15}+\delta\frac{Gv}{g}\frac{dv}{dt}\right)dt}{3.6\eta_T\int_0^Tvdt}$$

(2) 续航里程指标。续航里程指的是纯电动汽车等速续航，在水平路面上行驶直至停止所经过的路程，即

$$L=\frac{76140W\eta}{21.15G_f+C_dAv_a^2}$$

任务2.8 传动系统参数匹配与性能仿真

ADVISOR 是 Matlab 和 Simulink 软件环境下的一系列模型、数据和脚本文件，它在给定的道路循环条件下利用车辆各部分参数，能快速地分析传统汽车、纯电动汽车和混合动力汽车的燃油经济性、动力性及排放性等各种性能。

高级车辆仿真器（Advanced Vehlcle Simulator，ADVISOR）是由美国可再生能源实验室（National Renewable Energy Laboratory，NREL）在 Matlab 和 Simulink 软件环境下开发的高级车辆仿真软件。该软件从 1994 年 11 月开始发布和使用，最初是用来帮助美国能源部（Department of Energy，DOE）开发某混合动力汽车的动力系统，随后功能逐渐扩展，可以对传统汽车、纯电动汽车和混合动力汽车的各种性能作快速分析，是世界上能在网站上免费下载和用户数量最多的汽车仿真软件。目前最新的免费版本是 ADVISOR 2002，付费版本为 ADVISOR 2004。由于该软件通过大量的实践被证实具有较好的实用性，现在世界上许多生产企业、研究机构和高校都在使用该软件做汽车仿真方面的研究。

2003 年被其竞争对手李斯特内燃机及测试设备公司 AVL 收购了版权，自此，AVL 停止了对 ADVISOR 的研发更新，全心研发和销售其 Cruise 软件。

它主要有以下特点。

（1）仿真模型采用模块化的思想设计。ADVISOR软件分模块建立了发动机、离合器、变速器、主减速器、车轮和车轴等部件的仿真模型，各个模块都有标准的数据输入/输出端口，便于模块间进行数据传递，而且各总成模块都很容易扩充和修改，各模块也可以随意地组合使用，用户可以在现有模型的基础上根据需要对一些模块进行修改，然后重新组装需要的汽车模型，这样会大大节省建模时间，提高建模效率。

（2）仿真模型和源代码全部开放。ADVISOR 2002的仿真模型和源代码在全球范围内完全公开，可以在网站上免费下载。用户可以方便地研究ADVISOR的仿真模型及其工作原理，在此基础上根据需要修改或重建部分仿真模型、调整或重新设计控制策略，使之更接近于实际情形，得出的仿真结果也会更加合理。

（3）采用了独特的混合仿真方法。现在的汽车仿真方法主要有前向仿真和后向仿真两种，仿真软件也多采用其中的一种方法，使两种方法优劣不能互补，而ADVISOR采用了以后向仿真为主、前向仿真为辅的混合仿真方法，这样便较好地集成了两种方法的优点，既使得仿真计算量较小、运算速度较快，同时又保证了仿真结果的精度。

（4）在Matlab和Simulink软件环境下开发研制。Matlab是世界上顶尖的可视化科学计算与数学应用软件，其语法结构简单、数值计算高效、图形功能完备，集成了诸多专业仿真工具包，而且它还提供了方便的应用程序接口（API），用户可以在Matlab环境下直接调用C、FORTRAN等语言编写的程序。Matlab内置的计算程序、专业的仿真工具以及与其他应用程序的接口，会减少汽车模型的搭建和仿真计算过程中的工作量，同时也方便了熟悉不同编程语言的用户之间的合作。

（5）能与其他多种软件进行联合仿真（Co-Simulation）。汽车是一个复杂的系统，其仿真更是涉及机械、电子、控制等多个领域，工作量很大，ADVISOR软件开发过程中也难以涉及所有领域，这样就限制了它一些功能的实现。但是ADVISOR设计了开放的软件接口，能与Saber、Simplorer、VisuaDOC、Sinda/Fluint等软件进行联合仿真，为用户改进和拓展其功能提供了方便。

使用ADVISOR的方法如下：首先打开Matlab，在命令行中输入ADVISOR，按回车键进入启动界面，单击Start按钮，进入ADVISOR主界面，如图2.66～图2.69所示。

（1）整车参数输入界面。在该界面下，用户可以根据需要选择动力传动系统配置，主要包括传动动力、串联混合动力、并联混合动力及纯电动力系统等，同时可以对已选的动力传动系统部件的参数进行设置。

（2）仿真参数输入界面。这个界面用于仿真循环工况等输入，如图2.68所示。

（3）仿真运行结果界面。在这个界面上，用户可以清晰地看到之前设定的参数对应的整车性能，包括油耗、污染物排放和整车动力性能，如图2.69所示。

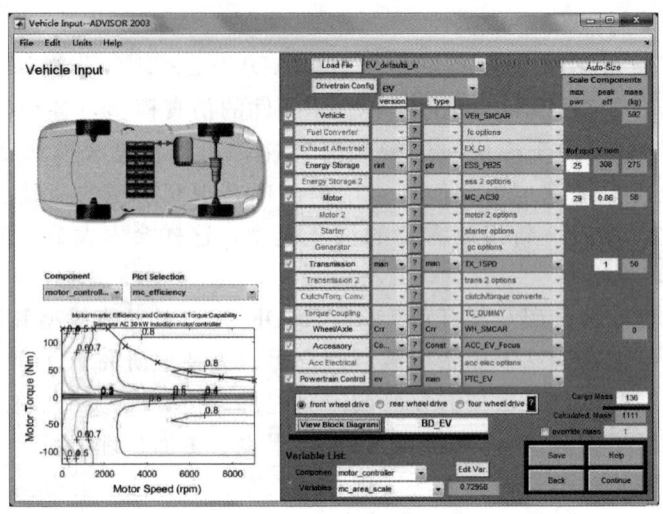

图 2.66　设置整车参数软件界面

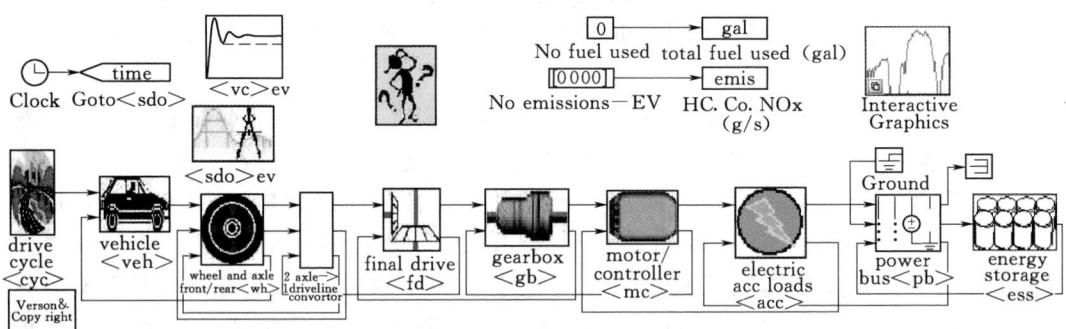

图 2.67　使用 ADVISOR 图标的汽车仿真系统

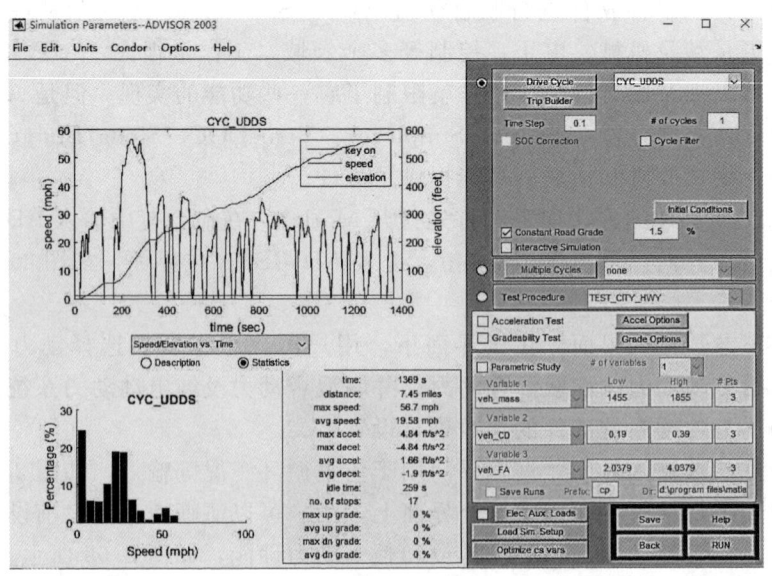

图 2.68　仿真参数输入界面

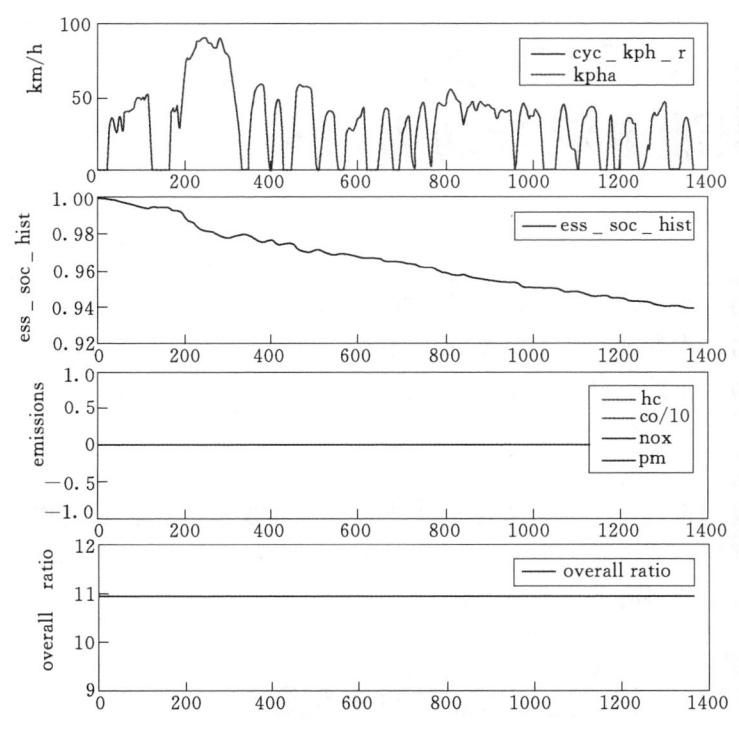
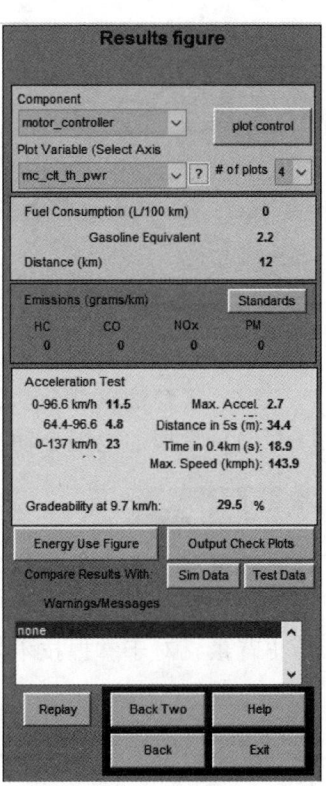

图 2.69 仿真结果显示界面

思 考 题

2-1 查阅相关资料,与内燃机汽车相比较,纯电动汽车具有哪些结构特点(写出至少五点不同)?

2-2 探讨纯电动汽车 BMS 的工作原理。

2-3 探讨纯电动汽车交流充电与直流充电的不同过程。

2-4 探讨不同类型的电机控制模式异同点。

2-5 探讨纯电动汽车的动力性与经济性计算。

2-6 纯电动汽车传动系统参数匹配过程中,传动比是如何确定的?

项目 3
认识油电混合动力汽车

◎ 学习目标

（1）认识油电混合动力汽车起源、关键技术发展脉络。
（2）了解油电混合动力技术发展的各个阶段。
（3）掌握油电混合动力汽车的关键技术及发展趋势。

◎ 项目描述

油电混合动力汽车的发展也经历了 100 多年的历史，在技术发展的历史长河中，众多的创新和设计理念被提出，通过了解油电混合动力汽车相关的技术产生、发展的历史背景，对于掌握技术发展趋势有着重要意义。

任务 3.1　油电混合动力汽车起源

油电混合动力汽车的燃油经济性能高，而且行驶性能优越，混合动力汽车的发动机要使用燃油，而且在起步、加速时由于有电动马达的辅助，可以降低油耗，简单地说，就是与同样大小的汽车相比，燃油费用更低。在目前市场上很有竞争力，是处于内燃机汽车与纯电动汽车之间的过渡产品，了解油电混合动力汽车的起源，可以更深入地掌握油电混合动力汽车关键技术。

油电混合动力不仅在潜艇和柴油电力机车上得到应用，油电混合动力汽车也有很悠久的历史。1900 年，斐迪南·保时捷研制成了第一辆混合动力汽车的原型车 Semper Vivus（图 3.1）。

维也纳的劳诺（Lohner）在 1901 年制造出了混合动力汽车。汽油发动机带动发电机，给轮毂处安装的电机供电。波尔舍（Ferdinand Porsche）于 1906 年成为奥地利戴姆勒发动机公司的技术总监，在那里从事"汽油—电力"汽车的生产，采用轮毂电动机，主要制造消防车（图 3.2）。在第一次世界大战期间，该公司制造有轨军车。

1920 年 1 月，第一辆充电式汽车问世。它是美国新泽西州的发明家在早期混合动力汽车设计基础上的创新之作。电动马达直接被安装在后轮轴上，同时车辆滑行时发电机能直接为蓄电池充电。此外，安装在车前的 4 缸汽油发动机也可以在行驶途中为汽车充电。

1968 年 12 月，通用汽车公司推出斯特林混合动力汽车。当年，发展势头强劲的通用汽车公司把斯特林发动机与 14 个 12V 电池组合在一起。这款车引进了 48km/h

图 3.1　原型车 Semper Vivus

图 3.2　戴姆勒消防车（1910—1913 年）
（技术参数：4 缸，6.963L，60PS/44kW，发电机 36kW）

的"盈亏平衡"速度新概念。由于斯特林发动机不断为汽车充电，因此电力不会耗尽。不过，车辆的起动和关闭需要耗时 20s 以上。

早期在制造混合动力汽车时，不是出于保护环境，而是为了避免离合器磨损、换挡的费力、换挡冲击及掉齿等问题。由于除去了机械传动系统，汽油混合动力车起步非常轻柔，特别适用于频繁起停的交通运营车辆。德国 FAVN 公司于 1930 年制造出了以汽油发动机发电、以电机驱动后轮的垃圾车。梅赛德斯大客车于 1983 年在埃森（Essen）投入运营，在市区作为电力车而在城外使用柴油发动机。1993 年 12 月，尼奥普兰（Neoplan）使用柴油发动机组合（图 3.3），在后轮毂安装两个电机作为动力。随后，又在公交大客车上安装了惯性轮能量存储装置或者充电器，使得在不开动柴油机的情况下也能行驶几公里。

丰田公司于 1997 年年底造出普锐斯（THSI）混合动力轿车，它标志着混合动力技术在乘用车的应用进入了比较成熟的阶段。丰田系统有两个最著名的传递形式的组合：汽油机产生的转矩，一部分用来直接驱动前驱动轮上的圆盘（变速器），另一部

扫一扫

图 3.3 尼奥普兰（Neoplan）N8012DE 混合动力大客车（1993 年）
（技术参数：6 缸，道依茨柴油发动 4.79L，169PS/124kW）

分驱动发电机，产生电用于驱动电机。

日本本田公司制造出了第二个混合动力轿车系列的同时，奥迪公司于 1998 年下半年停止了基于奥迪 A4 的混合动力车项目，因为其应用场合还是非常有限的。

任务 3.2 油电混合动力汽车发展现状

混合动力电动汽车与纯电动汽车比较，其优点在于整车重量小（由于电池容量减小）；汽车的续驶里程和动力性可达到内燃机的水平；保证驾驶和乘坐的舒适性（空调、暖风、动力转向的使用）。与内燃机汽车比较，混合动力汽车可使发动机在最佳的工况区稳定运行，从而降低排放污染和油耗；有些工况下可以纯电驱动车辆，实现"零排放"；在车辆减速或制动时实现能量回收，进一步降低汽车的能量消耗和排放污染。因此，在未来一段时期混合动力电动汽车会在汽车市场上占有一席之地。

3.2.1 国外混合动力汽车技术发展态势

据 J.P. 摩根公司预测，2020 年全球油电混合动力汽车市场规模将达到 1128 万辆，占当年汽车总销量的 10% 以上；加上动力电池、发电机及其他零部件，预计混合动力汽车相关产业市场规模将超过 240 亿美元。

1. 日本

20 世纪 70 年代，日本开始了混合动力汽车的研制。本田是第一个在美国市场上销售混合动力汽车的厂商。本田公司 1999 年在美国推出 Insight 混合动力双门汽车（图 3.4），该车是第一辆公开上市的混合动力汽车，每升汽油可行驶 30km，受到了市场的好评。

随后，本田公司又将混合动力技术扩展到思域（Civic）和雅阁（Accord）等畅销车型上。本田的技术特点是以 CVT 变速器为基础来研发插电式混合动力汽车。2006 款思域混合动力汽车采用了本田第四代（Integrated Motor Assist，IMA）系统，包括 1.3L 四缸汽油机、高功率超薄永磁同步电机、无极变速器和智能动力单元（In-

图 3.4 Insight 混合动力双门汽车

telligent Power Unit，IPU）。2009 款思域混合动力汽车和 2013 款雅阁插电式混合动力汽车分别如图 3.5 和图 3.6 所示。

图 3.5 2009 款思域混合动力汽车

图 3.6 2013 款雅阁插电式混合动力汽车

Prius Hybrid（图 3.7）是日本丰田公司于 1997 年 10 月底推出的世界上第一个大规模生产的混合动力车辆，是世界上最早实现批量生产的混合动力汽车。在人们日益关注环保的今天，普锐斯（Prius）因革命性地降低了车辆燃耗和尾气排放，其划时代意义与先进性得到了全世界的高度评价。

2005年12月15日,丰田公司第二代普锐斯在中国正式上市。它装备的新一代丰田混合动力系统 THS Ⅱ 是在上一代丰田混合动力系统 THS 的基础上,以能够同时提高环保性能和动力性能的"Hybrid Synergy Drive(混合动力同步驾驶)"为概念开发的。THS Ⅱ 通过提升电源系统的电压,使马达功率提高到原来的1.5倍,并通过控制系统的改进解决了一系列的技术难题,从而使发动机动力系统与马达动力系统的协同增效作用得到极大程度的发挥。

图 3.7　普锐斯混合动力汽车

丰田公司的雷克萨斯 GS450h 混合动力汽车（图3.8）搭载了由 3.5LV6D-4S 燃料多重喷射发动机、永磁电机、PCU 动力控制模组与（Hybrid Vehicle，HV）电池组成的动力系统,以及电子控制式连续可变 Hybrid 变速器（ECVT 电子无级变速系统,模拟六速手自一体式变速器）,可整合输出的最大功率达 250kW,属于世界上为数不多的超大功率混合动力汽车。

图 3.8　雷克萨斯 GS450h 混合动力汽车

除丰田、本田外,三菱、马自达等多家日本企业均将混合动力技术作为市场开发的重要方向。马自达开辟了油氢混合动力的新技术路线,其研发的 Premacy 氢转子发动机可使用汽油或氢燃料,氢燃料和汽油混用时可行驶约600km。马自达 Premacy 氢转子发动机混合动力车如图3.9所示。斯巴鲁公司也在纯电动车方面积极与丰田公司、大发公司合作，在 Stella 插电式电动车上投入了大量资源。

图 3.9 马自达 Premacy 氢转子发动机混合动力汽车

2. 美国

在日本加快发展混合动力汽车技术阶段，美国政府和企业对是否发展该技术一直犹豫不决。究其原因，一方面是由于美国在这一阶段将生物燃料和燃料电池汽车技术分别作为中近期的技术路线；另一方面是考虑到日本企业在混合动力汽车领域具有超越美国 10 年的技术优势，这将会导致美国汽车业竞争力的下降。

通用汽车公司在 1998 年推出了 GM Precept HEV 概念车，其动力模式为混联式，发动机和一个电机以并联的方式驱动后桥，而另一个电机驱动前桥。

2004 年 5 月，通用汽车公司的混合动力皮卡雪佛兰 Silverabo（图 3.10）面市，该车采用了起动机和发电机一体化技术（ISA），在发动机怠速及汽车制动时均可以进行能量回收。该车与通用汽车公司的皮卡相比，燃油消耗率降低了 10%～20%。

图 3.10 通用汽车公司的皮卡雪佛兰 Silverabo

克莱斯勒公司在 1998 年开发出道奇（Dodge）无畏 ESX2 串联式混合动力汽车。该车装有 1.5L 排量的直喷柴油机，并带有发电机，采用铅酸蓄电池，交流感应电机驱动，复合材料车身，油耗可降至 3.4L/100km。

福特汽车公司在 2001 年推出了全球首辆混合动力 SUV 概念车 Escape（图 3.11），该车于 2003 年正式上市，它是当时世界上最省油、最清洁的 SUV 之一，载货容积和越野性能与 Escape 的四驱车型相当。Escape 混合动力 SUV 采用双电机设计，一个电机与发动机集成起动发动机，实现给蓄电池充电和纯电动起步助力，另一个电机则用来实现助力和回馈制动能量的功能。

图 3.11　福特 Escape 混合动力汽车

2012 年，福特公司开始在美国密歇根工厂生产 C-Max 混合动力汽车（图 3.12）。C-Max 混合动力汽车采用了 2.0L 汽油发动机和锂离子电池相结合的混合动力系统，混合功率输出为 140kW。这款混合动力汽车相比于丰田普锐斯混合动力汽车更经济、性能更高、技术更强、价格更实惠。

图 3.12　C-Max 混合动力汽车

凯迪拉克凯雷德混合动力汽车（图 3.13）是目前世界上唯一的混合动力全尺寸豪华 SUV，被定位为"全球首款双模强油电混合动力 SUV"。它搭载一台 Vortex6.0VL V8 发动机、两台最大功率约为 81kW 的电机以及 300V 镍氢电池储能系统，能够输出 244kW 的最大功率，峰值转矩达到 498N·m。官方公布的综合油耗为 11.1L/100km，0～100km/h 加速在 10s 以内。

3. 欧洲

欧洲的政府和企业对混合动力技术的态度与美国相近，但更为积极一些，并且也

图 3.13　凯迪拉克凯雷德混合动力 SUV

取得了一定进展。欧洲对混合动力技术的促进主要集中在商用车领域。例如，瑞典、法国、德国、意大利、比利时等国计划在 9 个欧洲城市开通混合动力公交车路线；PSA 公司的串联式混合动力汽车 Berlingo Dynavoh，其性能和价格已经达到燃油汽车的水平；雷诺公司研制的 Vert 和 Hymme 两款混合动力汽车已在法国接受了上万公里的运行试验，并早在 1998 年便研制出电动汽油两用车 Next；瑞典沃尔沃公司也开发出基于 FL6 货车的混合动力汽车。

德国大众公司开发出插电式柴油混合动力汽车 XL1（图 3.14），该车净重仅为 795kg，配装一台功率为 35kW 的双缸 0.8L 排量 TDI 柴油发动机和一台 20kW 发电机，总续驶里程达到 540km。

图 3.14　插电式柴油混合动力汽车 XL1

在乘用车领域，欧洲的大众、PSA 等企业都未将油电混合动力技术作为未来节能和新能源汽车的研发重点。仅有奥迪、通用等少数公司为开拓北美市场而涉足混合动力技术。奥迪 Q5 混合动力汽车如图 3.15 所示。

图 3.15　奥迪 Q5 混合动力汽车

3.2.2　国内混合动力汽车技术发展态势

2000 年前，除以一汽集团为代表的极少数单位开展了串联式混合动力轿车等关键技术初步研究外，我国混合动力轿车基本处于观望与技术跟踪阶段。

我国自主研制的东风混合动力汽车 EQ7200（图 3.16），其电机驱动系统是"十五"和"863 计划"专项电机驱动共性技术中难度最大的课题，该车的永磁电机转矩密度与丰田普锐斯混合动力电机相当，课题组已成功研制出具有 180N·m 高峰值转矩、4 倍弱磁的永磁磁阻电机，且目前已完成 1.5 万 km 的行驶试验认证。

图 3.16　东风混合动力汽车 EQ7200

我国第四大汽车生产商长安汽车公司于 2007 年 12 月宣布，开始生产中型混合动力汽车——杰勋（图 3.17）。该车采用科技部"863 计划"中的国有混合驱动系统技术，历时 6 年开发而成，燃料消耗可比常规汽车减少 20% 以上。

图 3.17　杰勋混合动力汽车

2004年，福田汽车开始研发混合动力汽车（图3.18），立足于自主开发，但同时采用引进—消化—吸收—再创新的方式，与美国伊顶公司开展技术合作，联合开发混合动力系统。以城市客车为研发突破点，重点开发11.4m大型客车和12m混合动力客车产品。2005年7月完成整车设计，2005年12月试制成功了两台样车，2006年10月完成了近7000km的可靠性试验，2007年1月获得国家公告。

图3.18 福田混合动力汽车

自2000年起，我国经过10年的持续技术攻关、产业化和小规模示范考核，基本掌握了BSG混合动力轿车、ISG并联混合动力轿车、双电动机深度混联混合动力轿车系统平台关键技术，并申请了动力系统构型、结构设计和整车控制等国内、外专利，如一汽集团围绕双电动机式混合动力系统，申请完成发明专利17项、实用新型专利60项。

此外，以比亚迪公司为代表的我国新生代新能源汽车企业，完成F3DM等混合动力乘用车的开发及示范考核，成为我国民营企业的代表性案例。

比亚迪秦（图3.19）于2013年12月上市，秦双冠版搭载一台1.5T发动机和电动机组成的插电式混动系统，其综合最大输出功率为295马力（217kW），峰值扭矩479N·m。电池组的容量为13kW·h，在纯电动状态下的最大续航里程为70km。比

图3.19 比亚迪秦混合动力轿车

亚迪唐（图3.20）于2015年上市，其搭载了三擎双模动力系统，由一台2.0TI涡轮增压发动机和前后两个电机组成，可实现前轮与后轮独立动力输出。比亚迪宋（图3.21）采用一台1.5T涡轮增压缸内直喷发动机与前后电动机双模动力，混合动力模式下，可输出333kW的总功率、740N·m的总扭矩。传动方面匹配的是6速自动变速箱。百公里加速时间为4.9s，综合工况下百公里油耗低至1.4L，纯电模式续航里程为80km。

图3.20 比亚迪唐混合动力SUV

图3.21 比亚迪宋紧凑型混合动力SUV

思 考 题

3-1 查阅相关资料，与纯电动汽车相比，混合动力汽车有哪些优势？
3-2 探讨混合动力汽车发展过程中经历了哪几个阶段。
3-3 探讨混合动力汽车发展现状如何。
3-4 探讨混合动力汽车未来的发展趋势。
3-5 列举几款目前量产的混合动力汽车类型与具体参数。

项目 4
油电混合动力汽车工作原理与结构

◎ 学习目标

（1）认识油电混合动力汽车总体结构。
（2）了解油电混合动力汽车总体工作原理。
（3）熟悉油电混合动力汽车各子系统工作原理。
（4）掌握油电混合动力汽车构造与各主要部件以及电力驱动过程。

◎ 项目描述

本项目主要介绍油电混合动力汽车的组成结构与工作原理，对常见的油电混合动力类型主要性能及技术参数进行对比分析。详细介绍油电混合动力汽车各部分组成、主要部件、连接方法及工作原理等内容，通过本项目的实施，使学生熟悉油电混合动力汽车整体结构，从而掌握油电混合动力汽车构造与各主要部件以及驱动过程。

任务 4.1　油电混合动力汽车总体结构

混合动力汽车采用能够满足汽车巡航需要的较小发动机，依靠电动机或其他辅助装置提供加速与爬坡所需的附加动力。其结果是提高了总体效率，同时并未牺牲性能。混合动力车设计成可回收制动能量。在传统汽车中，当司机踩制动踏板时，这种本可用来给汽车加速的能量变为热量被白白扔掉了。而混合动力车却能大部分回收这些能量，并将其暂时储存起来供加速时再用。当司机想要有最大的加速度时，汽油发动机和电动机并联工作，提供可与强大的汽油发动机相当的起步性能。在对加速性要求不太高的场合，混合动力车可以单靠电机行驶，或者单靠汽油发动机行驶，或者二者结合以取得最大的效率。比如在公路上巡航时使用汽油发动机。而在低速行驶时，可以单靠电机拖动，不用汽油发动机辅助。即使在发动机关闭时电动转向助力系统仍可保持操纵功能，提供比传统液压系统更大的效率。

混合动力电动汽车是指汽车驱动系统由两个或多个能同时运转的单个驱动系统联合组成的汽车。国际电子技术委员会对混合动力车辆的定义为："在特定的工作条件下，可以由两种或两种以上的储能器、能源或转换器作驱动能源，其中至少有一种能提供电能的车辆，称为混合动力电动汽车"。一般认为，混合动力电动汽车就是采用燃油发动机的动力进行发电并驱动电动机的电动车，既有内燃机又有电动机驱动。

通常所说的混合动力一般是指油电混合动力，即燃料（汽油、柴油）和电能的混合。混合动力汽车是由电动马达作为发动机的辅助动力来驱动汽车。它的动力系统主要由控制系统、驱动系统、辅助动力系统和电池组等部分构成。其系统连接如图4.1所示。

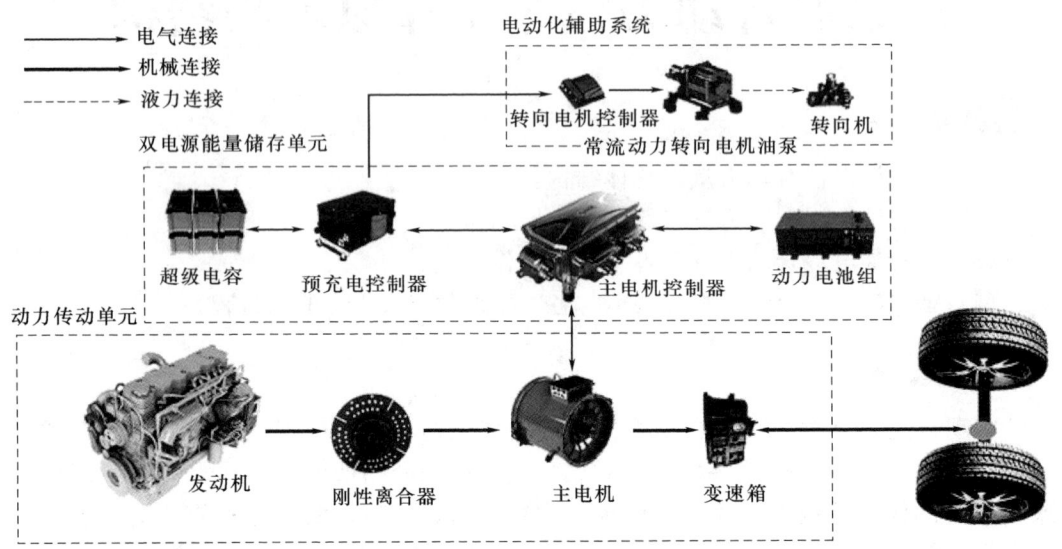

图 4.1　插电式动力系统连接

（资料来源：松正4S）

在车辆行驶之初，蓄电池处于电量饱满状态，其能量输出可以满足车辆要求，辅助动力系统不需要工作；当电池电量低于60%时，辅助动力系统起动；当车辆能量需求较大时，辅助动力系统与蓄电池组同时为驱动系统提供能量；当车辆能量需求较小时，辅助动力系统为驱动系统提供能量的同时，还给蓄电池组进行充电。

由于蓄电池组的存在，使发动机工作在一个相对稳定的工况，使其排放得到改善。并不是所有的混合动力车辆都要依靠电动发动机、电池和电线。有些车辆是靠液压发动机、铃线和蓄能器的联合作用来驱动的。

混合动力汽车的燃油经济性能高，而且行驶性能优越，混合动力汽车的发动机要使用燃油，而且在起步、加速时，由于有电动马达的辅助，所以可以降低油耗，简单地说，就是与同样大小的汽车相比，燃油费用更低。

而且，辅助发动机的电动马达可以在起动的瞬间产生强大的扭矩，因此，车主可以享受更强劲的起步、加速。同时，还能实现较高水平的燃油经济性。油电混合动力布局如图4.2所示。

1. 油电混合动力优势

（1）采用复合动力后可按平均需用的功率来确定内燃机的最大功率，此时处于油耗低、污染少的最优工况下工作。当需要大功率而内燃机功率不足时，由电池来补充；当负荷少时，富余的功率可发电给电池充电，由于内燃机可持续工作，电池又可以不断得到充电，故其行程较普通汽车更长。

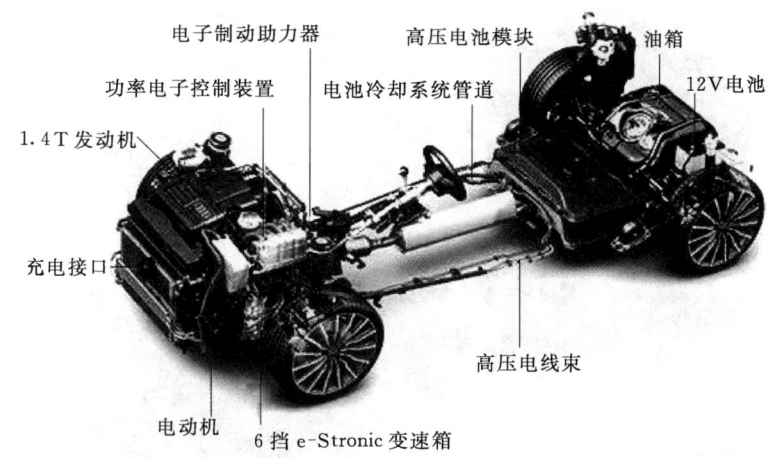

图 4.2　油电混合动力布局
(资料来源：A3 Sportback e‐tron)

(2) 因为有了电池，可以十分方便地回收制动时、下坡时、怠速时的能量。

(3) 在繁华市区，可关停内燃机，由电池单独驱动，实现"零"排放。

(4) 有了内燃机可以十分方便地解决耗能大的空调、取暖、除霜等纯电动汽车遇到的难题。

(5) 可以利用现有的加油站加油，不必再投资。

(6) 可让电池保持在良好的工作状态，不发生过充、过放，延长其使用寿命，降低成本。

常见的混合动力车型，如雷克萨斯 CT200h，为了达到省油的目的，多会采用阿特金森发动机，对动力性能会有一定的影响。而 A3 e‐tron 则是直接采用了在 A3 普通版上的 EA211 系列 1.4T 发动机，动力参数也没有改变，体现出了其虽然要节油，但是并不想以牺牲性能为代价，而且在电动机的帮助下，A3 e‐tron 的动力参数更优于普通版的车型。A3 e‐tron 发动机、电动机和变速箱都集成在车头，采用前置前驱的布局，而电池和油箱则是布置在后方，中间由油管、电线和冷却系统管道等连接，如图 4.3 所示。

A3 e‐tron 的动力系统最特别之处在于其有 3 个离合器，除了双离合变速箱（图 4.4）上面的两个离合器之外，它在电动机中还集成了一个分离离合器 K_0，其主要作用是当纯电动汽车行驶的时候，发动机并不工作，这时如果发动机和电动机通过传动机构相连的话，电动机会带动发动机转动，从而浪费电量，所以在发动机不工作的时候，分离离合器 K_0 会将二者断开连接，让电动机独自驱动车辆，达到最大化利用电能行驶的目的。

2. 后置电池组（容量 8.8kW·h）

A3 e‐tron 配备的锂离子电池组容量为 8.8kW·h，其外壳主要由铝质材料制成，内部包括 8 个模块共计 96 个电池单元，其工作温度为 $-28\sim60$℃。在中国，如采用工业电压充电，约 2h 15min 可充满电量，如采用家用电压充电，约 5h 可以把电

扫一扫

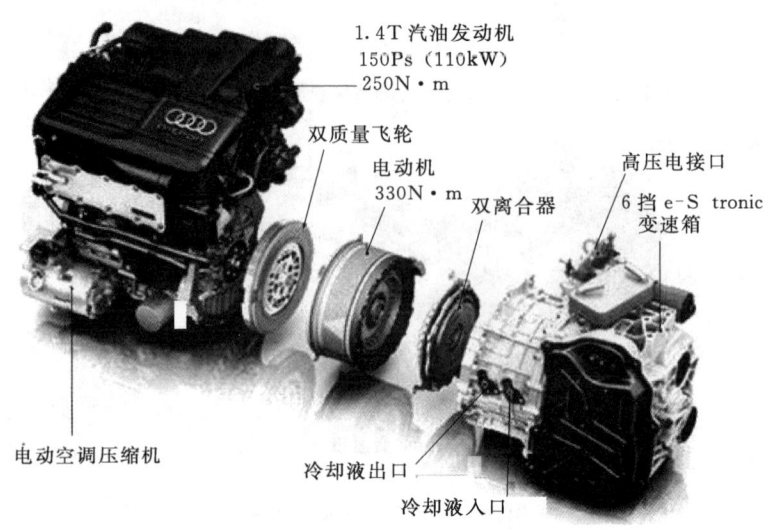

图 4.3 油电混合动力总体结构
（资料来源：A3 Sportback e-tron）

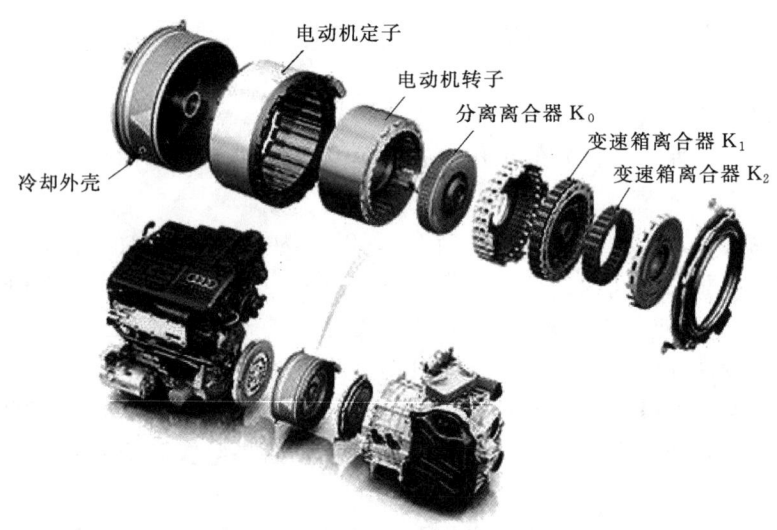

图 4.4 油电混合动力系统双离合变速箱
（资料来源：A3 Sportback e-tron）

充满。油电混合动力电池结构如图 4.5 所示。

电池组实际上是被重重保护的，外层有金属外壳，中间是绝缘层，最里面才是电池模块，同时内部还带有冷却系统，通过液体冷却系统进行调控，保证电池组始终处在合适的温度下工作，如图 4.6 所示。油电混合动力电池组安装位置如图 4.7 所示。

混合动力电动汽车结构系统根据系统功能类型，可以分为机械子系统、电力电子子系统、信息子系统等。机械子系统包括底盘和车身、驱动装置、变速器以及电源箱体等；电力电子子系统主要包括能源、动力网、控制器电动机系统等；信息系统主要

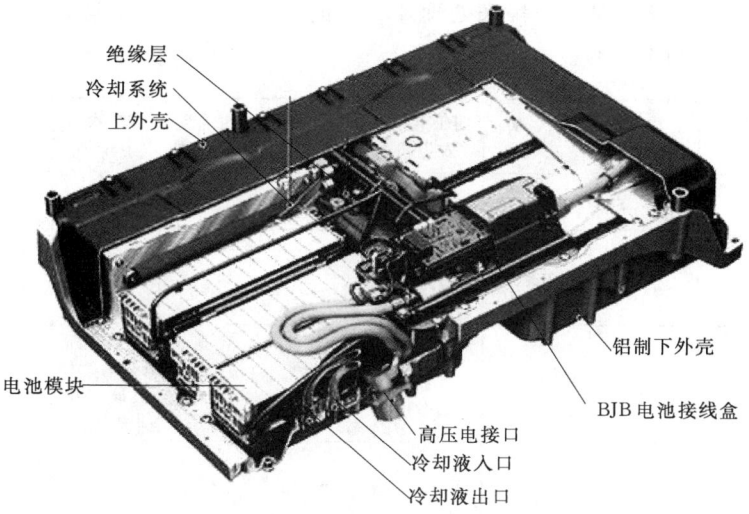

图 4.5　油电混合动力电池结构
（资料来源：A3 Sportback e-tron）

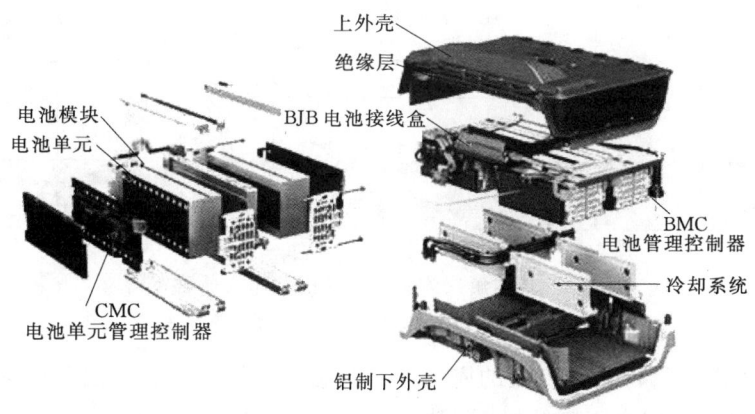

图 4.6　油电混合动力电池保护装置
（资料来源：A3 Sportback e-tron）

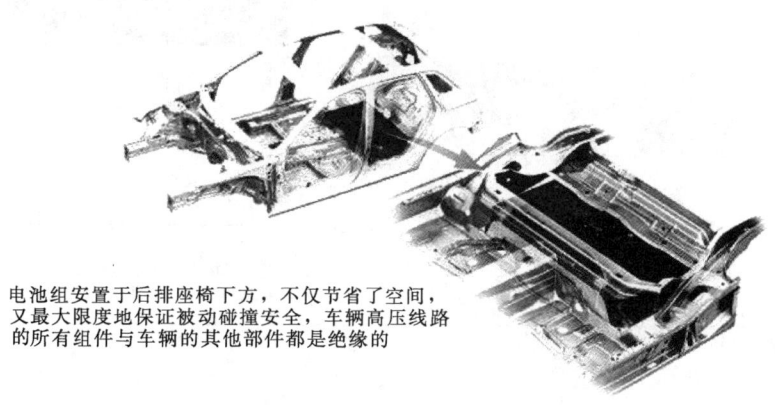

图 4.7　油电混合动力电池组安装位置
（资料来源：A3 Sportback e-tron）

利用通信网络、数据处理算法等来处理驾驶员的意愿,监控汽车运行、电动机和控制器等工作状态的(图4.8)。

功能\布局	起动机和发电机	带起动/发电机	曲轴起动/发电机	并联式混合动力	混合分离动力	二次电子轴	串行混合	电力驱动
・起动-停止	宝马的起动-停止							
・起动-停止 ・休养 ・增压		智能mdh 雪铁龙G3 起动-停止	奔驰S400 混合动力					
・起动-停止 ・休养 ・增压 ・电动车(短期)①				保时捷卡宴混合	奔驰ML450 混合动力车 丰田普锐斯	雷克萨斯RX 400L 奥迪nelio 项目(A1)		
・插件 ・起动-停止 ・休养 ・增压 ・电动车(中期)②				奔驰S级插件	丰田普锐斯 (下一代)			
・插件 ・范围扩大 ・休养 ・电动车(长期)③						雪佛兰伏特		
・完全电动车 ・休养								特斯拉跑车④
其他外延	微混	中混	中/强混	全混		二次电动轴	增程式电动车	纯电动车

①大于3h;②大于5h;③多于50h;④复原。

图4.8 技术解决方案是由功能和布局所确定的

(资料来源:Roland Berger)

混合动力汽车将得到更广泛的应用,尤其是在商用车上。虽然混合动力汽车可以改善CO_2排放量,但真正影响燃料消耗量需结合考虑行驶工况(图4.9)。

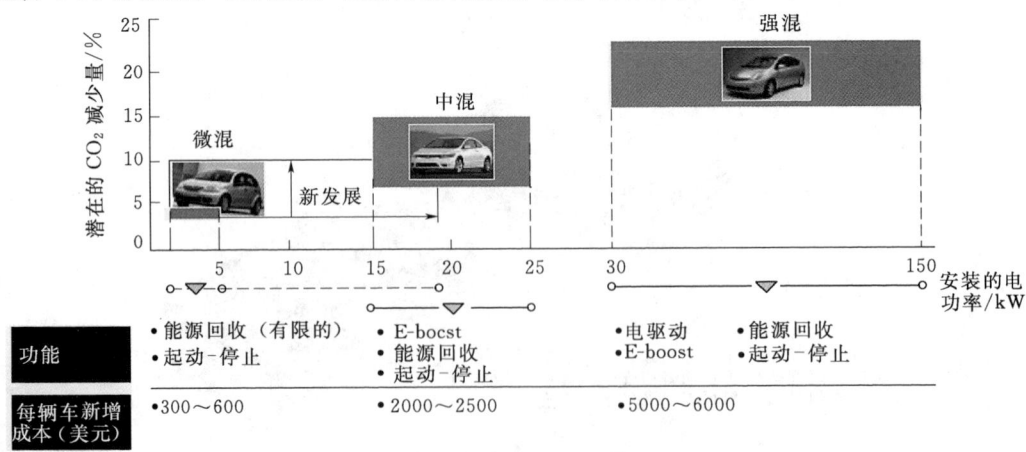

图4.9 不同模式的混合动力车降低二氧化碳排放量差异也很大

(资料来源:Roland Berger)

任务4.2 电源系统

在混合动力车辆行驶之初,蓄电池处于电量饱满状态,其能量输出可以满足车辆要求,辅助动力系统不需要工作。当电池电量低于60%时,辅助动力系统起动;当车辆能量需求较大时,辅助动力系统与蓄电池组同时为驱动系统提供能量;当车辆能量需求较小时,辅助动力系统为驱动系统提供能量的同时,还为蓄电池组进行充电。由于蓄电池组的存在,使发动机工作在一个相对稳定的工况下,使其排放得到改善。

镍氢电池(NiMH)的正极板材料为NiOOH,负极板材料为吸氢合金。电解液通常用30%的KOH水溶液,并加入少量的NiOH。隔膜采用多孔维尼纶无纺布或尼龙无纺布等。NiMH电池有圆柱形和方形两种。圆柱形密封NiMH电池的结构如图4.10所示。

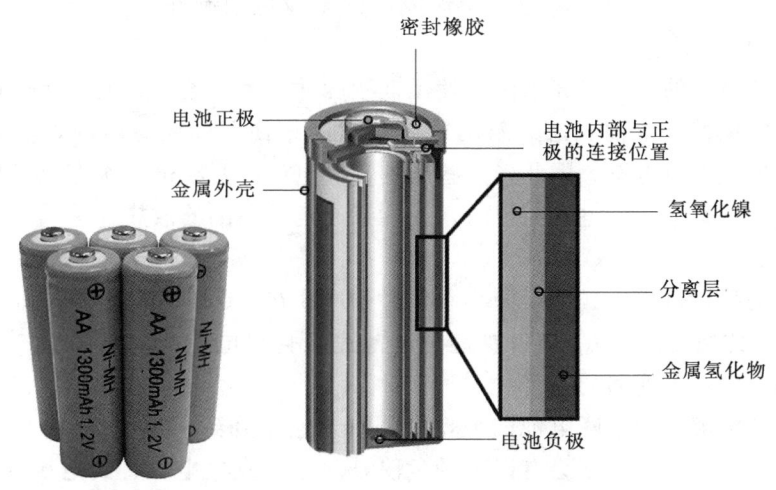

图4.10 镍氢电池AA与电池内部结构

NiMH电池具有较好的低温放电特性,即使在-20℃环境温度下,采用大电流(以1C放电速率)放电,放出的电量也能达到标称容量的85%以上。但是,NiMH电池在高温(40℃以上)时,蓄电容量将下降5%~10%。这种由于自放电(温度越高自放电率越大)而引起的容量损失是可逆的,几次充放电循环就能恢复到最大容量。NiMH电池的开路电压为1.2V,与NiCd电池相同。

NiCd与NiMH电池的充电过程非常相似,都要求恒流充电。两者的差别主要在快速充电的终止检测方法上,以防止电池过充电。充电器对电池进行恒流充电,同时检测电池的电压和其他参数。当电池电压缓慢上升达到一个峰值时,对NiMH电池快速充电终止,而NiCd电池则当电池电压第一次下降了一个ΔU时终止快速充电。为避免损坏电池,电池温度过低时不能快速充电,电池温度T_{min}低于10℃时,应转入涓流充电方式。而电池温度一旦达到规定数值后，必须立即停止充电。

1. 充电

当快速充电时，可以透过充电器内的微电脑去避免电池过充的情况产生。现今的镍氢电池含有一种催化剂，可以及时解除因为过充电所造成的危险。

$$2H_2 + O \xrightarrow{\text{催化剂}} 2H_2O$$

这个反应只有从过充电开始的时间算起的 $C/10h$ 内有效（C 为电池标称的容量）。当充电程序开始后，电池的温度会上升得很明显，有些极速充电器（低于 1h）内含风扇来避免电池过热。

使用一些简单的恒流（且电流要小）充电器，不管有没有计时器，都可以安全地为镍氢电池充电，允许的长时间充电电流为 $C/10h$（电池的标称电量除以 10h）。实际上，一些造价低廉的无线电话基地台和最便宜的电池充电器正是这样工作的。尽管这可能是安全的，但对电池的寿命可能会有不良影响。根据松下公司（Panasonic）的《镍氢电池充电指南》：长期使用涓流方式（以很小的电流长时间充电）充电有可能导致电池损坏。为了防止损伤电池，涓流充电的电流应限制在 $0.033\sim0.05C/h$ 之间，最长充电时间为 20h。

对于镍氢电池的长期保养来说，使用低频脉冲—大电流的充电方式要比使用涓流充电方式更能保持好电池状态。新的或者长时间未使用的镍氢电池，需要一段"激活"时间来恢复电池电量。因此，一些新的镍氢电池需要经过几次充电—放电循环才能达到它们的标称电量。电池充电时，要注意充电器周围的散热。

2. 放电

在电池的使用过程中必须十分小心。对于串联在一起的几颗电池（如数码相机中 4 颗 AA 电池的通常排列方式），要避免电池完全耗尽电能，进而发生"反向充电"，这会对电池产生不可挽回的损害。

通常设备能够检测串联电池的放电电压，当它下降到一定程度时，便自动关闭，以保护电池。单颗电池并不会有以上的危险，只会一直放电，直到电压为 0。这不会对电池造成损害，实际上，周期性地将电放完，然后再充满，有利于保持电池的容量与质量，如图 4.11 所示。

镍氢电池具有较高的自放电效应，约为每个月 30% 或更多。这要比镍镉电池每月 20% 的自放电速率高。电池充得越满，自放电速率就越高；当电量下降到一定程度时，自放电速率又会稍微下降。电池存放处的温度对自放电速率有很大的影响。正因为如此，长时间不用的镍氢电池最好是充到 40% 的"半满"状态。

低自放电效应的镍氢电池在 2005 年推出市面，生产商宣称在 20℃ 室温存放一年后仍可保存 70%~85% 电量，而且可以用一般的镍氢电池充电机进行充电。某些低自放电效应的镍氢电池在低温下有比碱性电池及锂离子电池更佳的放电特性。

3. 反应原理

电解质主要是 KOH（氢氧化钾）作电解液（电解质 7mol/L KOH + 15g/L LiOH）。

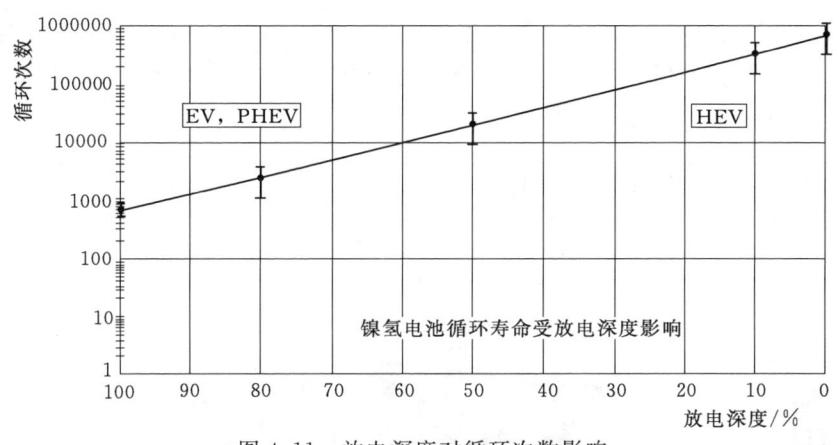

图 4.11 放电深度对循环次数影响

（1）充电时。

阳极反应为

$$Ni(OH)_2 + OH^- \longrightarrow NiOOH + H_2O + e^-$$

阴极反应为

$$M + H_2O + e^- \longrightarrow MH + OH^-$$

总反应

$$M + Ni(OH)_2 \longrightarrow MH + NiOOH$$

（2）放电时。

正极为

$$NiOOH + H_2O + e^- \longrightarrow Ni(OH)_2 + OH^-$$

负极为

$$MH + OH^- \longrightarrow M + H_2O + e^-$$

总反应为

$$MH + NiOOH \longrightarrow M + Ni(OH)_2$$

式中　M——储氢合金；

　　　MH——吸附了氢原子的储氢合金。

最常用的储氢合金为 $LaNi_5$。

第三代普锐斯在电池上有了更多的选择，普通版普锐斯依旧搭载改进后的镍氢电池组（图 4.12），电压达到 650V，容量提升至 1.4kW·h；插电版普锐斯由于要适合频繁的高压充放电，因此配备了可用容量为 4.4kW·h 的锂离子电池组。电力控制系统方面，新一代普锐斯的转换器，输出电压自上一代的 500V 提高

图 4.12　丰田普锐斯和镍氢电池组

至新一代的650V。而原厂也改善了镍氢电池模组，在体积缩小的前提下，提升电力输出。同时，周边的冷却系统和元件也经过妥善安置，提供车室更宽广的乘坐与置物空间。

图4.13所示为镍氢电池与锂电池对比。

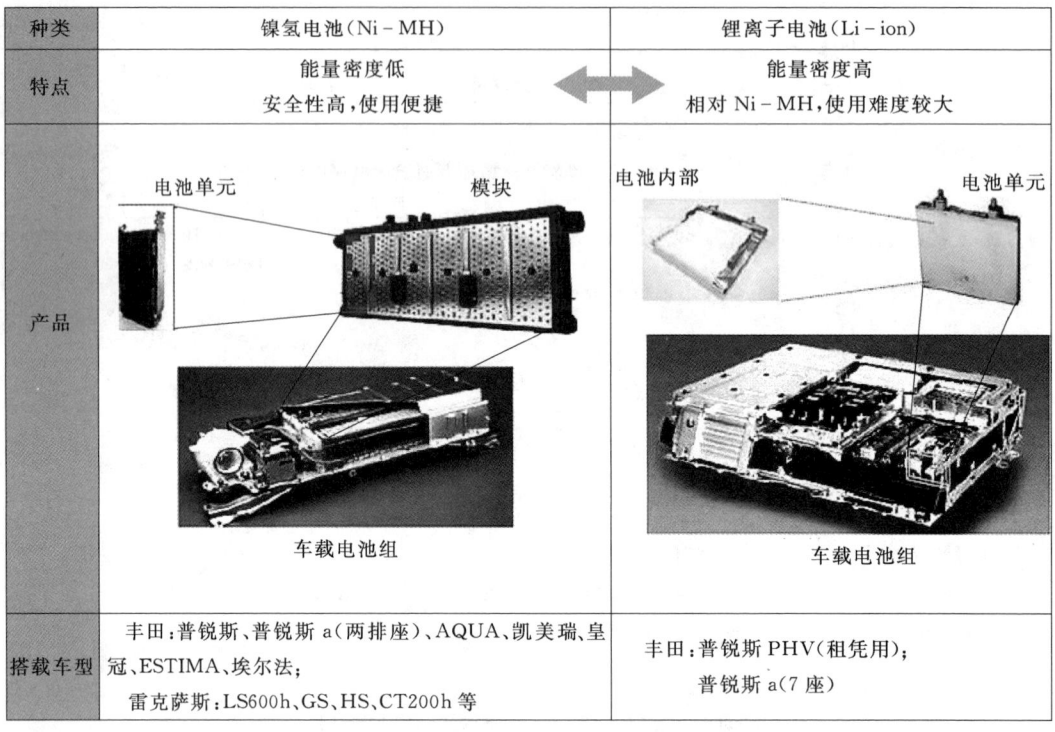

图4.13 镍氢电池与锂电池对比

扩展阅读：普锐斯的电池是怎么炼成的

对混合动力车型而言，电池是保证产品性能的重要一环。丰田混合动力车用电池由它旗下的合资公司PEVE生产。图4.14所示的PEVE大森工厂总部位于静冈县湖西市，这里是丰田创始人丰田佐吉的出生地，也可谓丰田故乡。

图4.14 PEVE大森工厂外景

PEVE前身是1993年成立的松下电动汽车能源株式会社。目前,其出资比例为丰田汽车80.5%、松下19.5%。PEVE旗下共拥有4家电池工厂,其中两家位于湖西市,一家位于宫城县大和町,还有一家位于爱知县丰田市的丰田宝贞工厂内,如图4.15~图4.17所示。

公司简介

公司地址:静冈县湖西市(总公司/大森工厂,境宿工厂)
　　　　　宫城县大和町(宫城工厂)
　　　　　爱知县丰田市(贞宝工厂)

成立时间:1996年(平成8年)12月11月

注册资金:200亿日元

出资比例:丰田汽车株式会社　80.5%
　　　　　松下株式会社　　　19.5%

员工人数:约3100人(截至2013年8月),其中,正式员工约1700人
销售额:约1600亿日元(2012年度实际销售额)
业务内容:混合动力车用/电动车用镍氢蓄电池、锂离子蓄电池,
　　　　　电池管理系统的开发、制造、销售

总公司/大森工厂	境宿工厂	宫城工厂	贞宝工厂
投产时间:2007年2月 总面积:168900m²	投产时间:1996年12月 总面积:37800m²	投产时间:2010年1月 总面积:248300m²	投产时间:2009年8月 *丰田汽车工厂内

图4.15　PEVE公司简介

工厂名称	生产车型		年产能 /(万辆/年)
大森工厂	Ni-MH (NP2) 投产时间:2007年2月 总面积:168900m²	丰田: 　雅力士、普锐斯、AQUA、凯美瑞、Auris、皇冠等 雷克萨斯: 　CT200h、GS、HS、IS等	40
境宿工厂	Ni-MH (NP2 & NP2.5) 投产时间:1996年12月 总面积:37800m²	丰田: 　HARRIER、ESTIMA、埃尔法、VELLFIRE等 雷克萨斯: 　LS600h、RX等	40
宫城工厂	Ni-MH (NP2) 投产时间:2010年1月 总面积:248300m²	丰田: 　AQUA、雅力士、普锐斯、凯美瑞	30
贞宝工厂	Li-ion 投产时间:2009年8月 总面积:100000m²	丰田: 　普锐斯α(3排座)	3.6

图4.16　各生产点的产能

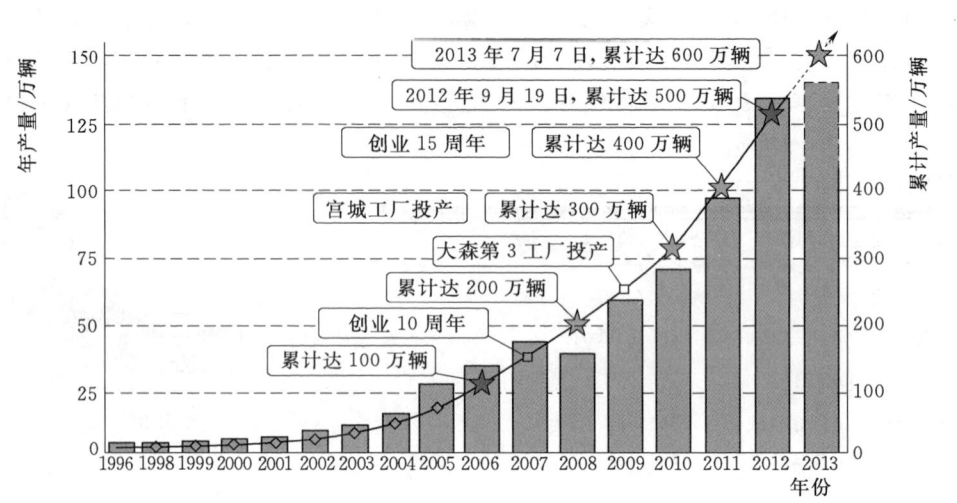

图 4.17　产量走势

10 多年来，丰田混合动力车用电池技术不断发展。从最初的圆筒形镍氢电池，到后来的新型方形镍氢电池，再到最近开发的锂离子电池，每代电池效率都在提升。

在 4 家工厂中，贞宝工厂生产锂电池，其他 3 家皆生产镍氢电池。PEVE 总产能为每年近 110 万辆。自 2011 年 5 月起，锂离子电池开始搭载在丰田普锐斯 α 的 7 座车型上，之后还应用于插电式普锐斯。与镍氢电池相比，锂离子电池能量密度高，但使用难度更大，成本也较高。普通普锐斯仍在沿用镍氢电池。为了保证品质，防止电池中混入异物，PEVE 多个区域采用无尘化管理，如图 4.18 和图 4.19 所示。

图 4.18　无尘生产线

◆ 电池中混入异物（垃圾、灰尘、头发、金属等）就像病毒侵入、感染病毒一样
◆ 主要措施： ① 按制造工序对异物进行分区管理，工作服也根据分区而定。
② 通过风淋清除异物
③ 电池完工后，在出货前通过老化评测事先检测是否有异物混入

根据每道工序对异物管理的严格程度设置相应的无尘室，在入口处标识清洁度，提醒工作人员注意并进行相应管理

在进入生产线之前，通过风淋清除异物

HEV使用的电池比普通电池的要求高很多，为满足这些高标准的要求，通过贯彻落实质量管理工作，实现高可靠性

图4.19 无尘生产线管理
（资料来源：PEVE大森工厂）

4. 超级电容

油电混合是最主流的混合动力原理。系统以具有可逆作用的发电机/电动机实现电池中的电能和车辆动能的转化。

在车辆制动时，发电机/电动机以发电机形式工作，车辆行驶的动能带动发电机将车辆动能转化为电能并储存在电池中。在车辆起动或加速时，发电机/电动机作为电动机驱动汽车。

电池储能的功率密度低，过充电、过放电和频繁充放电都会影响寿命，不能迅速转化吸收大量能量，难以满足车辆在制动或起动时的功率需求。因此，人们开发了车用超级电容，可以适应瞬间充放电和频繁充放电，循环寿命长，受低温影响小，电量检测方便，而且超级电容器的生产成本每年都在以低于10%的比例减少。

但是超级电容也有能量密度与电池差距较大、容易漏电等缺点，无法长期储存能量，所以也有研究人员在尝试电池电容混合的电力系统，同时兼顾电容充放电迅速和电池能量密度相对较大的优点，用电容进行紧急充放电，用电池长期储存能量，电池和电容分工合作。

任务4.3 动力驱动系统

车辆驱动系统由两个或多个能同时运转的单个驱动系统联合组成，车辆的行驶功率依据实际的车辆行驶状态由单个驱动系统单独或共同提供。因各个组成部件、布置方式和控制策略的不同，形成了多种分类形式。混合动力车辆的节能、低排放等特点

引起了汽车界的极大关注,并成为汽车研究与开发的一个重点。混合动力装置既发挥了发动机持续工作时间长、动力性好的优点,又可以发挥电动机无污染、低噪声的好处,二者"并肩战斗",取长补短,汽车的热效率可提高10%以上,废气排放可改善30%以上。2010年,全球进入汽车混合动力时代。

由两种或两种以上的储能器、能源或转换器作驱动能源(图4.20),其中至少有一种能提供电能的车辆称为混合动力电动汽车(Hybrid Electric Vehicle,HEV)。

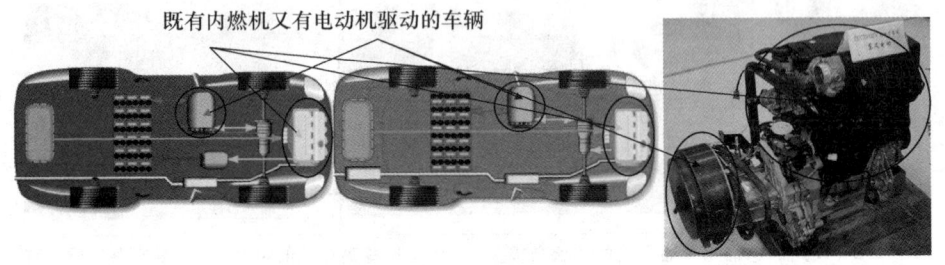

图4.20 两种动力源混合动力汽车

根据混合动力驱动的连接方式,一般把混合动力汽车分为以下3种,如图4.21所示。

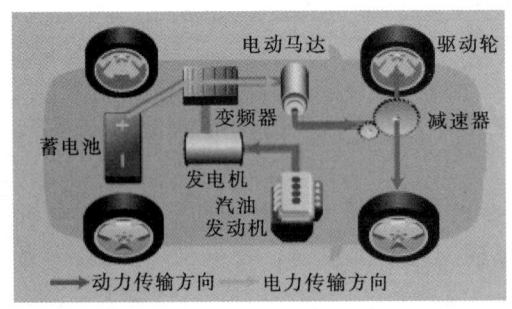
(a)串联式

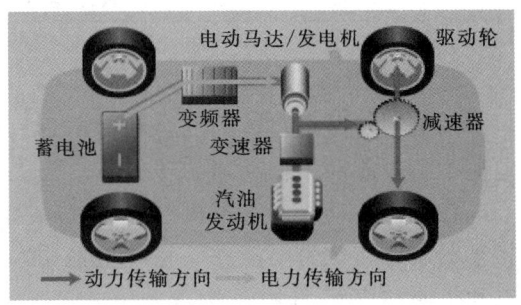
(b)并联式

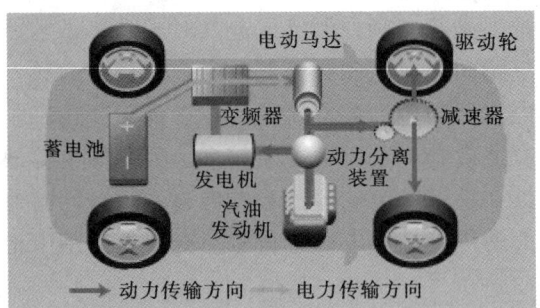
(c)混联式

图4.21 3种不同动力连接方式

(1)串联式混合动力汽车(SHEV),主要由发动机、发电机、驱动电机等三大动力总成用串联方式组成了HEV的动力系统。

(2)并联式混合动力汽车(PHEV),发动机和发电机都是动力总成,两大动力总成的功率既可以互相叠加输出,也可以单独输出。

（3）混动式混合动力汽车（PSHEV），综合了串联式和并联式的结构而组成的电动汽车，主要由发动机、电动—发电机和驱动电机三大动力总成组成。

电机与发动机的连接方式如图4.22所示。

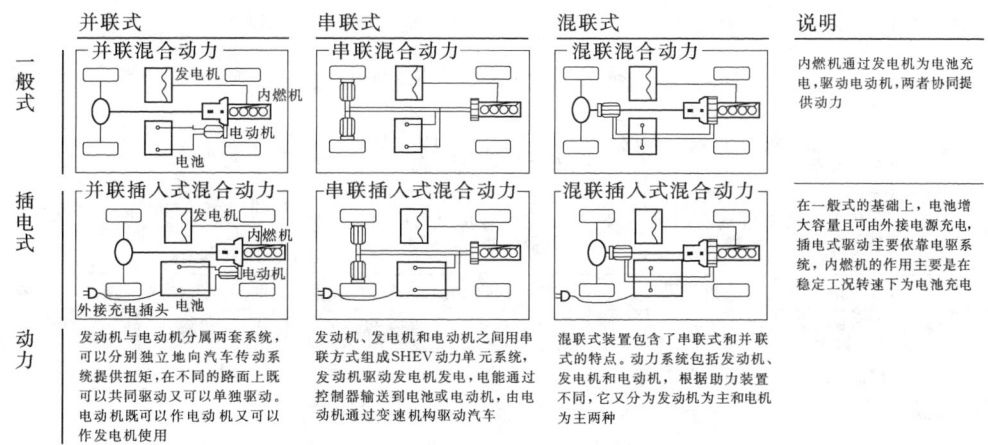

图4.22　电机与发动机的连接方式

（资料来源：Roland Berger）

3种发动机与电机的连接方式各有优、缺点，本田主要使用并联式，而丰田主要采用混联式，如图4.23所示。

	串联式	并联式	混联式
总体结构	发动机与电动机无机械连接，结构简单	发动机与电动机采用机械连接方式，结构复杂	动力复合装置和控制结构非常复杂
主要部件	要求发动机和电动机效率高，功率大，一般需要配备较多的电池	电机可兼作发电机和电动机，电池容量要求较小，电池的峰值功率要求低	对电池的依赖小，动力复合装置要求高
控制系统	控制结构简单，控制方法简便	两套系统的协调工作复杂	进行最复杂的能量管理和协调
整车成本	必须兼有大功率发电机和电动机及其控制器，成本高	可利用现有技术，通用性好，总体成本较高	系统复杂，部件种类数量多，性能要求高，成本更高
能力传递效率	能量传递中间环节多，能力效率低	中间环节较少，能力效率较高	能力效率更高
环境污染	很低，控制排放作用明显	对控制排放有适当作用	排放污染很低
适用路况	市内频繁起步加速工况和低速运行工况	市郊和城间及高速公路工况	各种复杂路况
总体评价			

○ 很低　◐ 较低　◑ 一般　◕ 较高　● 很高

图4.23　3种不同结构形式比较

（资料来源：Roland Berger）

存在3种不同的混合驱动方式，混合程度越高，对电机的要求越高，动力系统改造也越复杂，因此成本也越高，如图4.24所示。3类混合动力比较见表4.1。

丰田动力分配装置（Power Split Device，PSD）就是一套行星减速齿轮组。通常一套行星减速齿轮由外齿圈、中心的太阳齿和中间围绕太阳齿转动的行星齿轮组成。一般的行星齿轮的太阳齿为主动齿，外圈为动力输出端，而中间的行星齿就是从动

使用部件 （相关参数）	微 混	弱 混	强 混
	较小功率的电机和较低能量的电池组（电机功率：5～10kW，电池能量：1～3kW·h）	中等功率电机和较低能量的电池组（电机功率：20～40kW，电池能量：3～kW·h）	大功率电机和高能量电池组（电机功率：70～100kW，电池能量：15～20kW·h）
混合程度	<5%	≈10%	>40%
电机工作时段	只在起动时（起动电机）	起动，加速或大负荷时（辅助）	任何时候，电机可单独驱动
结构布置	布置结构简单，对现有车型改动不大	系统复杂（如使用行星齿轮结构），布置困难	系统复杂，电机及电池组体积庞大，布置十分困难
整车成本	使用小功率电机和小能量电池组，成本较低	使用中等功率电机和较低能量电池组，成本适中	使用大功率电机，尤其是高能量电池组的使用，导致成本偏高
环境污染	对控制排放有适当作用	对控制排放有较好效果	明显改善排放污染
代表车型	奇瑞 A5 BSG	本田思域 HEV	丰田普锐斯

○ 很低　◔ 较低　◑ 一般　◕ 较高　● 很高

图 4.24　3 种不同混合驱动方式比较

(资料来源：Roland Berger)

齿。而丰田的 E-CVT 系统就是基于这套系统组成，如图 4.25 和图 4.26 所示。

表 4.1　　　　　　　　3 类混合动力比较

结构模式	串联 HEV	并联 HEV	混联 HEV
动力总成	发动机、发电机、电动机三大动力总成	发动机、电动机/发电机两大动力总成	发动机、电动机/发电机、电动机三大动力总成
发动机的选择范围	发动机的选择有多种形式	发动机一般为传统的内燃机	发动机的选择有多种形式
发动机功率	发动机功率较大	发动机功率较小	发动机功率较小
发动机排放	发动机工作稳定，排气净化较好	发动机工况变化大，排气净化较差	发动机排放介于串联 HEV 与并联 HEV 之间
驱动模式	只有电动机驱动模式	发动机驱动模式、电动机驱动模式、发动机—电动机混合驱动模式	发动机驱动模式、电动机驱动模式、发动机—电动机混合驱动模式、电动机—电动机混合驱动模式
传动效率	发动机—发电机—电动机能量转换效率较低	发动机传动系统的传动效率较高	发动机传动系统的传动效率较高
制动能量回收	能够回收制动能量	能够回收制动能量	能够回收制动能量
整车总布置	三大动力总成之间没有机械式连接装置，结构布置的自由度较大，但三大动力总成的质量、尺寸都较大，在小型车辆上不好布置，一般在大型车辆上采用	发动机驱动系统保持机械式传动系统，发动机与电动机两大动力总成之间被不同的机械装置连接起来，结构复杂，使布置受到一定限制	三大动力总成之间采用机械式连接装置，三大动力总成的质量、尺寸较小，能够在小型车辆上布置，但结构更加复杂，要求布置更加紧凑
适用条件	适用于大型客车或货车，适应在路况较复杂的城市道路和普通公路上行驶。更加接近纯电动汽车性能	适用于小型汽车，适应在城市道路和高速公路上行驶。接近普通内燃机汽车性能	适用于各种类型汽车，适应在各种道路上行驶。更接近普通内燃机汽车性能
造价	三大动力总成的功率较大，质量较重，制造成本较高	只有两大动力总成，两大动力总成的功率较小，质量较轻，电动机/发电机具有双重功能，还可利用普通内燃机汽车底盘改装，制造成本较低	虽然有三大动力总成，但三大动力总成的功率较小，质量较轻，需要采用复杂的控制系统，制造成本较高

图 4.25 第三代普锐斯将减速齿轮整合于电动机内部

图 4.26 E-CVT 系统布置

左侧较小的为发电机（兼顾引擎的起动机），右侧为主电机，用于驱动车辆和能量回收。中间连接的 PSD 通过传动机构将动力传输到终端（THS Ⅱ 为链条式传动）。

根据在混合动力系统中混合度的不同，混合动力系统还可以分为以下 4 类。

(1) 微混合动力系统。代表的车型是 PSA 的混合动力版 C3 和丰田的混合动力版 Vitz。从严格意义上来讲，这种微混合动力系统的汽车不属于真正的混合动力汽车，因为它的电机并没有为汽车行驶提供持续的动力。

(2) 轻混合动力系统。代表车型是通用的混合动力皮卡车。轻混合动力系统除了能够实现用发电机控制发动机的起动和停止外，还能够实现以下功能。

1) 在减速和制动工况下，对部分能量进行吸收。

2) 在行驶过程中，发动机等速运转，发动机产生的能量可以在车轮的驱动需求和发电机的充电需求之间进行调节。轻混合动力系统的混合度一般在 20% 以下。

(3) 中混合动力系统。本田旗下混合动力的 Insight、Accord 和 Civic 都属于这种系统。中混合动力系统采用的是高压电机。另外，中混合动力系统还增加了一个功能：在汽车处于加速或者大负荷工况时，电动机能够辅助驱动车轮，从而补充发动机本身动力输出的不足，从而更好地提高整车的性能。这种系统的混合程度较高，可以达到30%左右，目前技术已经成熟，应用广泛。

（4）完全混合动力系统。丰田的普锐斯和未来的Estima属于完全混合动力系统。该系统采用了272～650V的高压起动电机，混合程度更高。与中混合动力系统相比，完全混合动力系统的混合度可以达到甚至超过50%。技术的发展将使得完全混合动力系统逐渐成为混合动力技术的主要发展方向，如图4.27所示。

图4.27　混合动力汽车

由于混合系统为传统内燃机引擎、电动马达和电池模组等多个系统整合而成，因此能源的管理将是影响效率的主要因素之一。

第三代普锐斯搭载的1.8L阿特金森循环引擎（图4.28），通过加大排气量的方式，使最大功率自上一代的76马力，增加至第三代车型的99马力。排气量提高，马力、扭力同步上涨的情况下，最直接的受益即在于汽油机动力所主要负责的高速巡航路段时动力性能得以大幅改善。搭配CVT变速系统，第三代普锐斯在高速巡航时的发动机转速下降10%，此举也带来更为经济的燃油使用表现。

图4.28　1.8L阿特金森循环引擎及动力总成（第三代丰田普锐斯）

混合动力系统的关键技术如下。
1）高效率的发动机。
2）电机（电动机/发电机）。
3）动力蓄电池。
4）动力复合装置。

5)控制系统。

下面对普锐斯 THS Ⅱ 的系统加以介绍。

丰田第二代混合动力系统"THS Ⅱ"是新款普锐斯所采用的新一代的丰田混合动力系统动力源,此系统在"丰田油电混合动力系统"的理念下研发而成。

THS Ⅱ 主要由下列部件构成如下。

(1) 发动机。混合动力变速驱动桥,包含下列三部分:1号电动发电机(MG1);2号电动发电机(MG2);行星齿轮组。

(2) 变频器总成。

1) HV 蓄电池。

2) HV ECU(Hybrid Vehicle ECU)。

普锐斯搭载的发动机为丰田的 1.5L 1NZ-FXE 高膨胀率循环汽油发动机,采用了 VVT-i 智能可变气门正时控制技术和 ETCS-i 智能电子节气门控制技术,如图 4.29 所示。

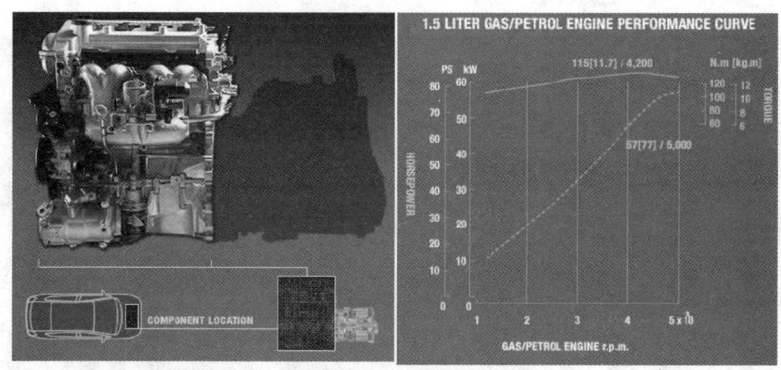

图 4.29　1.5L 1NZ-FXE 高膨胀率循环汽油发动机

混合动力变速驱动桥包括 MG1、MG2 和行星齿轮组,并且在这些组件的配合下,通过无级变速(CVT)使车辆平稳地行驶,如图 4.30 所示。

图 4.30　混合动力变速驱动桥

MG1 是动力分配行星齿轮组的控制单元。MG1 由发动机带动旋转产生高压电以操作 MG2 或为 HV 蓄电池充电,同时 MG1 还有效地控制变速驱动桥的 CVT 功能,并作为起动机来起动发动机,如图 4.31 所示。

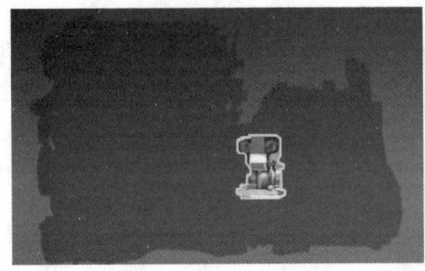

图 4.31　MG1 电机

MG2 由来自 MG1 或 HV 蓄电池的电能驱动,产生动力,用于提供低速时的驱动力和高速时的辅助动力。它在必要时也可为发动机输出提供动力辅助,以帮助车辆获得优异的动态性能。此外,在制动期间,MG2 也可产生电能为 HV 蓄电池再次充电(再生制动),如图 4.32 所示。

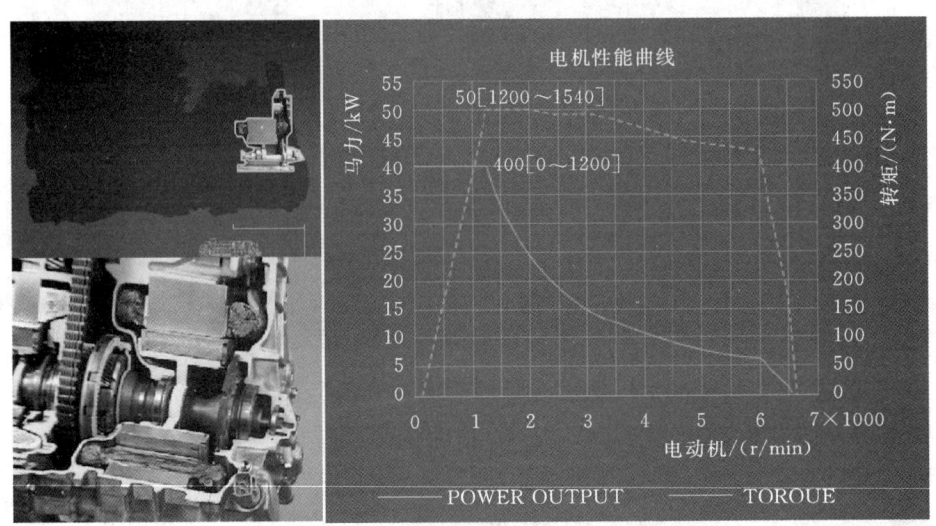

图 4.32　MG2 电机

行星齿轮组是一个动力分配单元,它以适当的比例分配发动机驱动力来直接驱动车辆和发电机。MG1 连接太阳齿轮,MG2 连接到环形齿轮,发动机输出轴连接到行星支架。这些组件用于结合来自发动机和 MG2 的动力,并可用于为 HV 蓄电池补充能量,如图 4.33 所示。

MG1、MG2 和 HV 蓄电池间的电流经由变频器来控制。变频器可将高压直流电(HV 蓄电池)转换为交流电(MG1 和 MG2),并可整流来自 MG1 和 MG2 的高压交流电为 HV 蓄电池充电,如图 4.34 和图 4.35 所示。

蓄电池存储再生制动过程中 MG2 产生的电能和 MG1 产生的能量。HV 蓄电池在车辆起步阶段或者需要额外动力辅助时为 MG2 提供电能,如图 4.36 所示。

在丰田的 THS 中,电动机同传统发动机通过 5 种不同的基本工况实现低油耗和

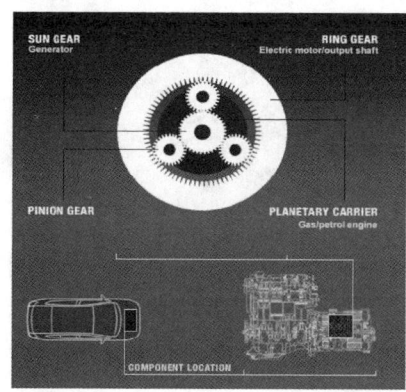

图 4.33 行星齿轮组

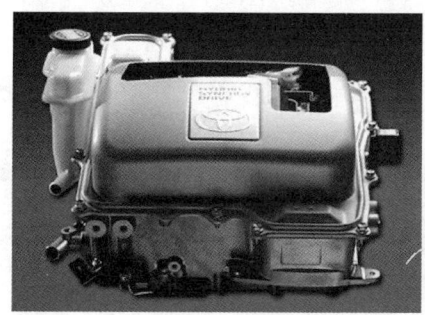

图 4.34 变频器

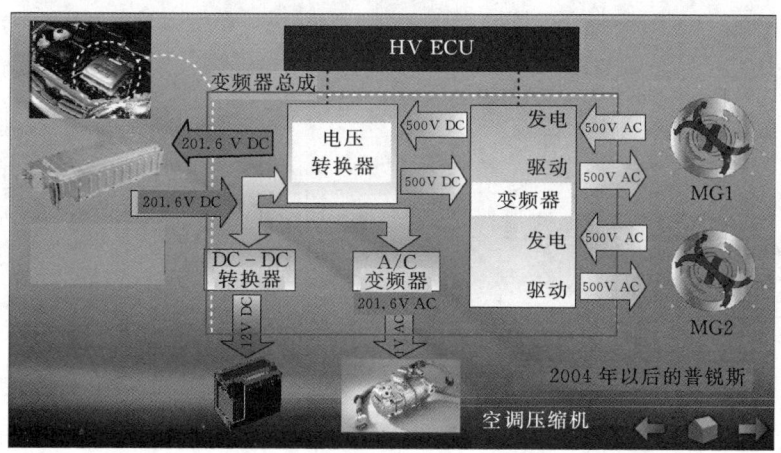

图 4.35 变频器总成工作关联图

低排放,如图 4.37 所示。

第四代 THS Ⅲ 系统是目前最新的丰田混合动力系统,暂时只使用在最新一代普锐斯上。和上三代相比,THS Ⅲ 最大的区别就是原来的电机属于串联机构,现在则变成了平衡轴结构。而转换成此结构的目的除了让整个变速箱更短以外,也是用这种

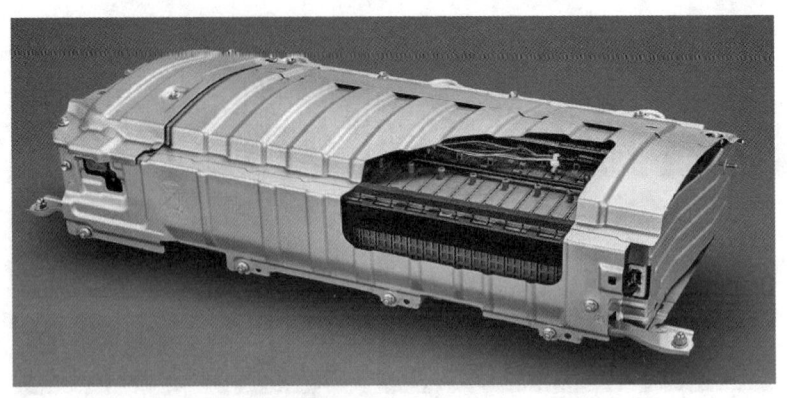

THS(2001—2003 年间的普锐斯)	THS-Ⅱ(2004 年以后的普锐斯)
38 个镍氢电池模块	28 个镍氢电池模块
额定电压:273.6V	额定电压:201.6V
(1.2V×6 电瓶)×38 模块	(1.2V×6 电瓶)×28 模块

图 4.36　HV 动力蓄电池

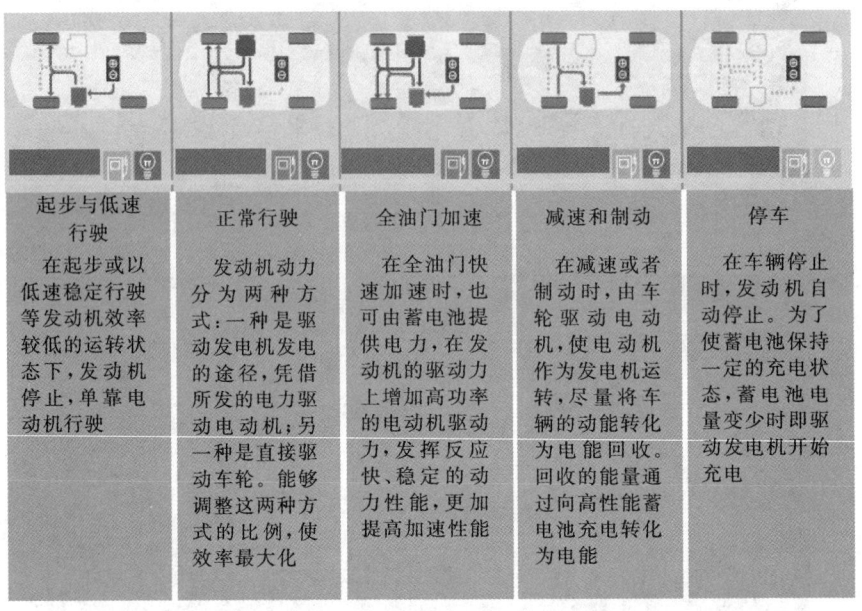

图 4.37　车辆行驶的 5 种不同基本工况

传统减速齿轮的方式代替 THS Ⅲ 中 MG2 的行星齿轮减速结构。这样变速箱整体尺寸更短、部件更少、摩擦力更低,整体能效上升,且依然能保证对 MG1 的减速效果,如图 4.38 所示。

平衡轴的布局除了缩短变速箱的长度以外,也可以通过传动减速齿的方式代替上一代 MG2 的行星减速齿轮,整体部件减少,结构简化,变速箱内部传输损耗降低,提升能效。一系列的改进,让第四代普锐斯的纯电动行驶极速从 70km/h 升至 110km/h,如图 4.39~图 4.41 所示。

图 4.38　平衡轴结构

图 4.39　THS Ⅳ 的 ECVT 暂时只在第四代普锐斯上使用

图 4.40　第四代普锐斯

图 4.41　第四代普锐斯整体部件

除了前置前驱使用的 ECVT 变速箱以外，丰田还研制出针对后轮驱动车型的混合动力变速箱。这是用于直置引擎后轮驱动的混合动力变速箱，被称为"multi stage hybrid"，譬如雷克萨斯旗舰跑车 LC500H 就是使用这样的机构。除了一样拥有 MG1 和 MG2 还有中间的 PSD 结构这种典型的丰田 ECVT 结构以外，输出也增加了一个 4 前速变速箱，能模拟 10 个挡位，取得更低的终传比来获得更灵活的加速和更高的极速，如图 4.42 和图 4.43 所示。

图 4.42　后轮驱动车型的混合动力变速箱

图 4.43　雷克萨斯旗舰跑车 LC500H

引擎大部分时间都不是直接驱动汽车的动力源，整套系统的标定都相当复杂，且在驾驶过程中整个扭矩切换随时进行。因此，可以简单地认为，单纯增大引擎的马力对整套引擎的性能帮助并不大，甚至可能会产生让能效降低的同时导致耗油但性能又提不上去的恶果。

混联式技术需要精细化的能耗管理，将发动机更长时间维持在高效率区间运转，以及高效、充分地回收减速和制动的能量。混联式装置包含了串联式和并联式的特点。混合动力的出现就是把发动机低负荷工况下的剩余能量储存在电池里，然后在车辆运行在高负荷工况时通过电机释放出来，从而实现发动机尽可能多地在高效工况下运行，达到降低油耗、节能减排的目的。对于混合动力汽车来说，离合器、变速器、传动轴、差速器都是必不可少的，而这些部件不但重量不轻、让车辆的结构更为复杂，同时零部件增多也存在故障率高的问题。

在混合动力技术从丰田的混合动力是靠单排行星轮开始，雄霸混合动力汽车10多年，丰田只采用了一个行星齿轮组，它的弱混合动力系统是将电机与曲轴直接连接，这种系统也意味着无法纯电动行驶，弊端是发动机和电动机无法保证同时在最佳工况时工作。本田的混合动力就是"串联＋发动机直驱"加上离合器，这套机构的原理极为简单，仅仅是在传统发动机和传统变速箱之间埋一个电机，这种做法肯定是不够的。而通用的混合动力技术则是集合了两家之所长但又相对复杂。它是由两组电机、两组行星轮和3组离合器组成。主要有4种动力输出方式，即纯电动模式（低负荷工况）、混合驱动模式（常规行驶）、混合驱动模式（中高速）、制动发电模式（减速—刹车）。一直都是用的两个行星系齿轮，并辅以3个离合器。

插电式混合动力汽车，可通过电网获取电能充电，具有高效节能、排放低、续航里程长等优点已成为各大汽车公司研发的热点，被视为目前最具有应用前景的新能源汽车。可从电网获取电能充电，虽然只是这一简单的改变，传统混合动力汽车只能称为节能汽车，而插电式混合动力汽车可以称为新能源汽车，对于控制电机的可靠性、功率与运行精度要求也非常高，是一款双行星轮系双电机混合动力系统，其具备多种工作模式和精细控制等特点。混合动力、增程器、纯电动汽车等新技术混合动力技术领域的增程式混动车型，使得混合度不断加强。发动机和电池电机各有所长，把发动机尽可能固定在最低燃耗的转速，在额外需要动力的时候采用电池电机的高扭矩输出特性，二者有效结合。

要想得到多功能、多用途，轻混、深混、插电、纯电动覆盖全功能的跨界车，混合动力电动汽车的动力系统离不开双行星轮系架构，它具有减速、多动力耦合，还具有离合器的作用，用锁止制动器就能达到目的，只要恰当地使用锁止制动器，整体自动变速混合系统就可以得到多个解决方案。在电动汽车多电机多挡位自动变速系统的实施中，复杂的结构改为简单构造，驱动模式具有多用途。下面尝试运用电动汽车多电机多挡位自动变速系统应用在混合动力电动汽车的动力系统中。将发动机主轴与第一级行星轮系中的内齿圈轮相连接，第一级星轮架的联轴与第二级行星轮系中的太阳轮相连接，MG1电机/发电机与第一级行星轮系中的太阳轮相连接，MG2电机与第二级行星轮系中的内齿圈轮相连接，第二级行星轮系中星轮架与输出轴差速器相连接，由此组成双电机全功能混合动力系统，在不同的驱动模式中得到以下功能。

1. MG1 电机/发电机起动发动机与发电模式

放开 S1、S4，锁止 S2、S3，使得第一级行星轮系中的星轮架与第二级行星轮系中的太阳轮相连接的传动轴固定不转动，开启 MG1 电机/发电机，太阳轮齿轮转动传送行星轮齿轮，行星轮齿轮带动齿圈至发动机起动，发动机转动之后，MG1 电机/发电机可以发电，对电池组进行充电，发动机可设定在最佳转速、最佳扭矩和最佳油耗状态下工作，如图 4.44 所示。

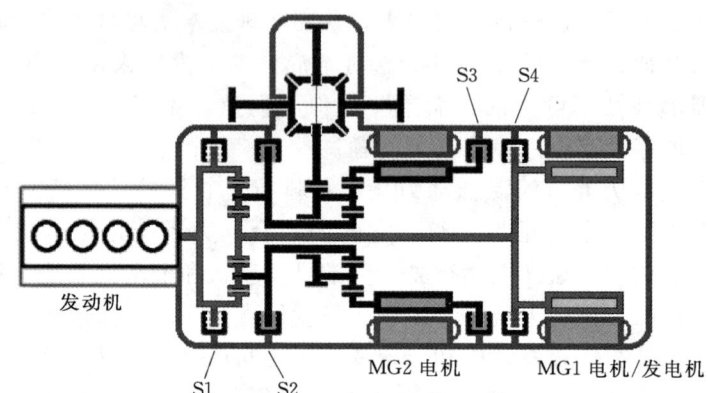

图 4.44 MG1 电机/发电机起动发动机

2. MG1 电机/发电机、发动机混合变速驱动模式

按第 1 项起动发动机后，锁止 S3，放开 S4，MG1 电机/发电机反转速度与发电时的速度相对一致，发动机都参与起步，完全规避了发动机中低速的运转区间，在发动机保持发电恒定的转速下，MG1 电机/发电机将反向速度逐渐降低至零，随即正向转动，与发动机同时驱动或加速，通过联轴传至输出轴差速器驱动车轮。汽车就起步了，MG1 电机/发电机从反转速度逐渐降低至零，再转化为正转而且不断提高转速，这就是汽车加速的过程。在对加速性要求不太高的场合，汽油发动机和电动机耦联工作，提供可与汽油发动机相当的车辆起步性能。在制动时，MG1 电机/发电机能大部分回收这些能量，并将其暂时储存起来供加速时再用，能在高速状态下获得更加出色的加速性能。从而更有效地利用发动机高效工况，达到更省油的目的，如图 4.45 所示。

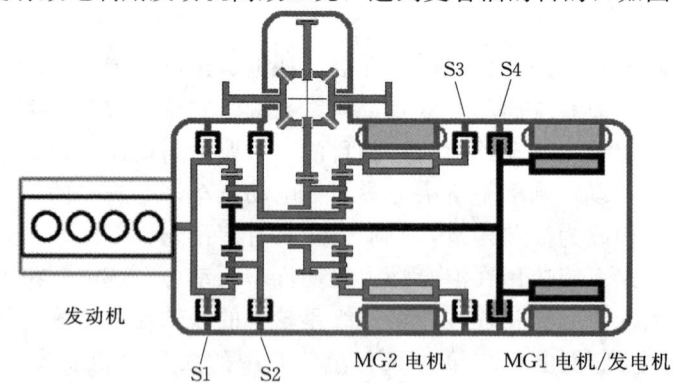

图 4.45 MG1 电机/发电机、发动机混合驱动

3. MG2 电机、发动机混合变速驱动模式

按第 2 项起动发动机后，S1、S2、S3、S4 全放开，MG1 电机/发电机反转速度与发电时的速度一致，在发动机保持发电的转速，将 MG1 电机/发电机反转速度逐渐降低至零，即把 S4 锁止，此时发动机驱动车辆行进中，在 MG1 电机/发电机反转速度逐渐降低至零的同时，MG2 电机也从静止不断提高转速，汽车开始加速。此后，MG2 电机、发动机混合变速驱动汽车。这是高速路况下，双动力直接驱动车辆，可以一直工作在最佳工作状态，在制动时 MG2 电机能大部分回收这些能量，并将其暂时储存起来供加速时再用，没有功率浪费的问题，如图 4.46 所示。

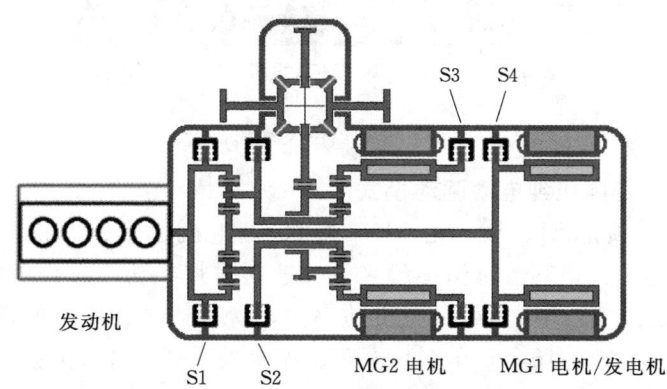

图 4.46 MG2 电机/发动机混合驱动

4. 强混模式双电机多挡位发动机混合变速驱动

按第 1 项起动发动机后，S1、S2、S4 全放开，继续锁止 S3，使得第一级行星轮系中的星轮架与第二级行星轮系中的太阳轮相连接的传动轴固定不转动，切断两级行星轮系的关联，使其各自运转。MG1 电机/发电机反转速度与发电时的速度一致，发动机保持发电的转速，将 MG1 电机/发电机反转速度逐渐降低至零，随即正向转动，同时，MG2 电机也从静止不断提高转速（放开 S3），汽车开始加速，如图 4.47 所示。在整个过程中，通过 MG1 电机和 MG2 电机分别成相反方向旋转来驱动车辆起步，双电机与发动机同步急加速的时候，电动机和发动机可以一起驱动车轮，实现最大动力输出。MG1 电机/发电机配置功率比 MG2 电机功率小，而两个电机各自有合适的传动比，再加上两种耦合的叠加传动比，即可有多个挡位使用，每个挡位都能将功率与速度相对应，各电机在高效率区转速范围内使用，物尽其用，能量回收尽可能在高效率区，续航里程大幅提高。在此模式中双电机和发动机可共同参与加速，加速度也最大，加速时间最短，超加速能力最强，同时可达最高速。随着外界的负荷变化，让电动机的驱动力与行驶阻力始终保持平衡，从而在高效率区工作。动力系统更加灵活地根据工况来调节内燃机的功率输出和电机的运转。全功能混合动力技术是目前最新的混合动力技术，可靠性也很高。电控系统通过扭矩传感实时探测车辆行驶的工况，来判断发动机是否需要参与驱动，从而决定是采用纯电驱动、混合驱动还是发动机直驱的模式来精细化管理能耗，并且不受车辆行驶速度的限制，又能在高速状态下对经济性带来更大的提升，同时也能获得更加出色的加速性能。从而有效地利用发动机高

效工况，达到更省油的目的，是一种比较完美的组合。

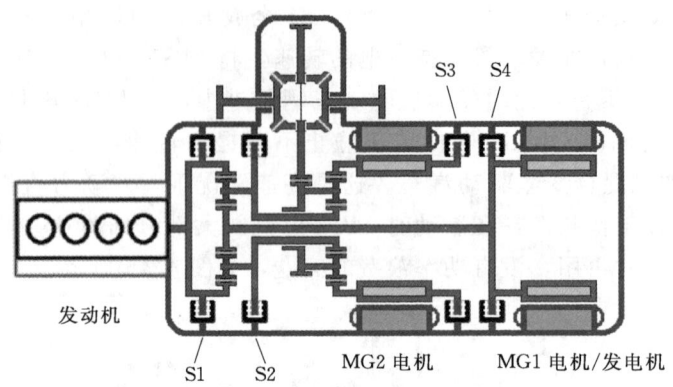

图 4.47 双电机多挡位发动机混合驱动

5. MG1 电机/发电机纯电动驱动模式

S2、S4 放开，锁止 S1、S3，由 MG1 电机/发电机起动、停止、控制速度的快慢，制动回馈发电，并将其暂时储存起来供加速时再用。功率在合理传动比中运行。MG1 电机/发电机配置功率比 MG2 电机功率少，特别适合在城市的道路上，在对加速性要求不太高和轻载的场合，车多、人多、速度慢、红绿灯多需频繁起停的道路上行驶，如图 4.48 所示。

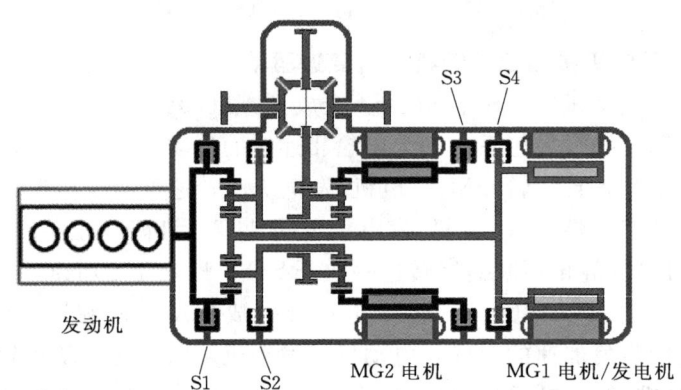

图 4.48 MG1 电机/发电机纯电动驱动

6. 增程式发电、MG2 电机纯电动驱动模式

对于增程式技术未来的发展命运，现在从学界到业界尚有争议。增程式技术的出现是对新能源汽车行驶里程不足的补充，争议的关注点聚焦在增程技术是否环保，以及随着动力电池技术的进步，增程技术是否会失去存在的价值等。是否要将增程技术定位为过渡技术也值得思考。如果将增程式模式作为独立的发展方向，那么它的发展前景在哪里？这些问题需要技术研发回答，需要开发出实用的双电机多挡位发动机混合动力变速驱动的增程模式。

按第 1 项起动发动机后，MG2 电机从静止不断提高转速，汽车开始加速。S3 是保持锁止状态，即两组行星轮系动力相隔开，MG1 电机/发电机发电与 MG2 电机驱动互不干扰，起动、停止、速度的快慢，整个行驶过程由 MG2 电机驱动，中高速时使用回馈制动由 MG2 电机回收，向电池组充电，并将其暂时储存起来供加速时再用。通过控制系统优化，可以让发动机一直工作在最佳转速，即使在充电不便时，市内堵车路况下油耗也比较低，也可以控制发动机噪声到非常小。在增程模式下，没有"里程焦虑"，而且发动机可以一直控制在最佳转速，油耗低、噪声小、振动小便能使发动机一直保持在最佳工况状态，动力性好，排放量很低。而且电能的来源都是发动机，只需加油即可，如图 4.49 所示。

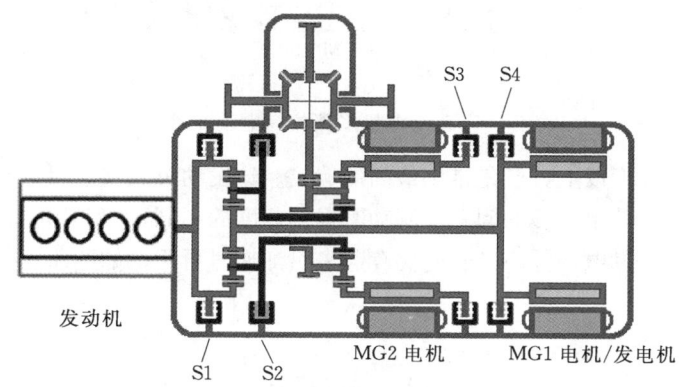

图 4.49 增程式发电机、MG2 电机纯电动驱动

7. 双电机多挡位变速驱动纯电动模式

纯电动汽车在中低速下的性能十分优异，安静、经济、性能，但到了高速，纯电动汽车的性价比就会变得很低，阻力的增加让纯电动汽车的电量消耗速度成倍数增加。

MG1 电机/发电机与第二级行星轮系中星轮架与输出轴的传动比，比 MG2 电机与第二级行星轮系中星轮架与输出轴的传动比大，MG1 电机/发电机和 MG2 电机共同参与起步并根据不同需要，采用不同挡位行驶，4 种状态分别为 MG1 电机/发电机反转和 MG2 电机正转、MG1 电机/发电机正转、MG2 电机正转、MG1 电机/发电机和 MG2 电机正转。可以实现较高的传动效率和更多的挡位及更宽泛的传动比，这样可以降低对 MG 电机功率及速度等级的要求。使爬坡有力，中高速够劲，如图 4.50 所示。

电动机在刚起步的时候就可以输出最大的起动扭矩，但到了高速，纯电动汽车的性价比就会变得低，伴随转速的逐渐升高，扭矩反而是呈衰减的趋势，阻力的增加让纯电动汽车的电量消耗速度成倍数增加。在汽车处于加速或者大负荷工况时，在不中断动力的情况下，这套自适应系统随外界的负荷变化，让电动机的驱动力与行驶阻力始终保持平衡，从而高效率工作。MG1 电机/发电机 MG2 电机的组合可以获得 3 个挡位，每个都有相对应的传动比，爬坡有力，中高速够劲。两台电机可以一起工作，两者功率加起来具有非常好的起步和加速性能。

在电池组电力不足时，为了避免电池组电量过度损耗功率阈值，电池失效的时候而不用电机驱动，在公路上巡航时使用汽油发动机模式，在时速 40km/h 以上手动挡的汽车司

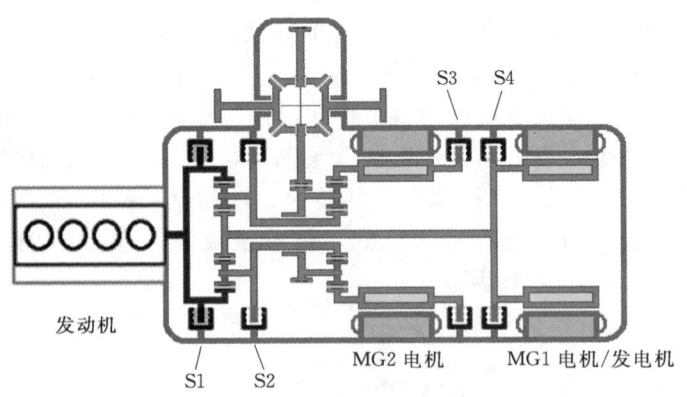

图 4.50　双电机多挡位纯电动驱动

机都知道，到达该速度以上，已是推到最高的挡位。让发动机直接驱动，可以一直工作在最佳工作模式，没有功率浪费的问题。制动时根据速度的不同，MG1 电机/发电机和 MG2 电机分别或共同回馈发电，并将其暂时储存起来供加速时再用，如图 4.51 所示。

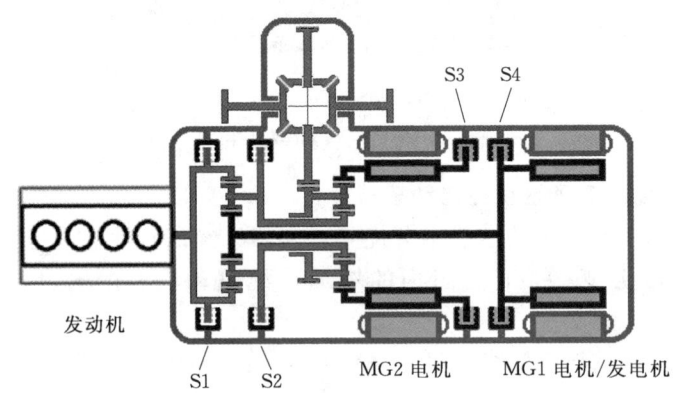

图 4.51　纯发动机驱动

发动机双电机多挡位混合动力变速驱动技术避免使用体积大的离合器，采用相对耐用的锁止制动器，有效地减少了零部件的数量和重量，更减少了日后维修的次数与时间。在不同挡位、8 种模式转换行驶采用最为简单的结构，无论是电气系统还是液压控制系统均可得到最简的配置，各种状态在适用范围内，发动机、电机分别都能在高效率区内工作，动力系统可以更加灵活地根据工况来调节内燃机的功率输出和电机的运转。控制器可一蹴而就地随心所欲，并根据不同需要驾驭车辆，驱动系统在深度集成化配合智能化的电控策略后，拥有更强的拓展性，适用于 HEV/PHEV/EREV 等多种类型混合动力，这是现代汽车最需要的，高性能的混合动力总成是一种比较完美的组合。若增配卫星摩擦环型无级变速器更是如虎添翼。

从理论上看，发动机双电机多挡位混合动力变速驱动是历史上运用最全面、合成最强的混合动力技术，已经具备与日系混合动力和通用的混合动力技术分庭抗礼的资本。此项混合动力技术实力，可以从容面对越来越严格的各类排放法规。

混合动力电动汽车是涉及机械、电力、电子、计算机控制等多种学科的高科技产品。其关键技术包括蓄电池技术及电池管理、车体技术、电机及其驱动控制系统。混合动力汽车是由车体、发动机驱动、电机驱动、储能电池和能量管理系统组成的，其中电机驱动系统是其最关键的部分之一。

HEV 电机驱动系统除了具有普通电气传动的共性外，还应满足电动汽车特定用途的要求。电动汽车是一种在陆地上露天运行、结构紧凑、具有车载能源的行走机械，工况复杂。既要能高速飞驰，又要能频繁起动、制动、上下坡、快速超车、紧急刹车；既要能适应雪天、雨天、盛夏、严冬、雪后撒盐等恶劣天气条件，又要能承受道路的颠簸震动，还要保证司乘人员的舒适与安全。因此，所设计的电机驱动系统应该满足以下几点要求。

（1）基速以下大转矩以适应快速起动、加速、负荷爬坡、频繁起停等要求，基速以上小转矩、恒功率、宽范围，以适应最高车速和公路飞驰、超车等要求。

（2）电机及电控装置结构坚固、体积小、重量轻、抗颠簸振动。

（3）操纵性能符合司机驾驶习惯，运行平稳，乘坐舒适，电气系统失效保障措施完善。

（4）单位功率的系统设备价格尽可能低。

HEV 驱动电机典型的输出特性主要包括以下两个工作区。

（1）基速以下的恒转矩工作区，该区间主要保证汽车的载重能力。

（2）基速以上的恒功率工作区，该区间保证汽车有充足的加速空间。

电机驱动控制系统则是混合动力电动汽车的心脏，它的任务是在驾驶员的控制下，高效率地将蓄电池的能量转化为车轮的动能，或者将车轮的动能反馈到蓄电池中。电机驱动控制系统分为电气和机械两大系统，其中电气系统包括控制器、功率转换器和驱动电机三部分。电机驱动控制器是电机驱动控制的核心，主要功能是采集与电机运行相关的输入信号，采用合理的算法来处理这些信号，各种对电机操作的指令都是通过电机控制器来实现的。

扫一扫

扩展阅读：广汽 G‑MC 混合动力系统

G‑MC（GAC‑Mechatronic Coupling）即广汽机电耦合系统，如图 4.52 所示，其结构如图 4.53 所示。

早在 2010 年，广汽研究院开发了一套单电机混合动力系统，随后在 2012 年以传祺 GA5 为原型推出了增程式混合动力车型，即 GA5 PHEV，增程式的动力方案只能依靠发动机为电机充电，其工作模式比较单一，因此在 2014 年，机电耦合系统的开发工作便应运而生，3 年后，作为广汽研究院

图 4.52 G‑MC 混动系统

新能源领域的拳头项目——G‑MC，如今也搭载到 GA3S PHEV 上实现量产。

工作模式如下。

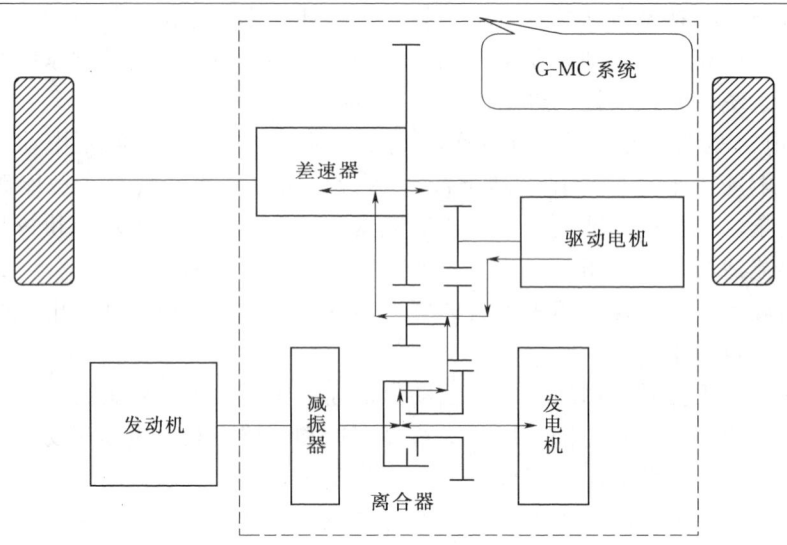

图4.53 G-MC机电耦合系统的结构

除了1.5L ATK阿特金森发动机本身油耗具有优势以外，G-MC根据不同工况下对动力输出模式做出的正确选择也起到了关键作用。它具有纯电模式、增程模式、混合动力模式和制动能量回收模式等4种动力模式。

1. 纯电模式

在城市路段拥堵路况时，G-MC自动切换为纯电模式，驱动电机为车辆提供动力，避免普通汽油车频繁起停发动机或者发动机长期运行在非经济区所造成的燃烧不充分、油耗高、排放高的问题。

2. 增程模式

当电池电量不足时，G-MC自动切换到增程模式，发动机给发电机发电，由发电机为驱动电机继续提供能源驱动车辆。此时发动机转速被控制在最佳经济区，其油耗要远低于由发动机直接驱动车辆所产生的油耗。

3. 混合动力模式

当电池电量不足且汽车运行在中高速路段时，G-MC自动切换为混合动力模式，由驱动电机和发动机共同驱动车辆，此时可以充分发挥发动机的高效率区，减少燃油的消耗。

4. 制动能量回收模式

当车辆制动时，开启制动能量回收模式，驱动电机充当发电机，将制动能量回收存储在电池中。

油耗：搭载广汽自主研发的1.5L ATK+G-MC混合动力系统的GA3S PHEV百公里油耗1.4L。

动力性：搭载G-MC的GA3S PHEV整车实测百公里加速时间8.9s，起步、加速超车都有强烈的推背感。在车辆起步时，G-MC自动切换到纯电模式，此时电机扭矩

> 大的优势一览无余，峰值扭矩达到 300N·m，轮端最大输出扭矩可达 2321N·m，保证了 0~50km/h 加速时间不超过 4s；在中高速超车时，电池组为驱动电机提供额外电能，让驱动电机瞬时产生最大功率输出，足以与高性能燃油车匹敌。
>
> 耐久：针对这套 G-MC 机电耦合系统做了 300 多台次整车道路测试、10000h 以上的台架测试，合计验证里程达 1000 万 km，可以在 -35（黑河）~55℃（吐鲁番）的严苛环境下正常工作。

任务 4.4 制动回收系统

制动状态下的能量回收是提高混合动力汽车（Hybrid Electric Vehicle，HEV）燃油经济性和延长其行驶里程的一项重要技术，在制动过程中，电动机作为发电机来使用，回收的能量以电能的形式存储到电池中。制动能量回收技术是目前混合动力汽车制造商广泛采用的一项技术，通过电机的辅助制动，通常情况下可以将制动过程中车辆的部分动能回收到蓄电池，极大地提高了能量利用率。

1. 丰田混合动力车的制动能量回收与液压制动的协调控制

丰田混合动力汽车制动能量回收系统是由原发动机车型的液压制动器（包括液压传感器、液压阀）与电机（减速、制动时起发电机作用，即转变为能量回收发电工况）、逆变器、电控单元（包括动力蓄电池电控单元、电机电控单元和能量回收电控单元）组成。

丰田的能量回收制动系统的特点是采用制动能量回收与液压制动的协调控制，其协调制动的原理是在不同路况和工况条件下首先确保车辆制动稳定性和安全性，同时考虑到动力蓄电池的再生制动的能力（由动力蓄电池电控单元控制），使车轮制动扭矩与电机能量回收制动扭矩之间达到优化目标的协调控制，并由整车电控单元实施集中控制。

当驾驶员踩制动踏板，则按照制动踏板力大小，通过行程模拟器（Stroke Simulator）等部分，液压制动器（液压伺服制动系统）实时进入相应工作，紧接着制动能量回收系统也将进入工作状态。如果动力蓄电池的电控单元判断动力蓄电池有相应的荷电量（SOC）回收能力，则制动能量回收制动力占整个制动力的相应部分。当车辆接近停止时，制动能量回收系统制动力变为零。当液压制动的面积小、制动能量回收制动的面积大时，表示制动能量回收量增加。增加制动能量回收的面积直接与降低燃油耗相关。但是在液压制动保持不变的状态下，只考虑制动能量回收率上升而增加制动力，导致驾驶员对制动路感变差不舒适。为解决这一问题，开发了电子线控制动（Brake by Wire）的电子控制制动器（Electronic Control Brake，ECB）。在电子控制制动器中，制动踏板与车轮制动分泵不是通过液压管路直接连接，而是通过电控单元（ECU）向液压能量供给源发出相应指令，使对应于制动能量回收制动强度的液压传递到相应车轮制动分泵。因此，制动能量回收制动与液压制动之和达到与制动踏板行程量相对应的制动力值，从而改善驾驶员制动操作时的路感。

制动能量回收控制器收到脚制动踏板力信号，经过制动总泵与行程模拟器输入部分，再进入液压控制部分（包括液压泵电机、蓄压器）的液压机构，再经过制动液压调节传递到车轮制动分泵，如果系统发生故障停止时，液压系统紧急起动，电磁切换阀开启，液压信号又通过电磁阀切换，传递到车轮制动分泵。

2. 本田第四代 IMA 混合动力系统的制动能量回收系统控制

本田第四代 IMA 混合动力系统应用在 2010 款 Insight 混合动力车上。其制动能量回收系统采用执行器和电控单元组成一体化模块形式，包括 IMA 系统电机控制模块、动力蓄电池监控模块和电机驱动模块。

制动能量回收系统工作过程如下。

IMA 电机在制动、缓慢减速时，通过混合动力整车电控单元发出相应指令，使电机转为发电机再生发电工况，通过制动能量回收控制系统以电能形式向动力蓄电池充电。其基本工作过程是：当制动时，制动踏板传感器使 IMA 电控单元激活制动总泵伺服装置，通过动力蓄电池电控单元、能量回收电控单元、电机电控单元等电控单元发出相应指令，使液压机械制动和电机能量回收之间制动力协调均衡，以实现最优能量回收。第四代 IMA 系统采用了可变制动能量分配比率，比上一代的制动能量回收能力增加 70%。

IMA 电机、动力蓄电池电控单元、能量回收电控单元、电机电控单元等都属于本田第四代 IMA 混合动力系统的"智能动力单元（Intelligent Power Unit，IPU）"组成部分。它是由动力控制单元（Power Control Unit，PCU）、高性能镍氢蓄电池和制冷系统组成。PCU 是 IPU 的核心部分，控制电机助力（即进入电动工况）。PCU 通过接收节气门传感器输入的开度信号，按照发动机的有关运行参数和动力蓄电池荷电状态等信号决定电能辅助量，并同时决定蓄电池能量回收能力。PCU 主要组成部分有蓄电池监控模块——蓄电池状态检测（Battery Condition Monitor，BCM）、电机控制模块（Motor Control Module，MCM）、电机驱动模块（Motor Driver Module，MDM）。

3. 沃尔沃飞轮混合动力系统

飞轮混合动力系统在数年前就被 F1 作为 KERS 系统的解决方案之一，保时捷于 2016 年将飞轮混合动力系统引入 911 GT3 R 混合动力赛车。

传统发动机仍然布置在车头，负责驱动前轮。当驾驶员踩下制动踏板时自动断开前轮与发动机的动力连接，以便飞轮动能回收系统能够充分地储藏动能，从而带来更加迅猛的加速，该系统最大输出为 80 马力。当踩下制动踏板激活飞轮动能回收系统后，动能回收的时间，也就是飞轮自由旋转的时间是有限的，因此飞轮动能回收系统更适合城市中走走停停的行车环境。沃尔沃预计在通常的用车环境下，也就是结合了市区用车和高速公路巡航的混合模式下，配备了飞轮动能回收系统的车型，其发动机将有一半时间都处于熄火状态。

沃尔沃的飞轮动能回收系统用碳纤维材料制成，飞轮在一个密闭的真空环境中旋转，以最大限度地降低摩擦。飞轮的实际重量仅有13.2磅（约合6kg），直径不到8英寸（约20.3cm），整套系统的结构极为紧凑，易于布置。

相对于传统混合动力系统昂贵的电池组和电控单元，飞轮动能回收系统是低成本的选择，可以配备沃尔沃车系中的大部分车型。如果沃尔沃的飞轮混合动力系统进展顺利，将在几年内投入量产，如图4.54～图4.56所示。

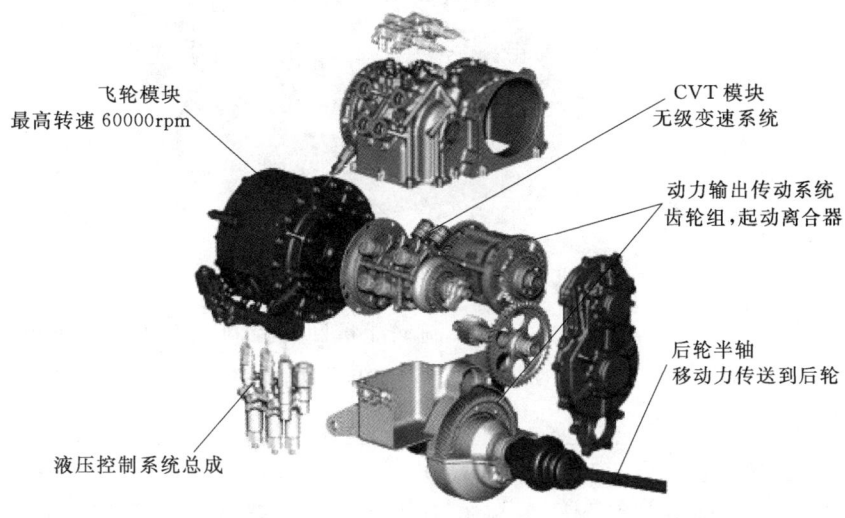

图4.54　沃尔沃飞轮混合动力系统示意图

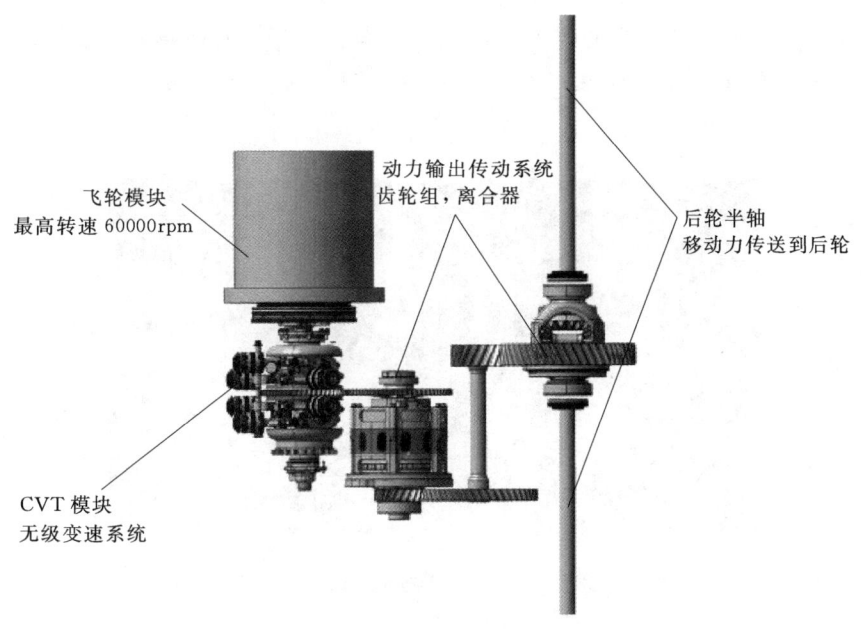

图4.55　沃尔沃飞轮混合动力系统

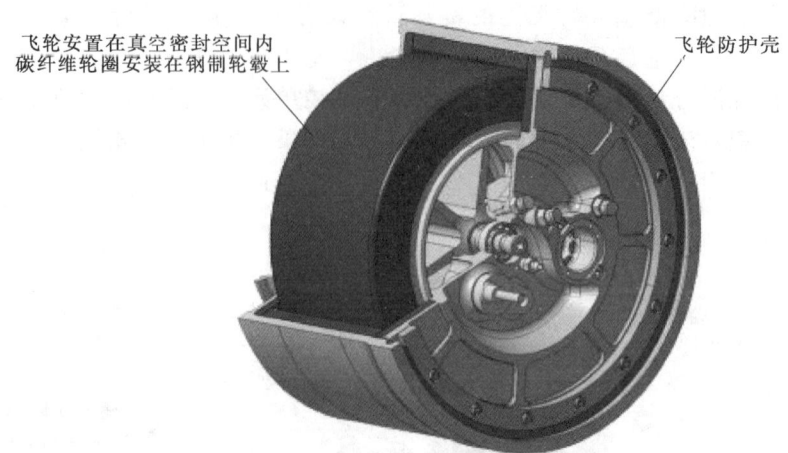

图 4.56 沃尔沃飞轮动能回收模块

现有实用化的不同的混合动力系统，制动能量回收控制在细节上有所不同。一般都采用电子控制的液压制动与制动能量回收的组合方式，也称为电液制动伺服控制系统。

扩展阅读：吉利混合动力驱动系统（CHS）

CHS（China Hybrid System）混合动力驱动系统是通过学习丰田混合动力技术，实现双排行星齿轮组以及电机布局，以达到规避丰田技术专利壁垒所研发出来的。其内燃机部分将使用代号为 4G18 的 1.8L 自然吸气发动机。由于发动机并没有太出色的燃油经济性表现，混合动力车型百公里油耗约为 4.9L/100km。毕竟这套系统在内燃机效率并不高的情况下，也能达到让人接受的油耗表现。这个系统并不是完全由吉利汽车进行研发，而是与湖南的科力远合力进行研发生产的，如图 4.57 和图 4.58 所示。

图 4.57 发动机最大功率 98kW/6000r/min、最大转矩 170N·m（4000～4400r/min），装备在吉利众多车型上（如帝豪、帝豪 GS、GX7 等）

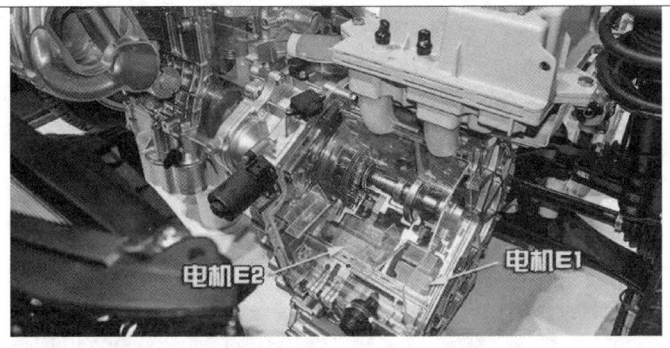

图 4.58 采用双电机同侧布置结构（电机 E1 最大功率 45kW，主要起到起动发动机和发电作用，电机 E2 最大功率为 60kW，主要起到驱动和发电的作用）

  双排行星齿轮系是该系统的关键。两套的行星齿轮共用一个外圈。发动机直接与行星架连接，电机 E2 与大太阳轮连接，电机 E1 与小太阳轮连接。电机 E2 通过太阳轮与长行星轮啮合，电机 E1 与短行星轮啮合。通过这种啮合，电机 E2 可与发动机耦合，从而获得额外的速比，得到较宽的传动比，从而降低电机制造要求，完美避开吉利电机制造薄弱一环。同时系统也有着两个制动器（锁止离合器），用来锁止发动机以及锁止电机 E1，主要目的为降低调速控制中的复杂程度。

  该系统与丰田 THS 最大的区别就是主电机通过长行星齿轮—行星架直接与发动机转速耦合了，长行星齿轮就充当了 3 代普锐斯中加入的减速行星齿轮组，同时由于与发动机转速耦合获得额外的速比，获得比较宽范围的传动比而降低主电机制造要求的目的就达到了。

  该系统还是保留了两个锁止离合器，一个用来锁止发动机，避免发动机曲轴的倒转，降低纯电驱动时的控制复杂度，另一个用来锁止辅助电机，避免辅助电机工作在零转速附近的低效率状态。与丰田 THS 系统相比，两个锁止离合器的作用其实主要是为了降低调速控制中的复杂度。该系统的设计特点如图 4.59～图 4.61 所示。

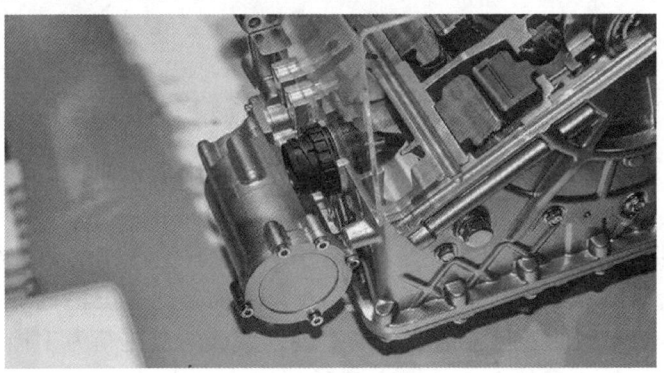

图 4.59 两台电机采用单独的油冷却系统，不仅从电机布局上远离了发动机，油冷系统大大降低电机发热，延长电机使用寿命

图 4.60 整体系统最为核心的是动力分流机构，通过制动器和双排行星齿轮系组合达到变速以及动力混合输出的效果

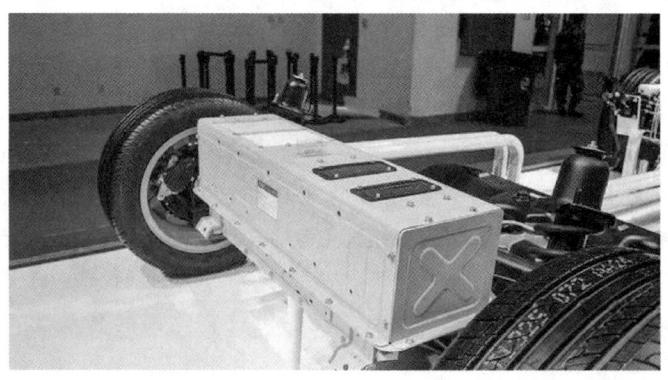

图 4.61 镍氢电池组由科力远提供，电池容量为 1.7kW·h，理论上可纯电动行驶 10km，电池策略并不会让电池完全没电或满电

任务 4.5　动力与经济性能仿真

混合动力汽车动力传动系统包括串联型、并联型和混联型。

（1）串联型动力传动系（Series Drivetrain）。串联型汽车的组件包括发动机、发电机、电池和电动机。发动机并不直接驱动车辆，而是通过发电机将机械能直接转化成电能，所有驱动车辆的转矩皆由电动机提供。默认的变速箱为 1 挡，默认的控制策略是一种适用于串联动力的方案。混合型的恒定电动力负荷附带在模型里。图 4.62 所示即为串联型汽车在 ADVISOR 中的模型。

（2）并联型动力传动系（Parallel Drivetrain）。并联型汽车的组件包括发动机、电池和电动机。之所以称为并联式，是因为电动机和发动机都可以提供转矩以驱动汽

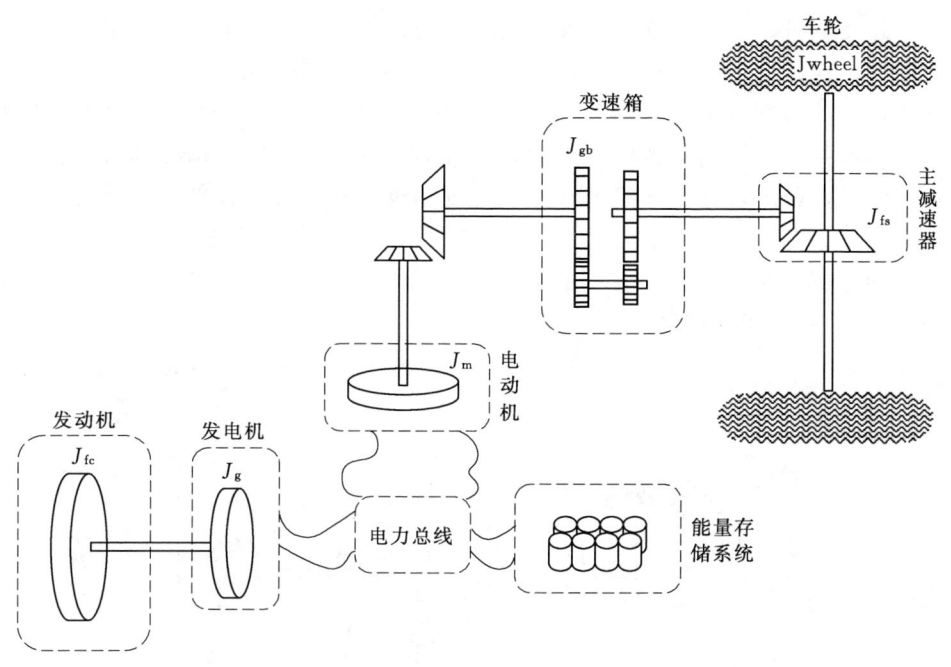

图 4.62 ADVISOR 中串联型汽车的模型示意图

车。电动机也可充当发电机,在制动时起作用并对电池充电。默认的控制策略是一种电力辅助策略,默认的变速箱为 5 挡。混合型的恒定电动力负荷附带在模型里。图 4.63 所示为并联型汽车在 ADVISOR 中的模型。

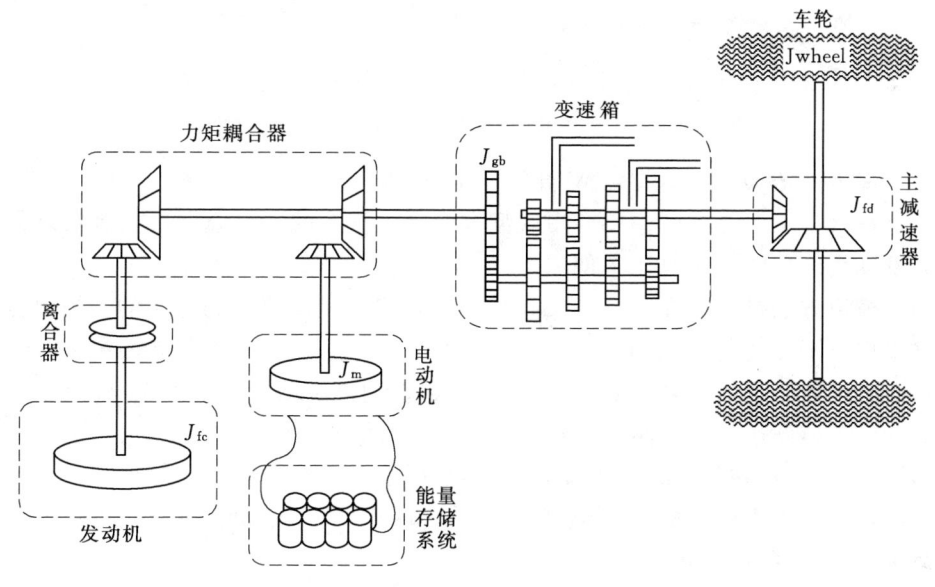

图 4.63 ADVISOR 中并联型汽车的模型示意图

(3) 并联 sa 型动力传动系(Parallel Starter/Alternator Drivetrain)。并联 sa 型汽车的组件包括发动机、电池和电动机。sa 是起动机(starter)和交流发电机(alternator)的缩写,之所以这么称呼,是因为这里的电动机表现得如同传统型汽车中的起动机和发电机。这个电动机允许发动机关闭、重起并提供最小电力辅助。此设计属于并联型，这是由于电动机和发动机都可以提供转矩来驱动汽车。并联 sa 型和基本并联型最大的区别在于离合器的位置：并联 sa 型的离合器位于变速箱和力矩耦合器之间，基本并联型的离合器则位于力矩耦合器和发动机之间。这样的设计意味着当汽车在行驶时，若离合器处于闭合状态，则发动机和电动机的轴都会转动。电动机也可充当发电机，在制动时起作用并对电池充电。默认的控制策略是一种电力辅助策略，默认的变速箱为 5 挡。混合型的恒定电动力负荷附带在模型里。图 4.64 所示为并联 sa 型汽车在 ADVISOR 中的模型。

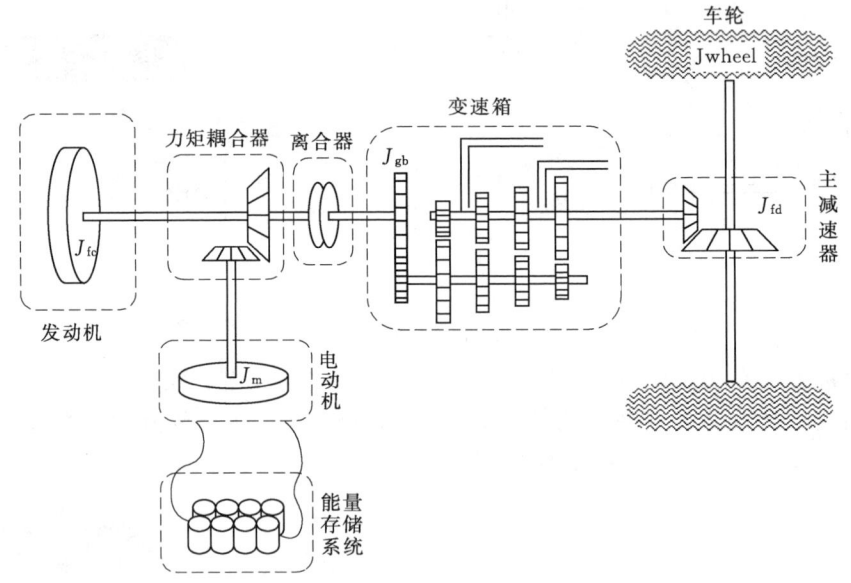

图 4.64　ADVISOR 中并联 sa 型汽车的模型示意图

1. 串联型混合动力汽车的"恒温器"控制策略

（1）在汽车子系统中的作用。串联型混合动力汽车的"恒温器"控制策略使用发电机和发动机产生电能来供汽车使用。

（2）模拟方法描述。在 ADVISOR 中仿真，串联型混合动力汽车的"恒温器"控制策略根据以下方式使用发动机。

1）当 SOC 到达最低限制 cs_lo_soc 时，发动机起动，对电池充电。

2）当 SOC 到达最高限制 cs_hi_soc 时，发动机关闭。

3）发动机工作在效率最高的速度和转矩区域。

串联型混合动力汽车的"恒温器"控制策略模块如图 4.65 所示，可以看到，输入信息为 SOC，输出为需求速度和转矩。

2. 串联型混合动力汽车控制策略

（1）在汽车子系统中的作用。这个控制策略决定发动机的工作速度和转矩，用来驱动发电机发电，这里要考虑到电动机、电池组和发动机自身的条件。通常此策略被设计用来使油耗和排放最小化，或尽量延长电池组寿命。

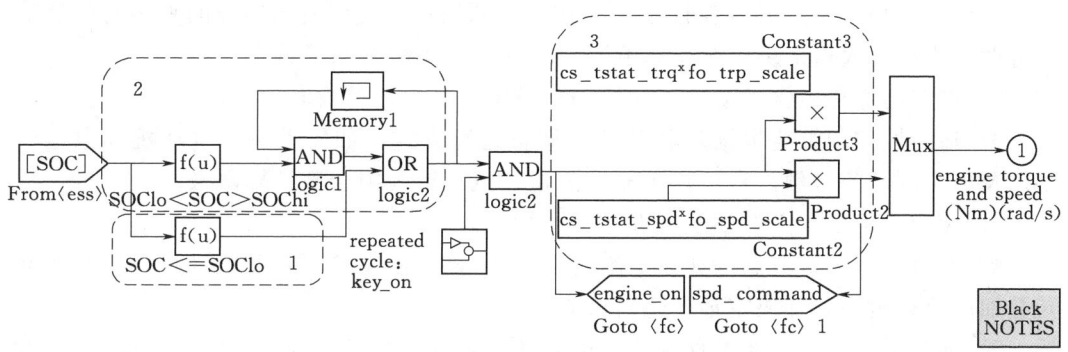

图 4.65　串联型混合动力汽车的"恒温器"控制策略模块

（2）模拟方法描述。内置的串联型混合动力汽车控制策略为发动机的工作提供了灵活性，表现在以下 3 个方面。

1）电池组 SOC 过高时，发动机可关闭。

2）总线功率需求足够大时，发动机可开启。

3）电池组 SOC 过低时，发动机可开启。

发动机开启时，其输出功率用来供给总线需求，由于在发电机处存在损失，故而是发电机输出端的功率来满足这个需求。这里要注意以下几点。

a. 发动机输出功率要接受 SOC 的调整，以便将 SOC 值带回工作区间。

b. 发动机输出功率要保持在一个最低值之上。

c. 发动机输出功率要保持在一个最高值之下（这是强制实施的，除非 SOC 值过低）。

d. 发动机输出功率允许变动，但要控制在规定速率以下。

3. 并联型混合动力汽车电力辅助控制策略

（1）在汽车子系统中的作用。并联电力辅助控制策略使用电动机在需要时提供额外的功率，同时利用电动机来给电池充电。

（2）模拟方法描述。这套策略可使电动机在若干种情况下运作。

1）在最低车速以下时，电动机提供全部的行驶转矩。

2）发动机在运行速度下提供的最大转矩若还是小于需求值，就由电动机辅助提供。

3）电动机通过再生制动来给电池充电。

4）在给定速度和需求转矩下，若发动机工作效率不高，就会关闭发动机，完全由电动机提供转矩。

5）当电池 SOC 低时，发动机将会提供额外的转矩来使电动机为电池充电。

4. 适应性控制策略

（1）在汽车子系统中的作用。该控制策略是针对并联型混合动力汽车的，在运行节点的选择上兼顾燃油经济性和排放。该策略在每个时间步长内，对电动机和发动机的力矩分配进行优化。

（2）模拟方法描述。在有效转矩范围内，适应性控制策略对 5 个竞争指标（能量使用、HC、CO、NO_x 和颗粒排放）参数化，利用基于使用者和标准的平均时间燃油经济性及排放性权重来决定全局影响。适应性控制策略有以下特点。

1）汽车的优化包含发动机、尾气净化、电机和电池的瞬时效率。

2）适应性控制策略根据驾驶条件来调整运行方式，如发动机、电动机和电池温度以及再生制动的份额。自由再生制动的量在汽车行驶中会被计算出来。

3）使用者可以定义燃油经济性和排放指标。

4）在每一个运行节点（如一个给定速度），该控制策略会查看电动机—发动机转矩叠加的可行范围，并决定最佳运行节点。

5）通过最小化燃油经济性和排放的影响，汽车性能以瞬时的油耗（g/mi）与续航能力（mpg）来衡量。

5. 模糊逻辑控制策略

在对并联型混合动力汽车的控制中，一个主要目标就是要使内燃机运行在峰值效率区间内，这样就改善了全局效率。实现这个目标的最佳选择是 CVT，在不装配 CVT 的情况下，内燃机的运行就要根据道路载荷和 SOC 来设定了。

ADVISOR 提供下面两种策略来实现上述目标。

1）油耗策略，即根据油耗图来计算并限制瞬时燃油量。

2）效率策略，即尽力使发动机运行在峰值效率区间内。

（1）使用模糊逻辑。由于高度非线性，且设备随时间变化的特性明显，故而控制策略引入模糊逻辑控制器（FLC）的使用。FLC 有两个输入，即电池组 SOC 和内燃机需求转矩。根据这两个输入就可以设定内燃机的工作点（与所选的发动机模型也相关）。在模拟的反馈回路中，电动机的需求转矩根据以下公式得到，即

$$T_{EM\_Desired} = T_{LOAD} - T_{ICE\_Set}$$

式中　T_{LOAD}——驾驶循环的载荷需求，这里要考虑到加速、阻力和道路坡度；

T_{ICE_Set}——内燃机需求的输出转矩，控制其输出节气门命令的变化。

（2）模糊逻辑控制在 ADVISOR 中的工作方式。

1）模糊逻辑控制模块位于 lib_controls.mdl 文件中，当其被选中后就会代替传统策略，产生新的 Simulink 文件。

2）模糊逻辑策略在第一层输入界面上就可选择，车型必须为并联型混合动力汽车。

3）模糊逻辑算法被编写成一个 Matlab 的 m 程序，从模块调用（这样做使得仿真变慢，因为 m 程序执行速度低）。

4）模糊逻辑算法的改动可在两个 m 文件中实现，即 mfuzzy_fuel_mode.m 和 mfuzzy_eff_mode.m。

5）模糊逻辑算法的内燃机目标转矩在 fuzzy_target_compute.m 中计算得到。这个文件在单击第二输入界面上的"RUN"按钮后被调用。

（3）燃油消耗模式。这个策略限制了内燃机的瞬时燃油消耗（在准静止仿真如 ADVISOR 中）。它确保燃油消耗（g/s）不超过一个特定的值。注意，这个策略不是基于发动机效率的，主要是限制油耗。ADVISOR 中的每台发动机都有一张相关的油

耗图（单位为 g/s）。这张表被用来决定发动机速度和转矩的可用范围。

以下变量在此策略中要用到。

1) cs_fuzzy_fuel_mode（设为1时即表示在燃油消耗模式，0代表效率模式）。

2) cs_fuzzy_fuel_limit（单位为 g/s，这个变量决定燃油消耗限制值，使用者可以改变这个值来适应不同发动机的油耗图）。

图 4.66 所示为一款 63kW 汽油机的运行点，所有点都在 1g/s 的油耗线以下。

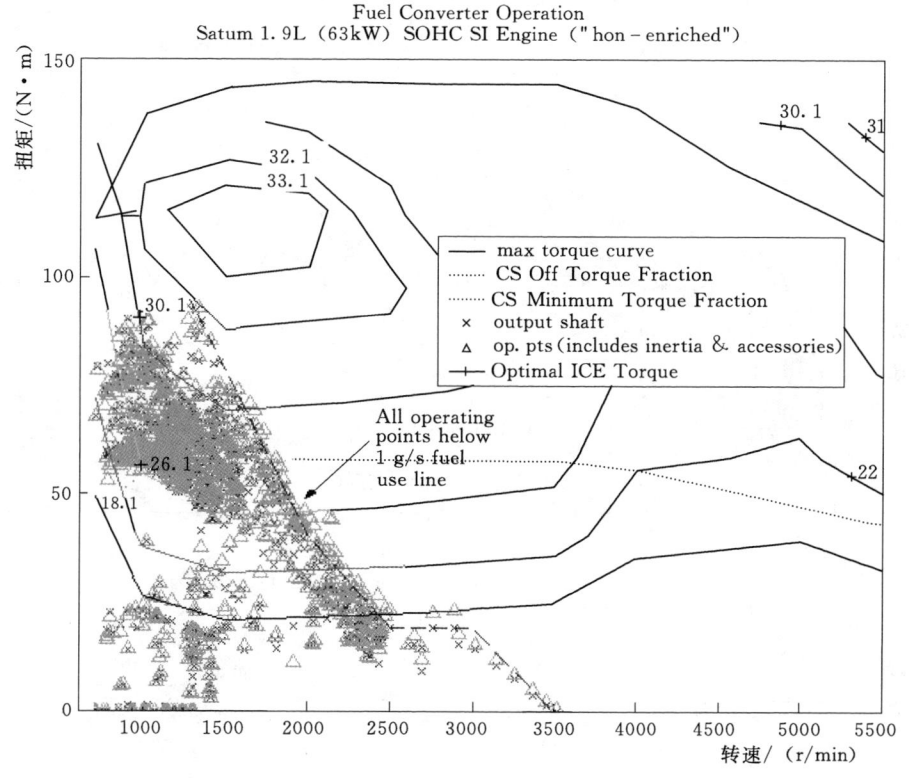

图 4.66　某发动机在油耗模式下的运行点

（4）使用建议。cs_fuzzy_fuel_limit 的默认值是 2。使用者一开始会定义汽车并仿真一次，来检验发动机的大小是否合适、油耗限制值是否需要更改。假设发动机偏小，油耗限制了汽车性能，则使用者可以修改数值来重新模拟。这个步骤可以重复进行，直到使用者找到合理的最低油耗值，满足以下要求。

1) 提供足够的转矩。

2) 保持电池的充电。

3) 提供可接受的燃油里程。

如果使用者发现内燃机运行点远低于油耗线，则油耗限制值可以减小至满足性能要求为止。

（5）效率模式。这种策略是使发动机运行在峰值效率区域。在这种策略中，发动机的运行点设置在靠近转矩的区域，针对发动机的特定速度来说是效率最高的（瞬时控制)。注意,在这种策略中,速度不是一个参与变量,因为这里使用的是离散的齿轮比系统而不是 CVT。

由于电机可用来调整负荷,所以混合动力汽车利用电控机械来使发动机工作在低油耗区域,并在驾驶循环工况的大部分区间内保持 SOC。道路载荷需求的转矩缺额就由电机来补足。动力负荷要随时调整,以便满足总的动力传动系统的需求,并且防止电池组的不必要充放电。

图 4.67 所示为一台 41kW 的汽油机的运行点。可见,运行点都在峰值效率附近。

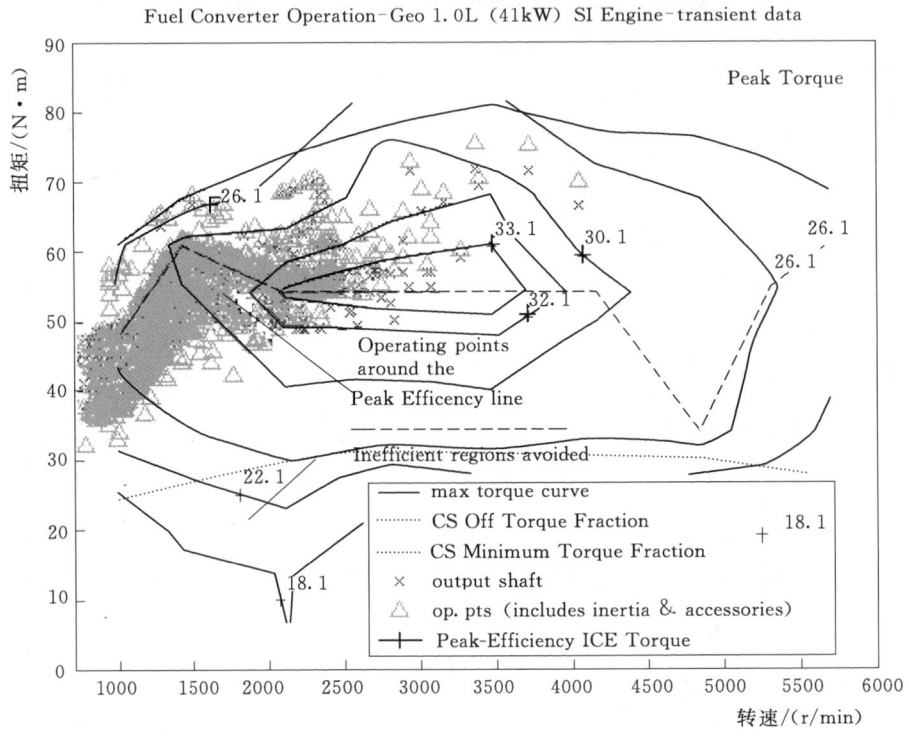

图 4.67 某发动机的效率模式下的运行点

(6) 使用建议。效率模式有利有弊,优点在于可使发动机始终在峰值效率附近运行,缺点是多数峰值效率点靠近高转矩区域。这就使发动机长期输出超过循环工况需求的转矩,会引发以下后果。

1) 高油耗。
2) 为调整负荷,电机不断再生电能,导致 SOC 值增加。

为了避免这些问题,该策略往往应用在不够大的发动机上。这些发动机的峰值转矩区域正好对应于循环工况的平均转矩需求。

6. 本田 Insight 转矩分配控制策略

这种控制策略是在对组件的性能分析和试验数据基础上发展而来的。模型可以更改,便于使用者定义自己的控制策略。

控制策略模块<cs>接收进入离合器的需求转矩。根据这个数值及车速,电机的转矩需求被计算出来，剩余的转矩需求由内燃机来满足。电机的需求转矩由以下标准决定。

1) 加速时，根据转矩和加速度，电机要辅助内燃机，提供大约10Nm的转矩。

2) 在再生电能时（实际上是在制动减小时），电机再生出一部分负转矩给传动系统。

3) 在低车速时［尤其在10mph（1mph≈1.6km/h）以下］，制动主要依靠摩擦。

4) 在一挡时没有电机辅助。

（1）试验数据。这些数据来自美国再生能源实验室，用来分析决定混合动力的动力传动系统特性。

图4.68所示为电机转矩在总转矩中的份额。可见，在辅助状态下电机的转矩约为10Nm。

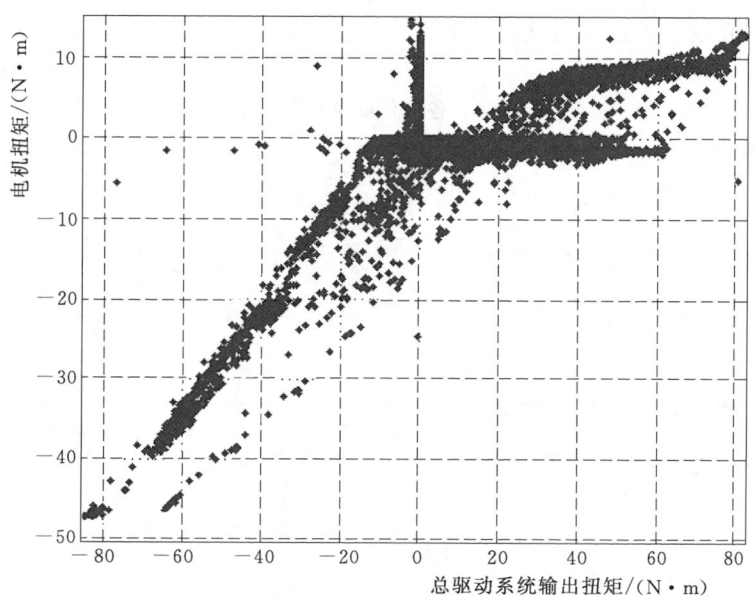

图4.68 电机转矩份额

Insight的IMA（Integrated Motor Assist）在发动机一挡时通常不提供辅助。图4.69描述了从试验数据得到的这一现象。

图4.69中，曲线①代表车速，曲线②代表电机转矩，各种颜色的点代表不同挡位下的发动机速度。可以清晰地看到，一挡时电机不做辅助。

Insight的电机再生转矩取决于制动的应用。同时，若车速下降（尤其是低于10mph），则再生能力也会减弱。图4.70描述了从试验数据得到的这一现象。

图4.71所示为本田Insight在ADVISOR中的控制策略模块。

在上述模块中包含了以下条件。

1) 上述模块中，转矩需求是根据加速（正转矩）和减速（负转矩）分析得到的。

2) 第一挡条件要接受检测，同样在低速情况下电机也不参与辅助。

3) Insight没有独立的交流发动机，故而电动机要充当交流发电机。这样，电机

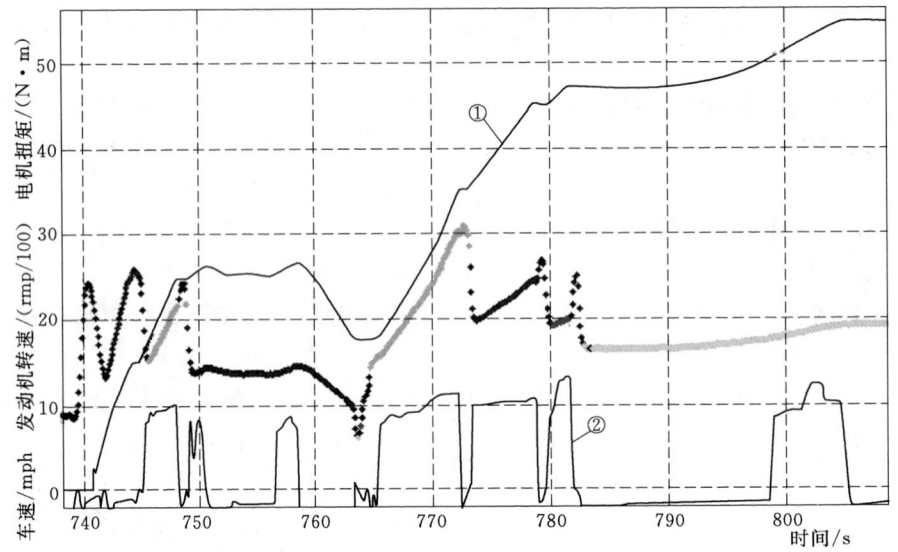

图 4.69　各挡位的电机辅助情况

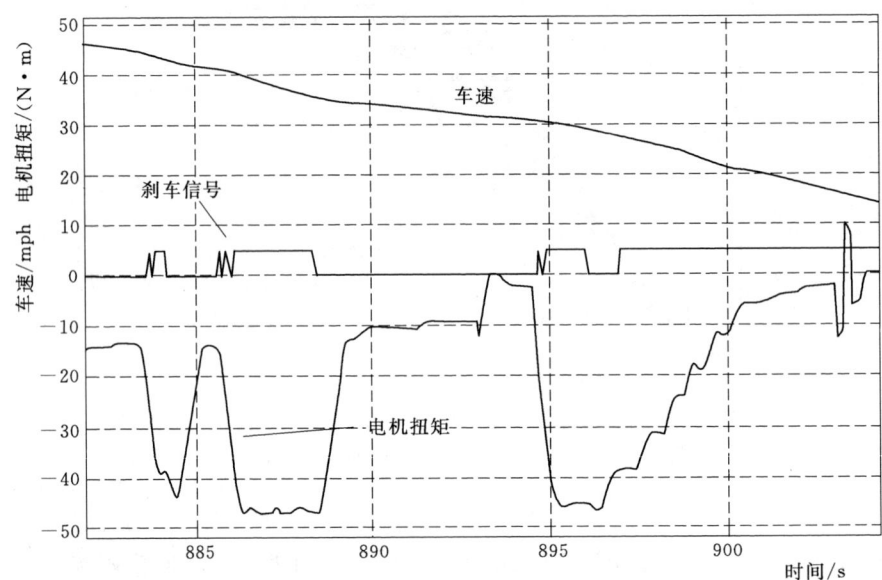

图 4.70　电机再生制动转矩的变化状况

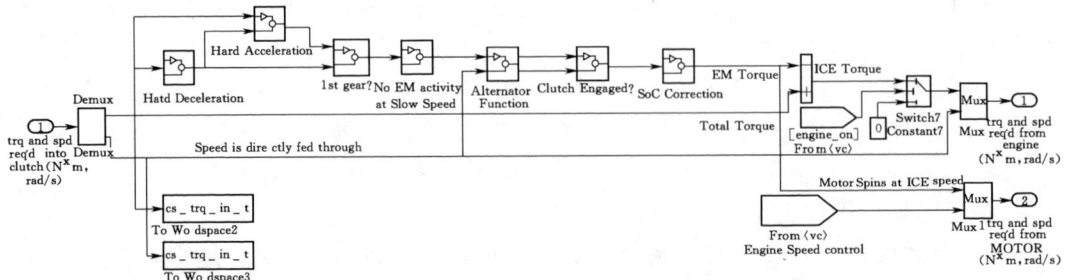

图 4.71　本田 Insight 控制策略模块

要产生一个小电流来满足附件的功率需求。当电机在给发电机做辅助时，就改为电池组供给附件的电能。

4）为了再生制动产生电能，离合器必须结合。

5）电池的 SOC 值需要检测，因为它影响到电机在 SOC 高低范围内的工作。

电机转矩就是依靠上述标准来决定的，剩余的转矩需求由内燃机来担负。在 Insight 中，电机和内燃机是同轴的，所以电机也需要发动机的速度是受到控制的。

（2）可更改的控制策略。使用者可以利用输入变量来修改策略，从而定义出新的策略，图 4.72 所示为影响策略的变量。

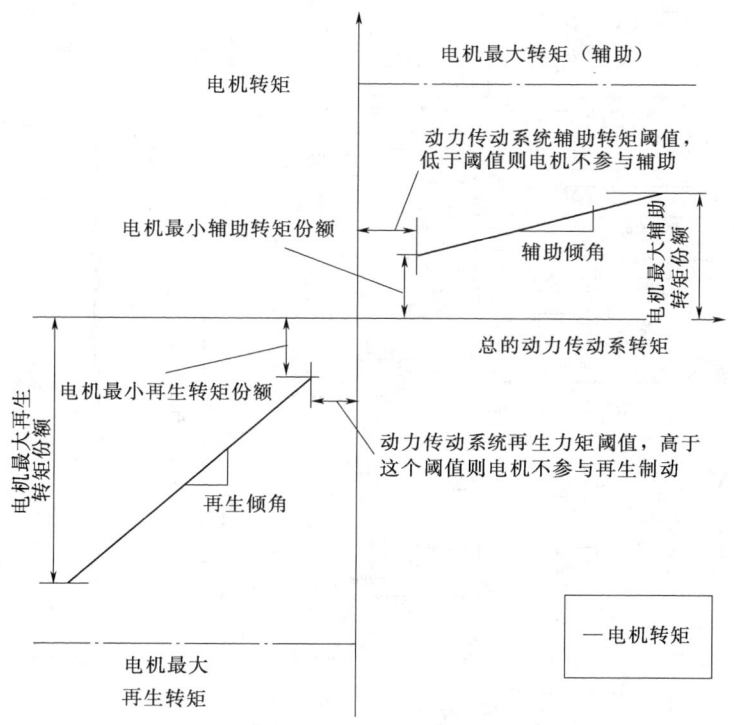

图 4.72　影响本田 Insight 控制策略的变量

图 4.73 给出了改变策略结构后的影响。

（3）发动机开关特性。对于本田 Insight 而言，其发动机在多数时间都处在开启状态。下列标准定义了发动机允许关闭的时间，只有在标准全部满足时才会实施。

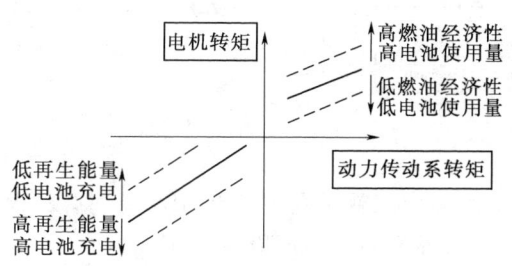

图 4.73　策略结构变动的影响

1）发动机过热（fc_clt_tmp>=vc_fc_warm_frac * fc_tstat）。

2）SOC 高于最低设定值。

3）汽车在减速或制动到停下。

4）车速小于 cs_electric_decel_spd（设定值为 4.5m/s）。

5）汽车不再换挡。

这里添加一个布尔值（cs_decel_fc_off）来允许汽车在低速减速情况下覆盖上述条件。在开真车时，就相当于不挂空挡来实现减速（即发动机减速）。这个布尔值定义在动力传动系控制文件（PTC_INSIGHT）中，默认值为 1（1 代表允许发动机在减速时关闭，0 代表减速时保持发动机的开启状态）。

图 4.74 所示为 Insight 的发动机开关功能模块，它包含在汽车控制（vehicle controls<vc>）模块内。

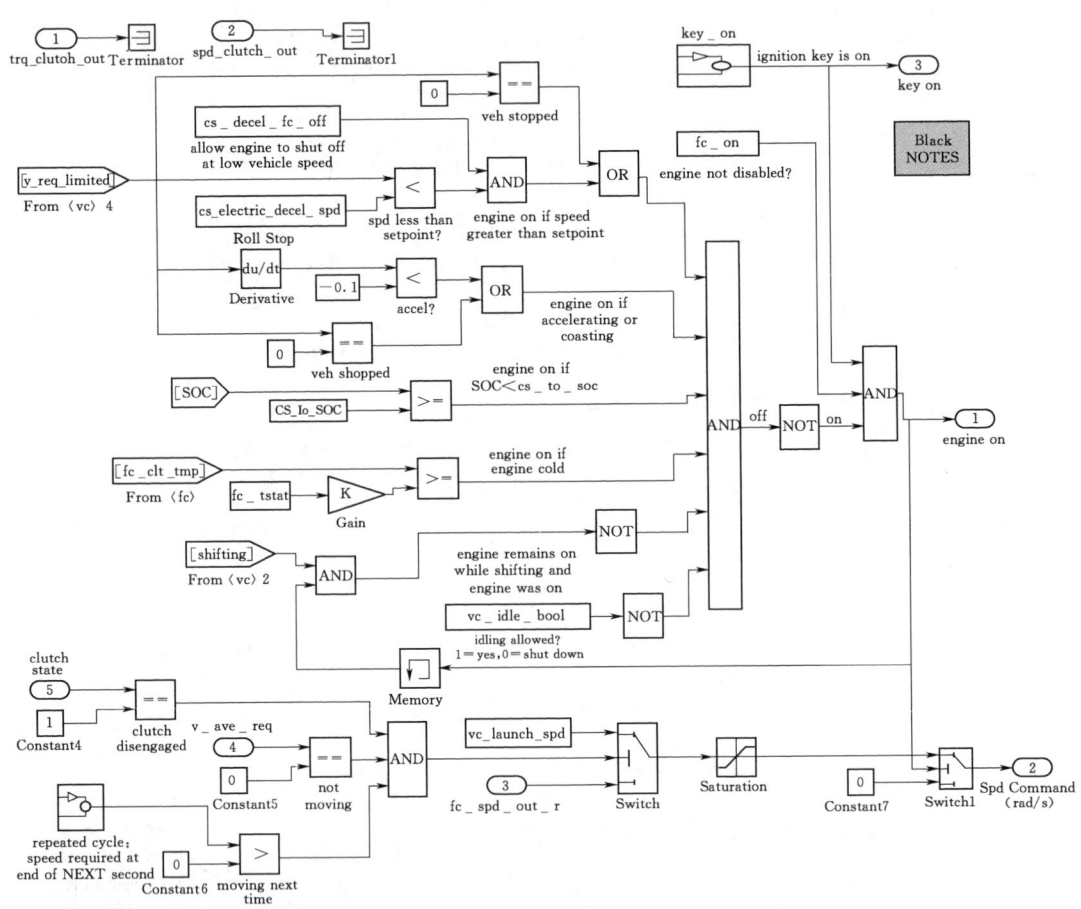

图 4.74　Insight 的发动机开关控制模块

简明应用就是利用 ADVISOR 现有的模型来进行模拟仿真，不涉及修改模型参数（或在软件界面上即可修改，不用在底层 m 文件中修改），也不用添加模块（如使用者自己设计的新组件模型、控制器模型和控制策略模型）。

7. 丰田普锐斯在不同驾驶循环工况下的表现

这里选取 3 种驾驶循环工况来评价普锐斯性能，分别为 UDDS、ECE-EUDC 和 MANHATTAN。其特征数据列于表 4.2 中。

表 4.2　　　　　　　　　　　3 种驾驶循环工况的特征数据

工况	行驶时间/s	行驶距离/km	最高车速/(km/h)	平均车速/(km/h)	最大加速度/(m/s²)	最大减速度/(m/s²)	平均加速度/(m/s²)	平均减速度/(m/s²)	怠速时间/s	停车次数
UDDS	1369	11.99	91.25	31.51	1.48	−1.48	0.5	−0.58	259	17
ECE-EUDC	1225	10.93	120	32.1	1.06	−1.39	0.54	−0.79	339	13
MANHATTAN	1089	3.32	40.72	10.98	2.06	−2.5	0.54	−0.67	394	20

在汽车定义界面选择普锐斯车型，其余变量保持默认不变。在工况界面分别选择 3 种工况进行仿真。注意勾选加速度测试，在选项界面选择测试最大加速度及最大车速，并选择测试 0~100km 的加速时间，如图 4.75 所示。

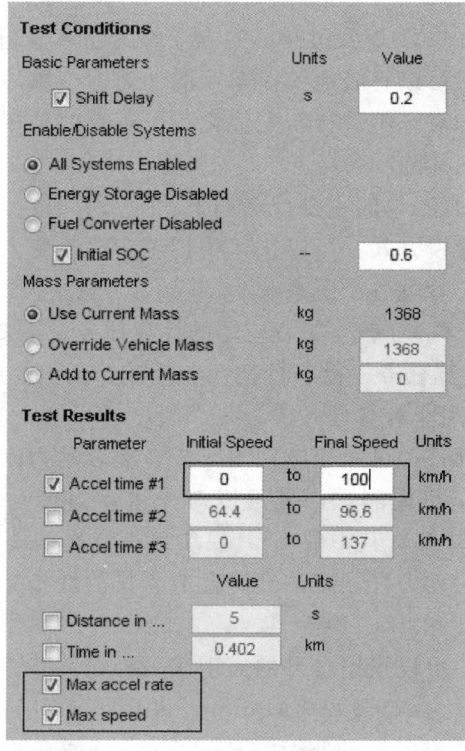

图 4.75　加速测试选项的设置

表 4.3 给出了仿真结果。

表 4.3　　　　　　　　　　　3 种工况下的仿真结果

工况	最大车速/(km/h)	0~100km 加速时间/s	最大加速度/(m/s²)	油耗/(L/100km)	HC/(g/km)	CO/(g/km)	NO$_x$/(g/km)	PM/(g/km)
UDDS	163.4	16.2	3.4	4.9	0.704	0.791	0.152	0
ECE-EUDC	163.4	16.2	3.4	5.2	0.77	0.754	0.107	0
MANHATTAN	163.4	16.2	3.4	8.7	2.37	2.325	0.219	0

表 4.2 和表 4.3 的数据表明，混合动力汽车性能得到了明显改善，同时看到在 MANHATTAN 道路循环下整车性能严重下降，对于相同配置的混合动力汽车排放和油耗明显恶化。对比道路循环特点后知，MANHATTAN 道路明显怠速成分增多，平均车速和最高车速很低。

MANHATTAN 道路工况在多数时刻要求电力辅助驱动，汽车长时间在该循环下行驶时电力供不应求，使得发动机在恶劣工况下工作，即原车在类似于 MANHATTAN 城市循环工况下运行时不能获得最佳的经济性和排放性。这与实际情况也相符，事实上电动汽车对于城市工况希望能够实现纯电动行驶就是为了避免发动机低效运行。因而针对这种工况在进行动力匹配时应该选择更高的混合比，从而使得在城市工况接近零排放。

8. AVL Cruise 软件

AVL Cruise 是一款由 AVL 公司推出的专业整力仿真分析软件，该软件拥有功能强大、适应性强的特点，可以有效地模拟车辆的动力性、燃油经济性、排放性能及制动性，并可以方便设计师对车辆进行匹配优化，可以有效地提高汽车整体的性能，提高设计师的效率，降低工作成本。

AVL Cruise 整车仿真工具的主要特点如下。

（1）通过模块化的建模方式，可以快速将传统车辆改变为先进动力传动系统，并支持分层建模，方便客户管理各个子系统。

（2）Cruise 内置了很多基于汽车工程应用的计算任务。主要有循环工况任务、巡航工况任务、最大爬坡度计算任务、稳态行驶性能任务、全负荷加速性能任务、制动/滑行/反拖任务以及最大牵引车计算任务等。

（3）有大量的电气部件，可用于电动汽车或者混合动力汽车的开发；立体式全方位的接口，便于进行整车集成测试；也可以对先进动力传动系统进行分析评价，如 AT、AMT、DCT 和 GSI 等，其中的 GSP 模块可进行换挡规律的生成和优化。

（4）根据预先设定的动力性、燃油经济性或者排放性指标，可以进行动力参数匹配计算和动力总成匹配计算。

（5）内置函数，用户可以根据自己的需求编写控制策略。

（6）Cruise 软件可以与 AVL In‑Motion、dSPACE 和 ETAS 等硬件系统进行耦合仿真，实现车辆动力总成系统的实时（Real Time）仿真，也可以调试和分析控制系统，缩短了开发时间，并且提高开发速度。

（7）可同时进行正向仿真和逆向仿真。正向仿真是指驾驶员根据车速要求，通过调整油门踏板和制动踏板，使实际车速跟随目标车速的过程，这个过程由于存在驾驶员的主观意识和调整过程，因此实际车速会围绕目标车速呈小幅波动趋势，波动的幅度与控制器的控制特性有关；逆向仿真是指根据车轮的转矩（功率）需求逆向推导发动机的输出转矩；只要该需求转矩在发动机可提供的范围内，逆向仿真可确保实际车速与目标车速完全一致。

（8）采用与 Oracle 对接的数据库管理体系，便于进行系统的管理和资源分配，提高了数据管理的安全性，同时方便实现 Cruise 软件不同使用群体之间的数据交换和数据读取；强大的数据搜寻和对比功能，使用户在面对大量数据的情况下可根据自己设定的边界条件便捷地进行数据的获取和对比。

图 4.76 所示为电动汽车的图形化建模功能，其参数设置界面如图 4.77 所示。

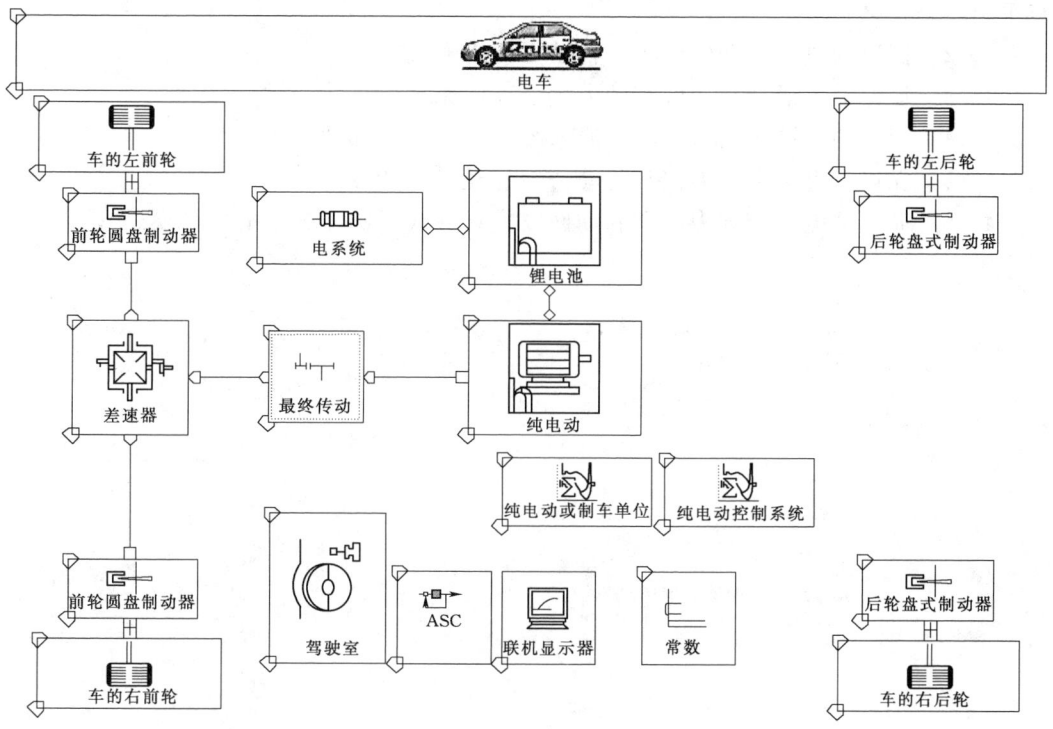

图 4.76　电动汽车的图形化建模功能

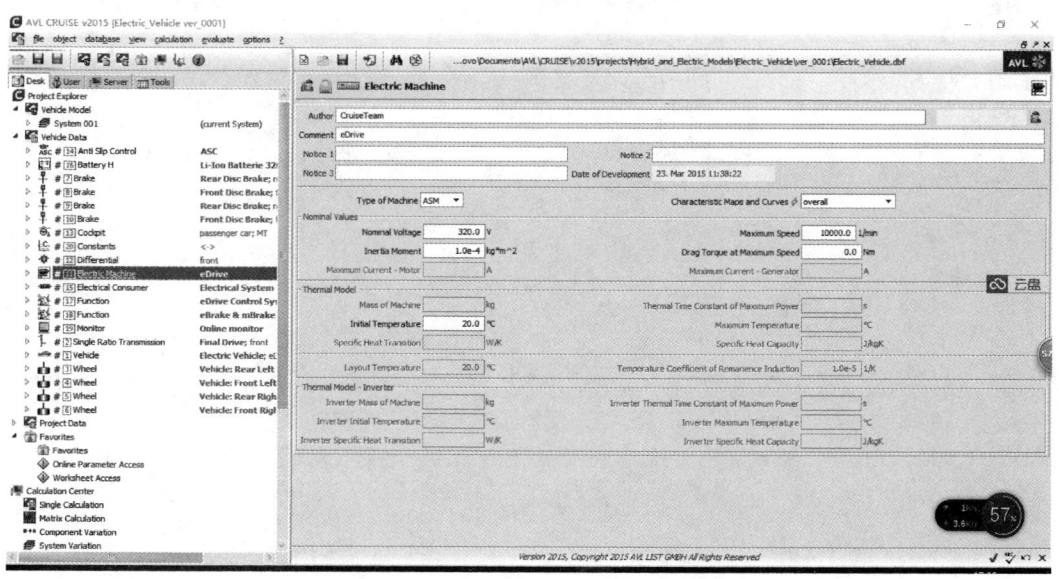

图 4.77　电动汽车参数设置界面

思 考 题

4-1 查阅相关资料,相比纯电动汽车,混合动力汽车的结构特点(写出至少五点不同)是什么?

4-2 探讨油电混合动力汽车3种动力传递模式。

4-3 探讨油电混合动力汽车动力耦合工作原理。

4-4 探讨油电混合动力汽车电源系统组成与主要部件。

4-5 探讨油电混合动力汽车的动力性与经济性计算。

4-6 简述油电混合动力汽车制动回收模式(或不同工况下的工作模式)。

项目 5
认识燃料电池汽车

◎ 学习目标

(1) 认识燃料电池汽车总体结构。
(2) 了解燃料电池汽车总体工作原理。
(3) 熟悉燃料电池各子系统工作原理。
(4) 掌握燃料电池系统工作原理。

◎ 项目描述

本项目主要介绍燃料电池汽车的组成结构与工作原理,详细介绍燃料电池汽车各部分组成、主要部件、连接方法及工作原理等内容。通过本项目的实施,使学生熟悉燃料电池汽车的整体结构,从而掌握燃料电池汽车构造与各主要部件及其驱动过程。

任务5.1 燃料电池汽车结构

燃料电池电动汽车(Fuel Cell Electric Vehicle,FCEV)是指以燃料电池作为动力电源的汽车。在纯电动汽车、燃料电池汽车、混合动力汽车共同发展时期,燃料电池汽车因其具有零排放、工作效率高、氢气来源多元化(提纯、电解水、重整等方式)、能源可再生(相比化石能源)等优势而被认为是未来汽车工业可持续发展的终极方向,是解决全球能源问题和气候变化的理想方案,是下一代汽车产业转型和技术变革的重要方向。

5.1.1 国内外燃料电池汽车的发展现状

1. 日本

与混合动力汽车一样,在燃料电池汽车技术发展方面,日本企业也走在世界前列。其中,本田公司率先实现了小规模量产。

本田 FCX 燃料电池车的研发,最早可以追溯到 1999 年。当时,本田公司发布了 FCX-V1 和 FCX-V2 概念车。本田 FCX-V 系列的动力设计与混合动力车相似,但采用全电动方式工作,取消了机械传动机构和液压系统等部件,而主要由氢燃料电池堆、电动机、控制模块和超级电容电池组构成。在正常行驶时,由燃料电池提供电力,需要输出大功率时,由超级电容电池组提供额外电力。FCX 使用的质子互换(PEM)燃料电池,也被通用和福特公司所采用。

2007年，本田公司发布了全球首款燃料电池量产车 FCX Clarity（图 5.1），在北美和日本以租赁、租售方式投放市场，北美的租赁价格为每月 600 美元并签订 3 年合同。2008 年 6 月，第一辆 FCX Clarity 下线，成为通过美国环保署认证的第一辆可以上路行驶的燃料电池汽车。该车在 2010 年就已达到 200 辆的规模。

图 5.1 本田 FCX Clarity 燃料电池汽车

除本田公司外，日本还有丰田公司、马自达公司和大发公司等企业在进行燃料电池汽车技术的研发，并且也取得了阶段性成果。丰田公司曾宣布与美国萨凡纳河国家实验室（SRNL）以及可再生能源实验室（NREL）共同开展 Highlander FCHV‒adv 燃料电池汽车（图 5.2）的公路试验。该车的续驶里程可达 693km。丰田公司的 Mark X Zio 氢燃料电池车，充满燃料可行驶 780km，最高车速可达 160km/h，燃料效率是双燃料车的 2 倍，是传统汽油车的 3 倍，于 2014 年上市。

图 5.2 Highlander FCHV‒adv 燃料电池汽车

2. 美国

美国研发氢动力汽车历史较早且投入巨大。通用公司从 20 世纪 60 年代末就开始氢燃料电池驱动技术的研究，到目前已经累计投入数十亿美元。美国的燃料电池技术一直处于世界前列，直到 21 世纪初期才逐渐被日本、欧洲各国的企业赶上甚至超越。

通用公司研发的凯迪拉克Provoq概念车（图5.3）搭载了E-Flex氢燃料电池驱动系统。续驶里程为483km，0～100km/h加速8.5s。

图5.3 凯迪拉克Provoq概念车

2003年，通用发布的"氢动三号"（HydroGen3）载货车，已经达到了其商业化生产指标，驱动系统已模块化且摆脱了对蓄电池的依赖，使"氢动三号"的总车重接近1590kg的目标值，而且载货空间与普通车型完全相同。

原戴姆勒—克莱斯勒公司以奔驰A级轿车为基础，为美国、日本、新加坡及欧洲各国的客户提供了60辆氢燃料电池车。第一批车已经在美国和日本上路，成为继FCX Clarity之后第二款商品化的氢燃料电池汽车。

福特公司在燃料电池汽车研发方面，除与巴拉德动力系统公司（Ballard Power Systems）合作外，还与埃克森—美孚石油公司（Exxon Mobil）展开了合作，共同开发了小型燃料转化装置，即从碳氢燃料（如汽油和柴油）中提取燃料电池用氢气技术。

3. 欧洲

戴姆勒公司以现有的奔驰B级车为原型，从2009年底开始少量生产燃料电池汽车，并于2010年投放欧洲及美国市场，到2014年该公司年产能可达到3000辆。奔驰设计的F-CELL氢燃料电池汽车（图5.4）只需加注氢燃料，通过车内装置迅速转化成电能，加满氢燃料仅需3min。该车能在－25℃环境下起动，最高车速为

图5.4 F-CELL氢燃料电池汽车

170km/h，加满燃料后续驶里程达 400km，百公里耗能相当于 3.3L 汽油。奥迪公司也推出了 Q5 燃料电池汽车。

2006 年，德国联邦政府交通建设住宅部、经济技术部、环境部以及教育和研究部联合制定了氢气燃料电池的专门实施计划，即"氢气燃料电池技术国家技术革新项目"（NIP），这是德国首个联邦政府部际层面的联合计划，很大程度上参考了日本的氢燃料电池政策。

瑞典政府实施了一系列国家研究示范计划，其中包括道路车辆燃料系统计划和"绿色汽车计划"（Green Car Programme），支持各种技术路线探索，重点是燃料电池汽车。

在燃料电池汽车的示范性运行方面，世界各国不约而同地把切入点集中在大客车上，如欧盟的 CUTE 示范项目、UNDP/GEF 燃料电池商业化示范项目以及美国加州的 CAHFC 示范项目和日本的 JHFC 计划等。

4. 国内

我国早在 20 世纪 60 年代就已开始研究燃料电池技术。中国科学院长春应用化学所在 20 世纪 60 年代末就进行了燃料电池技术的研究。

2001 年，通用与上汽联合开发出我国第一款燃料电池汽车——"凤凰"。此后，经过长期探索和积累，我国的燃料电池汽车整车集成技术、动力平台开发、整车的可靠性及成熟性都得到明显提升。

我国燃料电池汽车及关键部件的研发主要集中在北京和上海两地。按照国家"863 电动汽车重大科技项目"的布局，客车和轿车的燃料电池技术中心分别设立在清华大学和同济大学。清华大学联合北汽集团，取得了以新一代整车控制器、两挡变速器、氢电系统安全碰撞、制动能量回馈等创新成果，并开发出"福田一号"燃料电池客车，完成 5 万 km 测试。2007 年，进行了全国首例燃料电池客车碰撞安全试验。清华大学和北汽福田联合开发的 3 辆燃料电池客车，用于奥运会马拉松比赛和公交运营示范。

从"十五"时期开始，上海燃料电池动力系统有限公司联合同济大学、上汽集团，曾先后研发出三代"超越"系列燃料电池动力平台，分别适配于上海大众桑塔纳和奇瑞东方之子等车型。"超越"电池累计完成运行 10 万 km 以上，单车最长持续运行 2.9 万 km。新一代燃料电池将整车控制器、燃料电池、电池管理系统集中到集成式动力电池系统控制单元中，使我国燃料电池技术明显提升。

我国经过"十五""十一五"和"十二五"期间对燃料电池汽车的持续研发和产业化，所研制样车的部分技术指标达到或接近国际先进水平。2008 年 4 月底，上海大众领驭燃料电池汽车、福田欧 V 燃料电池城市客车作为国内首批燃料电池轿车和客车产品进入国家产品公告，并为 2008 年的北京奥运会提供了交通服务。2010 年，上海也应用了燃料电池汽车为世博会服务。

5.1.2　燃料电池汽车的类型与结构原理

燃料电池汽车按"多电源"的配置不同，可分为纯燃料电池驱动（PFC）的燃料电池汽车、燃料电池与辅助蓄电池联合驱动（FC＋B）的燃料电池汽车、燃料电池与超级电容联合驱动（FC＋C）的燃料电池汽车以及燃料电池与辅助蓄电池和超级电容联合驱动（FC＋B＋C）的燃料电池汽车。燃料电池汽车结构如图 5.5 所示。

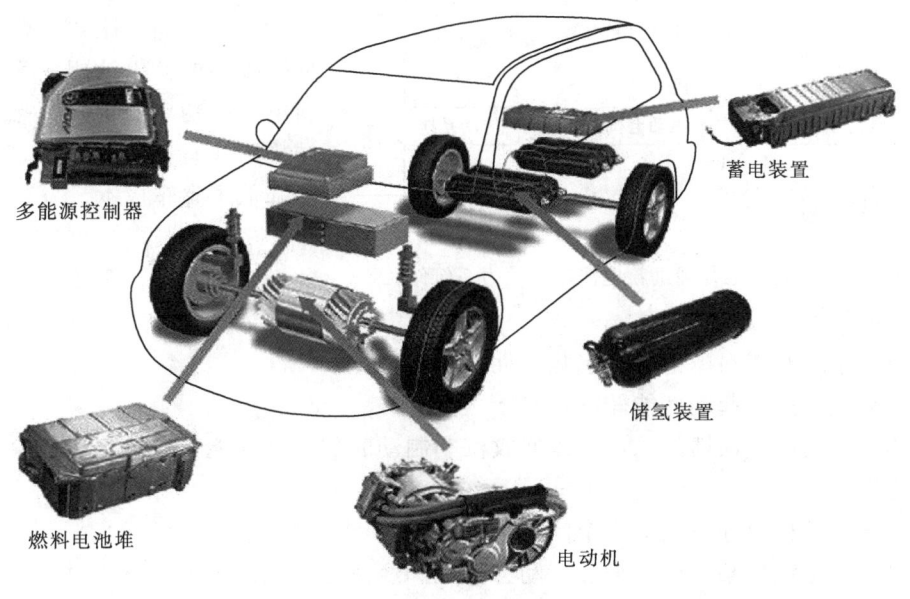

图 5.5　燃料电池汽车结构

1. 纯燃料电池驱动（PFC）的燃料电池汽车

纯燃料电池驱动的电动汽车只有燃料电池一个动力源，汽车的所有功率负荷都由燃料电池承担。纯燃料电池驱动的电动汽车的动力系统如图 5.6 所示。

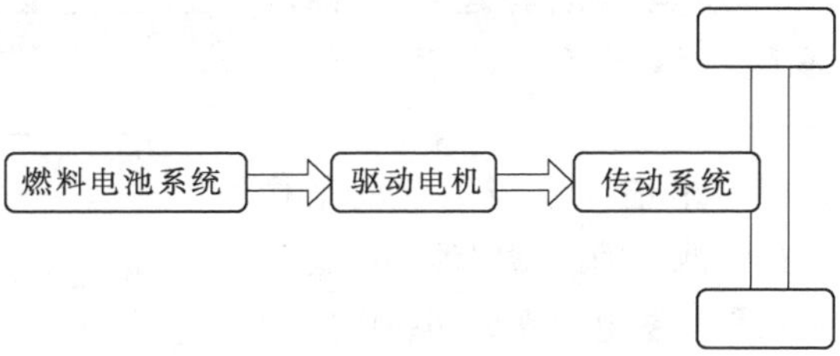

这种系统的优点有以下几点。

（1）结构简单，系统控制和整体布置容易。

（2）系统部件少，有利于整车的轻量化。

图 5.6　纯燃料电池驱动动力系统结构

（3）整体的能量传递效率高，从而提高了整车的燃料经济性。

但也存在以下几个问题。

（1）燃料电池功率大、成本高。

（2）对燃料电池系统的动态性能和可靠性要求很高。

（3）不能进行制动能量回收。

2. 燃料电池与辅助蓄电池联合驱动（FC＋B）的燃料电池汽车

燃料电池与辅助蓄电池联合驱动的燃料电池汽车的动力系统如图 5.7 所示。该结构是一个典型的串联式混合动力结构。在该动力系统中，燃料电池和蓄电池一起为驱动电机提供能量，驱动电机将电能转化成机械能传给传动系统，从而驱动汽车行驶。在汽车制动时，驱动电机变成发电机，蓄电池用来储存回馈的能量。在燃料电池和蓄电池联合供能时，燃料电池的能量输出变化较为平缓，随时间变化波动较小，而能量需求变化的高频部分由蓄电池分担。

这种结构的优点有以下几个。

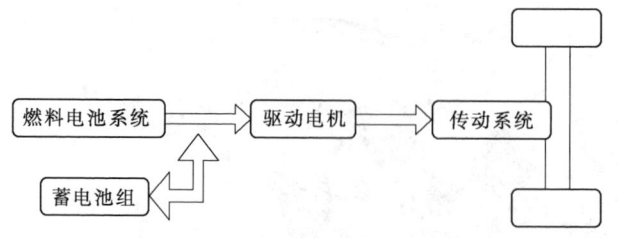

图 5.7　燃料电池与辅助蓄电池形式动力系统结构

(1) 增加了比功率价格相对低廉得多的蓄电池组，系统对燃料电池的功率要求较纯燃料电池结构形式有很大的降低，从而大大降低了整车成本。

(2) 燃料电池可以在比较好的设定工作条件下工作，工作时燃料电池的效率较高。

(3) 系统对燃料电池的动态响应性能要求较低。

(4) 汽车的冷起动性能较好。

(5) 制动能量回馈的采用可以回收汽车制动时的部分动能，该措施可能会增加整车的能量效率。

但这种结构也存在以下几个问题。

(1) 蓄电池使整车质量增加，动力性能和经济性受到影响。

(2) 蓄电池充放电过程会有能量损耗。

(3) 系统控制和整体布置难度增加。

3. 燃料电池与超级电容联合驱动（FC＋C）的燃料电池汽车

燃料电池与超级电容的结构与燃料电池与辅助蓄电池的结构相似，只是把蓄电池换成超级电容而已，如图 5.8 所示。相对于蓄电池，超级电容充放电效率高，能量损失小，功率密度大，在回收制动能量方面比蓄电池有优势，循环寿命长，但是超级电容的能量密度较小。

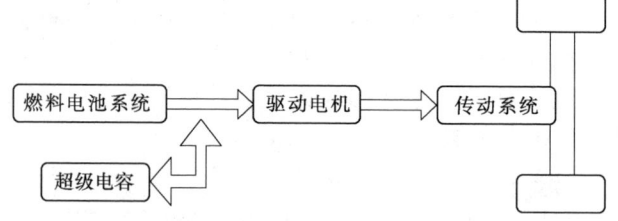

图 5.8　燃料电池与超级电容形式动力系统结构

4. 燃料电池与辅助蓄电池和超级电容联合驱动（FC＋B＋C）的燃料电池汽车

燃料电池与辅助蓄电池和超级电容联合驱动的电动汽车的动力系统如图 5.9 所示，该结构也为串联式混合动力结构。在该结构中，燃料电池、蓄电池和超级电容一起为驱动电机提供能量，驱动电机将电能转化为机械能传给传动系统，从而驱动汽车行驶。在汽车制动时，驱动电机变成发电机，蓄电池和超级电容用来储存回馈的能量。

在燃料电池、蓄电池和超级电容联合供能时，燃料电池的能量输出较为平缓，随时间变化波动较小，而能量需求变化的低频部分由蓄电池承担，能量需求变化的高频部分由超级电容承担。

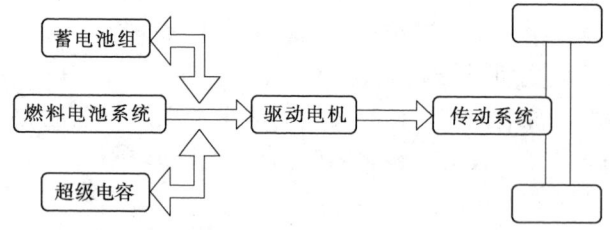

图 5.9　燃料电池与蓄电池和超级电容形式动力系统结构

这种结构的优点在于：与燃

料电池与蓄电池的结构形式相比，在部件效率、动态特性、制动能量回馈等方面性能更为优越。

这种结构的缺点：由于增加了超级电容，整车质量增加。同时，系统更加复杂，系统控制和整体布置的难度也随之增大。

在3种混合驱动形式中，FC＋B＋C组合被认为能够最大限度满足整车的起动、加速、制动动力和效率需求，但成本最高，结构和控制也最为复杂。目前燃料电池汽车动力系统的一般结构是FC＋B组合，这是因为它具有以下特点。

（1）燃料电池单独或与动力电池共同提供持续功率，且在车辆起动、爬坡和加速等峰值需求时，动力电池提供峰值功率。

（2）在车辆起步时和功率需求不大时，蓄电池可以单独输出能量。

（3）蓄电池技术比较成熟，可以在一定程度上弥补燃料电池技术的不足。

5.1.3　燃料电池汽车的结构原理

目前燃料电池汽车绝大多数采用的是混合式燃料电池驱动系统，将燃料电池与辅助动力源相结合，燃料电池可以只满足持续功率需求，借助辅助动力源提供加速、爬坡等所需的峰值功率，而且在制动时可以将回馈的能量存储在辅助动力源中。混合式燃料电池驱动系统有并联式和串联式两种，如图5.10和图5.11所示。

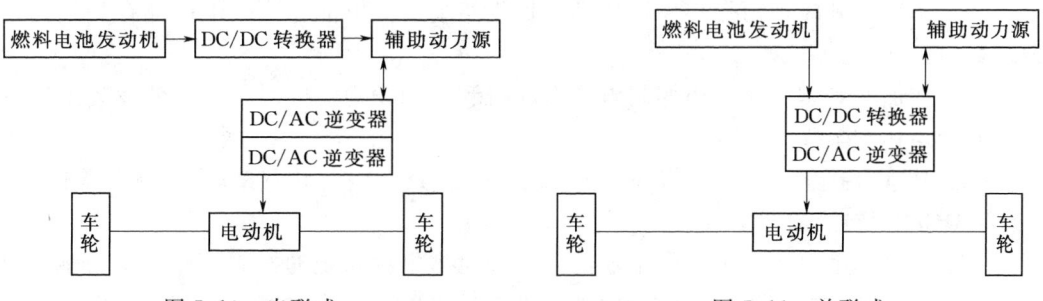

图5.10　串联式　　　　　　　　图5.11　并联式

混合式燃料电池汽车的动力系统主要由燃料电池发动机、辅助动力源、DC/DC变流器、DC/AC逆变器、电动机和动力电控系统等组成。

1. 燃料电池发动机

为保证质子交换膜燃料电池组的正常工作，除以质子交换膜燃料电池组为核心外，还装有氢气供给系统、氧气供给系统、气体加湿系统、反应生成物处理系统、冷却系统和电能转换系统等。只有这些辅助系统匹配恰当和运转正常，才能保证燃料电池发动机正常运转。

（1）氢气供应、管理和回收系统。气态氢通常用高压储气瓶来装载，对高压储气瓶的品质要求很高，为保证燃料电池汽车一次充气有足够的行驶里程，就需要多个高压储气瓶。一般轿车需要2～4个高压储气瓶，大客车需要5～10个。

在使用不同压力的氢气（高压气态氢气和高压低温液态氢气）时，就需要用不同的氢气储存容器，不同的减压阀、调压阀、安全阀、压力表、流量表、热量交换器和传感器等来进行控制，并对各种管道、阀和仪表的接头采取严格的防泄漏措施。从燃料电池中排出的水，含有未发生反应的少量氢气。正常情况下，从燃料电池中排出的少量氢气应低于1%,可用氢气循环泵将其回收。

(2) 氧气供应和管理系统。氧气可从空气中获取或从氧气罐中获取。空气则需要用压缩机来提高压力,以增加燃料电池反应的速度。在空气供应系统中还要对空气进行加湿处理,以保证空气有一定的湿度。

(3) 水循环系统。燃料电池发动机在反应过程中将产生水和热量,在水循环系统中用冷凝器、气水分离器和水泵等对反应生成的水和热量进行处理。其中一部分水可以用于空气的加湿。另外,还需要装配一套冷却系统,以保证燃料电池的正常运作。

(4) 电力管理系统。燃料电池所产生的是直流电,需要经过DC/DC转换器进行调压,在采用交流电机的驱动系统中,还需用逆变器将直流电转换为三相交流电。

以氢气为燃料的燃料电池发动机的各种外围装置的体积和质量占燃料电池发动机总体积和质量的 1/3~1/2。

2. 辅助动力源

在 FCEV 上,燃料电池发动机是主要电源,另外还配备有辅助动力源。其采用的辅助动力源可以用蓄电池组、飞轮储能器或超大容量电容器等共同组成双电源系统。

在具有双电源系统的 FCEV 上,驱动电机的电源有以下驱动模式。

(1) 在 FCEV 起动时,辅助动力源起动燃料电池发动机,或驱动车辆起步。

(2) 车辆行驶时,由燃料电池发动机提供驱动所需电能,剩余电能储存到辅助动力装置中。

(3) 在加速和爬坡时,由燃料电池发动机和辅助动力源同时供电,使驱动电机的功率或转矩达到最大。

(4) 减速和制动时,储存反馈的电能,向车辆的各种电子、电气设备提供其所需电能。

3. DC/DC 转换器

为了满足驱动电机对电压和电流的要求及对多电源系统的控制,在电源与驱动电机之间,用计算机控制以实现对燃料电池汽车的多电源综合控制,保证燃料电池汽车的正常运行。燃料电池汽车的燃料电池需要装配单向 DC/DC 转换器,蓄电池和超级电容需要装配双向 DC/DC 转换器。

燃料电池轿车中的 DC/DC 转换器的主要功能有以下 3 点。

(1) 调节燃料电池的输出电压。由于燃料电池输出电压会随负载的变化而变化,轻载时输出电压偏高,重载时偏低,难以满足驱动电机控制器的要求。所以要借助 DC/DC 转换器对燃料电池输出电压进行调节。

(2) 调节整车能量分配。燃料电池汽车具有燃料电池和动力蓄电池两种能源,控制燃料电池的输出能量就可以控制整车能量的分配。DC/DC 转换器用于在不同工况下实现燃料电池和动力蓄电池最优组合。

(3) 稳定整车直流母线电压。燃料电池的输出电压经过 DC/DC 转换器后能稳定整车直流母线电压。

4. 驱动电机

燃料电池汽车用的驱动电机主要有直流电机、交流电机、永磁电机和开关磁阻电机等。

5. 动力电控系统

燃料电池汽车的动力电控系统主要由燃料电池发动机管理系统（FCU）、蓄电池管理系统、动力控制系统、整车控制系统（VCU）组成。其结构如图 5.12 所示。

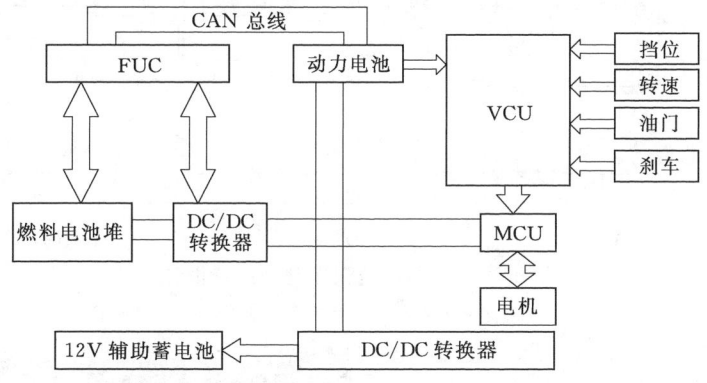

图 5.12　燃料电池汽车的动力电控系统构架

（1）燃料电池发动机管理系统（FCU）。

FCU 的作用是控制燃料电池发动机的基本工况和输出功率。通常燃料电池车辆的控制核心 VCU 根据车辆的行驶状况对能量的要求，通过 CAN 总线实时向 FCU 发出对能量需求量的请求信号，FCU 在收到来自 VCU 对能量要求的信号后，会即刻调整燃料电池的工况和 DC/DC 转换器的转换功率。燃料电池发动机的起动、功率输出、关机均受 VCU 的指挥，在燃料电池工作过程中若燃料电池发动机出现故障，出于自我保护目的可先停机，再通知 VCU，此时车辆还可以依靠蓄电池组继续工作。

（2）蓄电池管理系统。

蓄电池管理系统分上、下两级，下级 LECU 负责蓄电池组电压、温度等物理参数的测量，进行过充过放保护及组内组间均衡；上级 CECU 负责动力蓄电池组的电流检测及 SOC 估算，以及相关的故障诊断，同时运行高压漏电保护系统。

（3）动力控制系统。

动力控制系统包括 DC/DC 转换器、DC/AC 逆变器、DCL 和空调控制器及空调压缩机变频器，以及电机冷却系统控制器。DCL 负责将高压电源转换为系统零部件所需的 12V 低压电源，电机冷却系统控制器负责电机及 MCU 的水冷却系统控制。

（4）整车控制系统。

燃料电池汽车整车控制系统是整个汽车的核心控制部件，负责处理驾驶员输入和系统运行状态信号，如起动钥匙状态、油门位置、制动踏板位置、挡位、燃料电池温度和电流等。通过这些信号进行控制决策和计算，将控制指令输出到各部件控制单元。车辆的运行情况基本决定了整车控制器应该实现的功能。一般来讲，VCU 需要完成的基本功能包括以下几个。

1）保持与各个子控制单元的通信，对各个子系统进行整体监控和协调。

2）调节燃料电池、主 DC/DC 输出电流以便控制燃料电池输出功率，并实现整车的能量优化。

燃料电池汽车动力系统设计如图 5.13 所示，其外形如图 5.14 所示，车载储能技术演变过程如图 5.15 所示，300mile 车载储能系统重量与体积比较情况如图 5.16 所示。

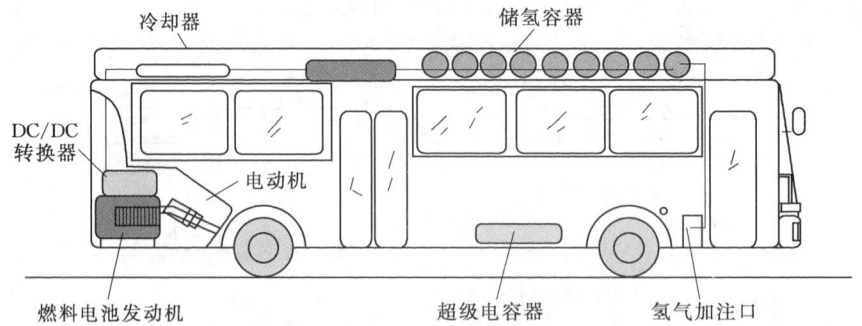

图 5.13　燃料电池汽车动力系统设计
（资料来源：上海交通大学资料）

图 5.14　"创新一号"燃料电池巴士在上海交通大学建校 110 周年庆在闵行校园内运行

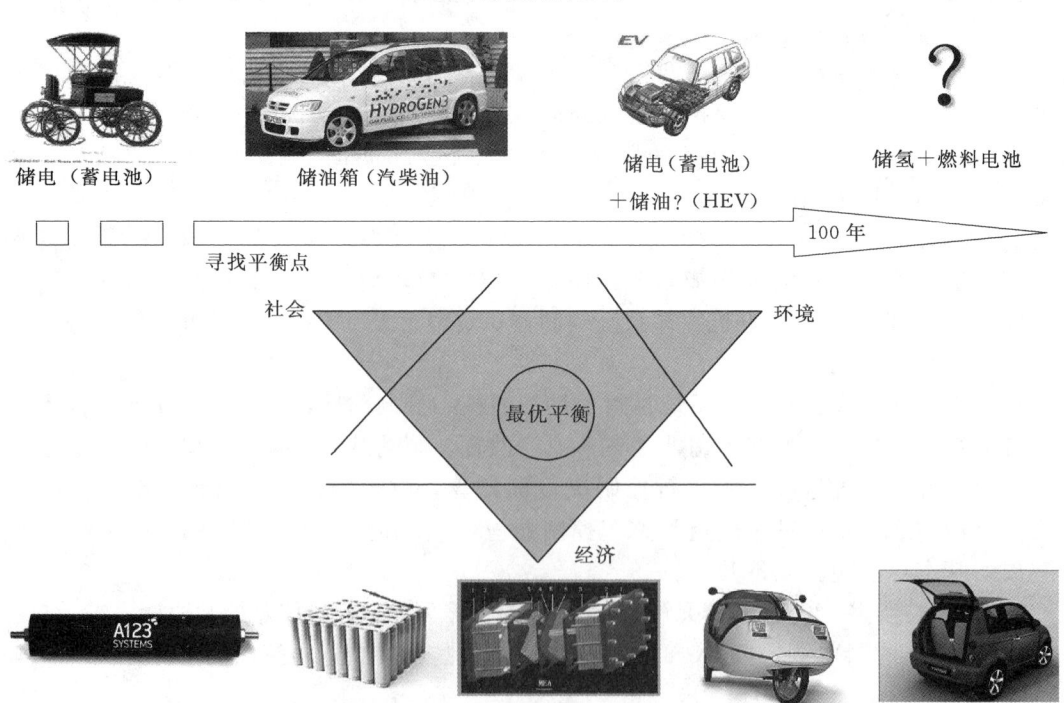

图 5.15　车载储能技术演变过程（社会＋环境＋经济因素的平衡）

2010上海世博会期间，共有196辆燃料电池汽车在运行中，是所有新能源汽车中表现最稳定的，其中包括90辆燃料电池轿车，6辆燃料电池巴士，100辆燃料电池观光车。

图5.16　300mile车载储能系统重量与体积比较（柴油—氢气—锂电池）
（注：1mile=1609.3m；1bar=0.1MPa）

任务5.2　燃料电池系统

燃料电池是一种电化学的发电装置。因为燃料电池等温地按电化学方式直接将化学能转化为电能，不经过热机过程，因此其能量转换效率不受卡诺循环的限制，能量转化效率高（理论转化率可达100%，实际可达70%）；它几乎不产生NO_x和SO_x的排放。而且，CO_2的排放量也比常规发电厂减少40%以上。正是由于这些突出的优越性，燃料电池技术的研究和开发备受各国政府与大公司的重视，被认为是21世纪的洁净、高效的发电技术之一。

5.2.1　燃料电池的构造

单独的燃料电池堆是不能发电并用于汽车的，它必须和燃料供给与循环系统、氧化剂供给系统、水/热管理系统及能使上述各系统协调工作的控制系统组成燃料电池发电系统，简称为燃料电池系统。燃料电池系统主要由燃料电池组、辅助装置和关键设备组成，辅助装置和关键设备包括以下几种。

（1）燃料和燃料储存器（包括碳氢化合物转化的重整器）。

（2）氧化剂和氧化剂存储器。

（3）供给管道系统和调节系统（包括气体输送泵、热交换器、气体分离和净化装置）。

（4）水和热管理系统。

5.2.2 燃料电池的工作原理

燃料电池同普通电池概念完全不同，只是由于在结构形式上与电池类似，外观、特性像电池。作为发电装置，它没有传统发电装置上的原动机驱动发电装置，而是将燃料同氧化剂反应的化学能直接转化为电能。只要不中断供应燃料，它就可以不停地发电。

燃料电池类似于汽油机或柴油机，它的燃料（主要是氢气）和氧化剂（纯氧气或空气）不是储存在电池内，而是储存在电池外的储罐中。当电池发电时，需连续不断地向电池内送入燃料和氧化剂，排出反应生成物——水。燃料电池本身只决定输出功率的大小，其发出的能量由储罐内燃料与氧化剂的量决定。因此，燃料电池是一个适合车用的、环保的氢氧发电装置。它的最大特点是反应过程不涉及燃烧，因此其能量转换效率不受"卡诺循环"的限制，其能量转换效率可高达80%，实际使用效率是普通内燃机的2~3倍。

燃料电池基本原理相当于电解反应的可逆反应。图5.17所示为燃料电池结构与电化学反应原理。燃料及氧化剂在电池的阴极和阳极上借助催化剂的作用，电离成离子，离子能通过在两极中间的电解质并在电极间迁移，在阴电极、阳电极间形成电压。在电极同外部负载构成回路时就可向外供电（发电）。

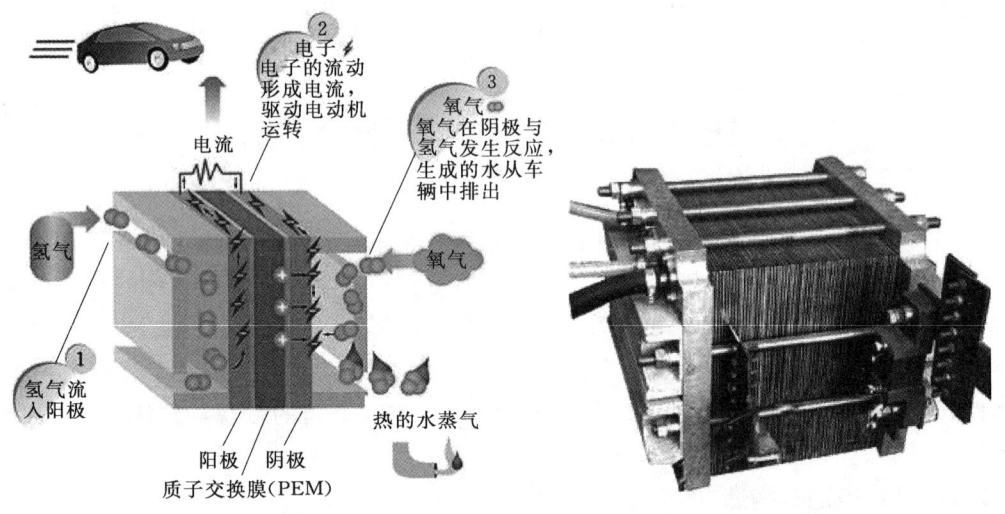

图5.17 电化学反应原理与燃料电池（500kW质子交换膜燃料电池）

燃料电池是一种原电池，借助电化学过程，其内部燃料的化学能直接转化为电能。燃料和氧化剂持续且独立地供给电池的两个电极，并在电极处进行反应。电解液用以将离子从一个电极传至另一个电极。

燃料供给阳极或正极，在该电极处，依靠催化剂，电子从燃料中释放。在两电极间的电位差作用下，电子经外电路流向阴极或负极，在阴极处，正离子和氧结合，产生反应物或废气。

5.2.3 燃料电池发展简史

燃料电池的基本组成有电极、电解质、燃料和氧化剂。燃料可以是 H_2、CH_4、CH_3OH、CO 等，氧化剂一般是氧气或空气，电解质可为水溶液（H_2SO_4、H_3PO_4、$NaOH$ 等）、熔融盐（$NaCO_3$、K_2CO_3）、固体聚合物、固体氧化物等。发电时，燃料和氧化剂由电池外部分别供给电池的阳极和阴极，阳极发生燃料的氧化反应，阴极发生氧化剂的还原反应，电解质将两电极隔开，导电离子在电解质内移动，电子通过外电路做功并构成电的回路。与普通电池不同的是，只要能保证燃料和氧化剂的供给，燃料电池就可以连续不断地产生电能。

按电解质划分，燃料电池大致可分为 5 类，即碱性燃料电池（AFC）、磷酸型燃料电池（PAFC）、固体氧化物燃料电池（SOFC）、熔融碳酸盐燃料电池（MCFC）和质子交换膜燃料电池（PEMFC）。

早在 1839 年，威廉姆·格罗夫就试验成功了简单的燃料电池。但可惜的是，西门子公司在 1866 年制成了第一台发电机，从而使世界进入了蒸汽机时代。到了 20 世纪，对传统的蒸汽机系统研究后发现，该系统受到许多环节的约束，其效率很低，并且伴随着很严重的能源利用及环境污染问题。于是让人们的眼光重又集中到了燃料电池，开始对这种电化学能量转换装置重新进行评估，使燃料电池成了新的研究热点。

20 世纪 60 年代，碱性燃料电池曾迅速发展并在航天领域得到应用。70—80 年代，熔融碳酸盐燃料电池和固体氧化物燃料电池发展起来。自 90 年代以来，质子交换膜燃料电池得到迅猛发展。美国已确定燃料电池为经济繁荣和国家安全至关重要的 27 项必须发展的技术之一，PEMFC 是其中的重点发展项目。把燃料电池应用到汽车上是一个历史性的突破，它是靠燃料电池发电来推动汽车运动的。目前，许多大的汽车公司都在致力于燃料电池汽车的研究开发上。这种电动汽车的最大好处是灵敏度高，不会因汽车尾气等造成环境污染。

图 5.18 所示为福特福克斯燃料电池汽车。

图 5.18 福特福克斯燃料电池汽车

燃料电池的众多优点吸引了广大的科技人员，各国都投入了大量的财力、人力来研制新型的燃料电池。目前，国外正在试运行 100kW 级第二代燃料电池发电站。日本已设计出用于旅馆、办公楼的 50~500 kW 的现场实验室，可供空调、照明等用电，发电效率为 30%~40%，再加上余热的利用，总效率可达 60%~80%。可见，燃料电池的应用面广，前景看好。

我国科学工作者在燃料电池基础研究和单项技术方面取得了不少进展，积累了一定经验。但是，由于多年来在燃料电池研究方面投入资金数量很少，就燃料电池技术的总体水平来看，与发达国家尚有较大差距。我国有关部门和专家对燃料电池十分重视，1996 年和 1998 年两次在香山科学会议上对我国燃料电池技术的发展进行了专题讨论，强调了自主研究与开发燃料电池系统的重要性和必要性。近几年我国加强了在 PEMFC 方面的研究力度。目前，中国科学院大连化物所、中国科学院硅酸盐研究所、清华大学、上海交通大学、北京理工大学、北京富原公司、上海神力公司等许多单位都在开发燃料电池。

目前，阻碍燃料电池推广应用的关键问题有成本高、寿命短、体积大等，归根结底还是技术问题。有理由相信，随着材料科学和系统工程的不断发展，燃料电池必将成为未来的能源之星。

5.2.4　燃料电池的优、缺点

燃料电池与蓄电池相比，具有以下优点。

(1) 洁净、安全。排放基本达到零，用碳氢化合物作为燃料的燃料电池主要生成物为水、CO_2 和 CO 等，属于"超低污染"，且燃料电池占地面积小，建设周期短。

(2) 节能、转换效率高。直接将燃料的化学能转化为电能，中间不经过燃烧过程。燃料电池在额定功率下的效率可以达到 60%，而在部分功率输出条件下可达到 70%，在过载功率输出条件下运转效率可以达到 50%~55%，而火力发电和核电的效率为 30%~40%。

(3) 多燃料系统。可以根据各种燃料电池的用途和条件选择使用最合适的燃料。

(4) 运行效率高。负荷响应快，运行质量高，燃料电池在数秒钟内就可以从最低功率变换到额定功率。

(5) 无振动和噪声且寿命长。燃料电池在工作过程中，没有噪声和机械振动，从而减少了机械器件的磨损，延长了使用寿命。

(6) 结构简单、运行平稳。燃料电池的能量转换是在静态下完成的，结构比较简单，构件的加工精度要求低，特别是质子交换膜燃料电池转换效率高，能够在 $-80\,℃$ 的低温条件下起动和运转，对结构件的耐热性能要求也不高。由于无机械振动，所以运行比较平稳。

目前，燃料电池的主要缺点如下。

(1) 不论是液态氢、气态氢还是碳水化合物经过重整后转换的氢，都是燃料电池的唯一燃料。

(2) 要求高质量的密封。燃料电池的单体电池所能产生的电压约为 1 V。将多个单体电池按使用电压和电流的要求组合成为燃料电池发动机组，在组合时，单体电池间的电极连接时，必须要有严格的密封，因为密封不良的燃料电池，氢气会泄漏到燃料电池的外面，降低了氢的利用率，并严重影响燃料电池发动机的效率，还会引起氢气燃烧事故。由于要求严格的密封,导致燃料电池发动机的制造工艺很复杂,并给使用和维护带来很多困难。

(3) 价格高。

(4) 需要配备辅助电池系统。

燃料电池不能充电和回收燃料电池汽车再生制动的反馈能量。通常在燃料电池汽车上还要增加辅助电池,来储存燃料电池富裕的电能,并在燃料电池汽车减速时接收再生制动时的能量。

B级燃料电池车的驱动系统采用了最新一代燃料电池技术,与2004款梅赛德斯-奔驰A级燃料电池车的驱动系统相比,其体积缩小约40%,燃料消耗降低30%,但输出功率却增加了30%。B级燃料电池车驱动系统的主要部件包括小型氢气燃料电池反应堆、位于后备箱底部的高效能的锂离子电池、3个700bar高压储氢罐、一个位于前轴的紧凑且轻量化的驱动电机。

B级燃料电池车续航里程达到了400km,而每次充满燃料仅需3min,通过移动加氢站补充满燃料的时间也仅为20min。非常适合长途旅行以及日常使用,如图5.19和图5.20所示。

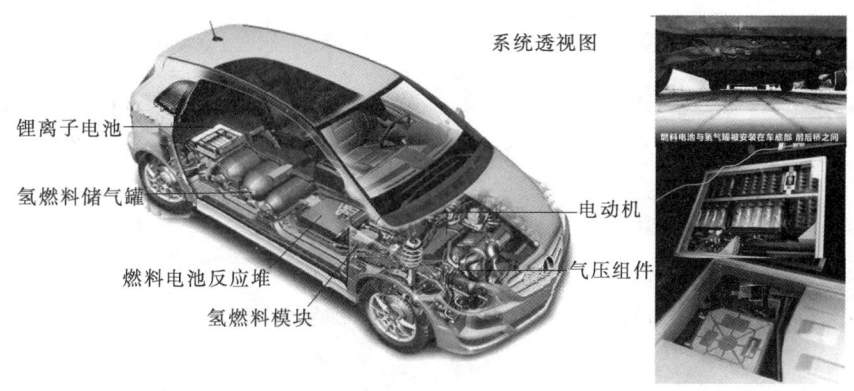

图5.19　2011年1月30日梅赛德斯-奔驰起动了一场前所未有的长途旅行
——梅赛德斯-奔驰B级燃料电池车环球之旅

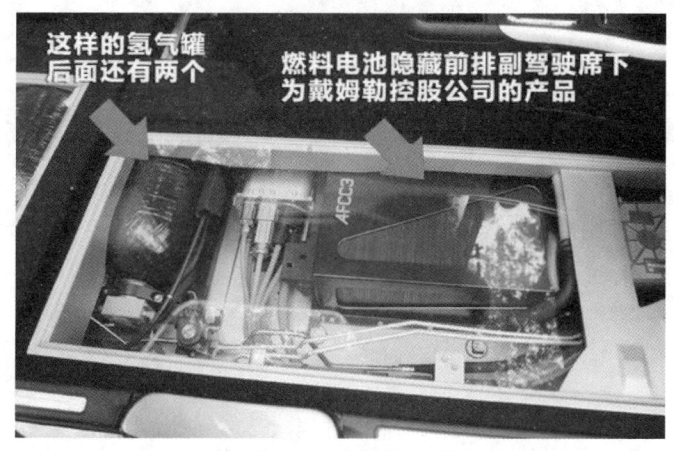

图5.20　梅赛德斯-奔驰B级燃料电池车

思 考 题

5-1 查阅相关资料,相比纯电动汽车和混合动力汽车,燃料电池汽车的结构特点是什么(写出至少 5 点不同)?

5-2 探讨燃料电池的总体结构与起源。

5-3 探讨燃料电池汽车驱动过程的工作原理。

5-4 探讨燃料电池系统的主要部件。

5-5 探讨燃料电池与蓄电池相比的优、缺点。

5-6 简述燃料电池未来发展趋势。

项目 6
认识新能源

◎ 学习目标

(1) 认识燃料型与非燃料型能源的类别与形式。
(2) 了解燃料型能源与非燃料型能源的产生原理及优势。
(3) 熟悉燃料型能源与非燃料型能源产生动力的原理。
(4) 掌握燃料型能源与非燃料型能源在汽车工业领域的应用与前景。

◎ 项目描述

本项目主要介绍燃料型能源与非燃料型能源的类别、产生原理与形态、优势,对常见的燃料型能源与非燃料型能源主要性能及参数进行对比分析,详细介绍不同的燃料型能源与非燃料型能源在汽车工业领域的应用与前景。

任务6.1 燃料型能源认知

燃料(Fuel)是一种透过化学反应或核反应释放本身的内能以供其他方面使用的物质。燃料可分成天然燃料与人工燃料,如图 6.1 所示。

天然燃料从大自然获得并可以直接使用,如木柴、煤等;人工燃料是经过工艺加工后获得的燃料,如焦炭、燃油等。

表 6.1 为常见化学燃料的热值(Ratcliff, Brian et al. Chemistry 1. Cambridge University press. 2000. ISBN 0 – 521 – 78778 – 5)。

表 6.1   常见化学燃料的热值

气体燃料的热值/(MJ/m³)	液体燃料及氢气的热值/(MJ/kg)	固体燃料的热值/(MJ/kg)
一氧化碳:11.5	氢气:141.6	木头:15.1
天然气:31.7~41.8	机油:36.0	纸:15.0
煤气:17.6	石蜡:45.0	泥炭:14.7
甲烷:32.8	甲醇:19.6	煤炭:8.0
乙炔:51.6	乙醇:26.9	煤球:19.7
乙烯:54.2	异丙醇:30.9	石煤:27.2~31.4
乙烷:58.9	苯:40.2	木炭:30.1

续表

气体燃料的热值/(MJ/m³)	液体燃料及氢气的热值/(MJ/kg)	固体燃料的热值/(MJ/kg)
丙烷：83.4	生质柴油：37.0	碳：32.8
丁烷：108.4	柴油：43.0	磷：25.2
	取暖油：42.7～40.2	硫：9.3
	汽油：42.5	镁：25.2
		橡胶：35.0

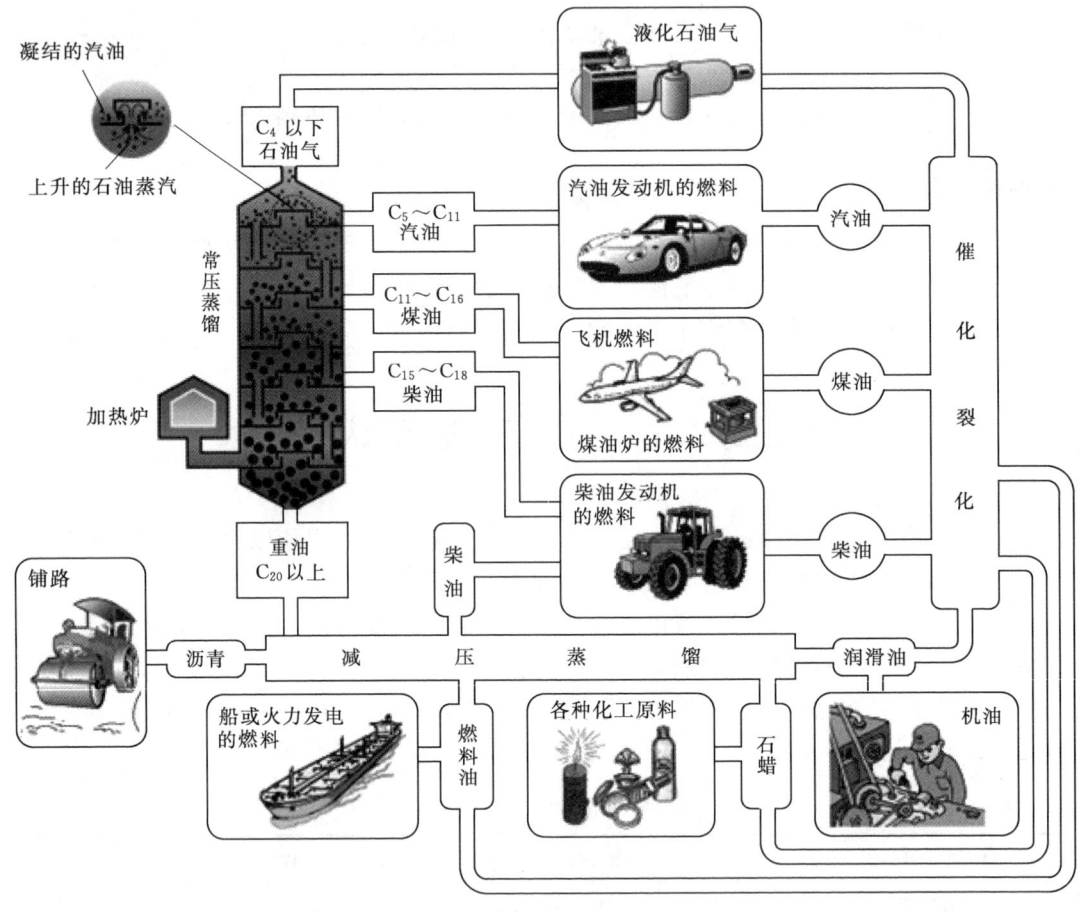

图 6.1　石油炼化带来的不同燃料

新能源汽车是指采用非常规车用燃料作为动力来源（或使用常规车用燃料、采用新型车载动力装置），综合车辆的动力控制和驱动方面的先进技术，形成的技术原理先进，具有新技术、新结构的汽车。新能源汽车包括混合动力汽车、纯电动汽车（BEV，包括太阳能汽车）、燃料电池电动汽车（FCEV）、氢发动机汽车、其他新能源（如高效储能器）汽车等。在能源紧缺，环境污染越来越严重的今天，新能源汽车已成为汽车产业未来发展的趋势。

1. 天然气

(1) 化学成分及产生原理。天然气是一种主要由甲烷（CH_4）组成的气态化石燃料，主要存在于油田和天然气田，也有少量出于煤层，如图6.2所示。

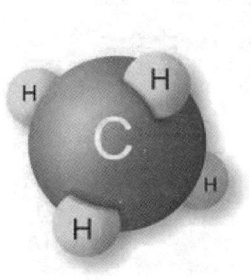

图6.2 天然气分子式与燃烧

当有机物质经过厌氧腐烂时，会产生富含甲烷的气体，这种气体就被称为生物气体。生物气的来源包括森林和草地间的沼泽、垃圾填埋场、下水道中的淤泥、粪肥，由细菌的厌氧分解产生。

(2) 车辆应用。压缩天然气（以及液化天然气）被用作其他汽车燃料的清洁替代物。天然气产量与储存量丰富，价格便宜；将一般家用天然气输送管线中燃气加压储存在高压钢瓶中，即可成为车辆使用的天然气燃料，如图6.3所示。

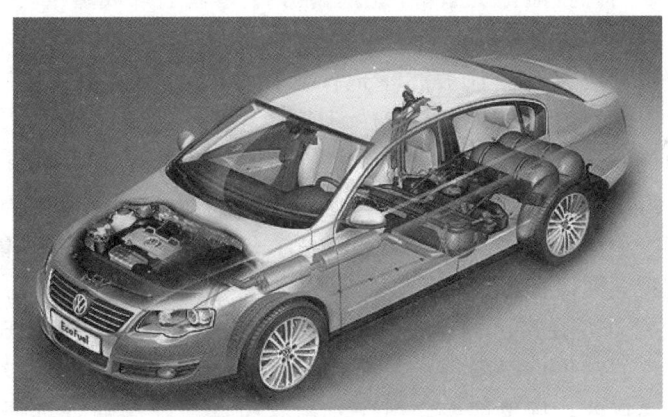

图6.3 大众天然气汽车

(3) 环境影响。当甲烷（生物气）溢散到大气层中时，它将是一种直接促使全球变暖愈演愈烈的温室气体。天然气燃料的优势在于它不含苯、铅、硫等致癌物质，且燃烧完全，无杂物，排放清洁。与传统汽车相比，天然气汽车在空气中排放的CO减少97%，碳氢化合物减少72%，氮氧化物减少39%，粉尘减少100%。

由于环境问题，欧美各国竞相开发天然气汽车。目前市场中存在的天然气汽车，燃料主要分成两部分：一是适合轿车使用的压缩天然气（CNG），主要应用于私家车、出租车；二是适合大型车辆使用的液化天然气（LNG），其能源密度更高，主要应用于公交车（图6.4）、重型卡车。所有这些车辆中，一部分是对传统汽车进行动

图 6.4 金龙 XMQ6100SL 型 LPG/汽油双燃料客车

力系统改装，俗称"油改气"，另一部分是汽车生产企业在生产时就已进行改装，直接投向市场。

2. 液化石油气

（1）化学成分及产生原理。液化石油气（Liquefied Petroleum Gas，LPG）是石油产品之一，为无色气体或黄棕色油状液体，是丙烷和丁烷的混合物，通常伴有少量的丙烯和丁烯。一种强烈的气味剂乙硫醇被加入液化石油气，这样石油气的泄漏会很容易被发觉。主要用作石油化工原料，用于烃类裂解制乙烯或蒸汽转化制合成气，可作为工业、民用、内燃机燃料。

（2）车辆应用。液态石油气被广泛地作为内燃机的绿色燃料使用以降低废气排放。液化石油气的辛烷值（RON）为110，所含能量为100726.125kj。丰田公司制造了很多液化石油气发动机在其20世纪70年代的M、R和Y发动机家族中。

目前，许多汽车制造商如雪铁龙、大宇、菲亚特、福特、现代、欧宝/沃克斯豪尔、标志、雷诺、萨博和沃尔沃都均以OEM方式生产双燃料汽车，能够在液化石油气和石油两种燃料下同样良好运转。

2003年，上海开始在市区内全面强制淘汰污染严重的燃油助动车，使用者凭原车可以去政府指定的销售点以旧折新，换购污染较少的液化石油气驱动的助动车。

液态石油气沸点低，挥发性好，由于其硫含量和机械杂质均远低于汽油、柴油，对汽缸、活塞、活塞环、气门等零部件的危害较小，因为LPG是比汽油、柴油小得多的短链气态烷烃分子，与空气混合良好，燃烧时不需汽化，燃烧完全。故在发动机汽缸及其他部件上的积炭、结焦少，并且燃烧过程中不产生焦油，不易污染机油，润滑油不会被稀释，不用经常换注机油和更换火花塞，减轻了发动机及其他部件的磨损和腐蚀，减少机油的消耗量，发动机运转平稳，噪声小，从而延长了发动机的使用寿命和机油更换周期，与汽油车相比，LPG汽车大修里程可提高50%以上，而且可节约50%以上的维修费用，使用寿命约为汽油车的3倍。

（3）环境影响。LPG是比汽油更"清洁"的燃料，LPG的蒸发温度低，雾化性能好，更易于与空气混合，且LPG的燃烧速度比汽油快8%～21%，即LPG能在与汽油相同的燃烧时间内燃烧得更充分，因此，LPG汽车排气中的CO、HC、NO_x等有害成分大为减少，且没有黑烟和积炭。

3. 燃料乙醇

（1）化学成分及产生原理。乙醇燃料（fuel ethanol）是一种被广泛用于运输业的生物燃料（图6.5）。燃料乙醇由富含糖类物质的农作物酿制产生，可加入汽油中制成混合燃料。燃料乙醇主要供汽车、摩托车等交通工具使用，汽油发动机无需做过多改动就可以直接使用燃料乙醇。当汽油价格较高时，燃料乙醇具有明显的成本优势，但是大规模使用燃料乙醇会导致玉米、甘蔗等农作物供不应求、价格上升。同时在生产燃料乙醇的过程中也会释放出二氧化碳或污染物。

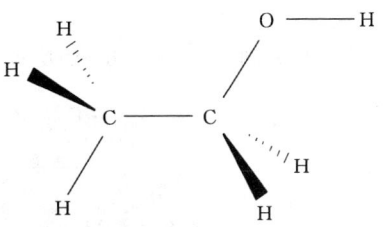

图6.5 乙醇分子的结构
（所有的化学键都是单键）

在乙醇发酵期间，玉米中的葡萄糖和其他糖类被转换成乙醇和二氧化碳，即
$$C_6H_{12}O_6 \longrightarrow 2C_2H_5OH + 2CO_2 + 热$$

乙醇在燃烧过程中与氧气发生反应，产生二氧化碳，水和热，即
$$C_2H_5OH + 3O_2 \longrightarrow 2CO_2 + 3H_2O + 热$$

（2）车辆应用。世界酒精的66%用于燃料，14%用于食用，11%用于工业溶剂，9%用于其他化学工业。发酵酒精作车用燃料有两种方式：一是配制汽油和无水酒精的混合物——汽油醇，酒精在混合物中的比例最高可达25%。用汽油醇作汽车燃料时，可以利用原有的汽车发动机；二是直接利用酒精作为汽车燃料，这时必须使用专门设计的、具有更高压缩比的发动机。

早在1989年，巴西以甘蔗、糖蜜、木薯、玉米为原料年产发酵酒精12兆吨以上，几乎全部用来代替汽油，大部分直接利用酒精作为汽车的燃料。最近几年，许多国家和地区乙醇年产量保持高位，见表6.2。

扫一扫

表6.2　　　　　　　　乙醇年产百万加仑（3.785L）的国家

前10位国家和地区（年产百万加仑的国家）						
世界排名	国家或地区	2011年	2010年	2009年	2008年	2007年
1	美国	13900.00	13231.00	10938.00	9235.00	6485.00
2	巴西	5573.24	6921.54	6577.89	6472.20	5019.20
3	欧盟	1199.31	1176.88	1039.52	733.60	570.30
4	中国	554.76	541.55	541.55	501.90	486.00
5	泰国			435.20	89.80	79.20
6	加拿大	462.30	356.63	290.59	237.70	211.30
7	印度			91.67	66.00	52.80
8	哥伦比亚			83.21	79.30	74.90
9	澳大利亚	87.20	66.04	56.80	26.40	26.40
10	其他			247.27		
	世界总计	22356.09	22946.87	19534.99	17335.20	13101.70

1908年，美国人设计并制造了世界上第一台纯乙醇的汽车；1930年，乙醇/汽油混合燃料在美国内布拉斯加州首次面市；1978年，含10%乙醇的混合汽油在内布拉斯加州大规模使用。

图6.6所示为瑞典市场上的乙醇燃料汽车。

图6.6　在瑞典市场上的SAAB 9-3型号 Sport Combi BioPower
（这是SAAB推出的第二个E85灵活燃料的车型）

乙醇尽管已有着广泛的用途，但仍是传统观念的市场范围。未来乙醇作为车用燃料，主要是乙醇汽油和乙醇柴油。这就是传统所说的燃料乙醇市场，当时美国政府已制定了一个大力发展燃料乙醇的计划，计划2011年，将汽油中（不包括柴油）的燃料乙醇用量由每年约450万t至少提高到约1360万t。

（3）环境影响。燃料乙醇拥有清洁、可再生等特点，可以降低汽车尾气中一氧化碳和碳氢化合物的排放。未来我国燃料乙醇行业的重点是降低生产成本、减少政府补贴，为此，制定生物燃料乙醇生产过程的消耗控制规范及产品质量技术标准，统一燃料乙醇生产消耗定额标准，包括物耗、水耗、能耗等，是降本增效的有力手段。

4. 生物柴油

（1）化学成分及产生原理。生物柴油（biodiesel）是指以油料作物、野生油料植物和工程微藻等水生植物油脂以及动物油脂、餐饮垃圾油等为原料油通过酯交换工艺制成的可代替石化柴油的再生性柴油燃料。生物柴油是生物质能的一种，它是生物质利用热裂解等技术得到的一种长链脂肪酸的单烷基酯。生物柴油是含氧量极高的复杂有机成分的混合物，这些混合物主要是一些分子量大的有机物，几乎包括所有种类的含氧有机物，如醚、醛、酮、酚、有机酸、醇等。复合型生物柴油是以废弃的动植物油、废机油及炼油厂的副产品为原料，再加入催化剂，经专用设备和特殊工艺合成。

欧盟生物柴油80%的原料为双低菜子油（低硫甙、低芥酸）。美国、巴西主要是大豆，我国主要是以木本油料、废弃油脂和微藻油脂为原料。我国在内蒙古开展了微藻固碳生物能源示范项目，同时，已在四川、贵州、海南启动小油桐生物柴油产业化示范项目。

（2）车辆应用。在汽车上的使用原理如同传统柴油，对传统内燃机几乎不需要改进就可以直接使用该燃料，兼容性好；燃料闪点比传统柴油显著提高；使用该燃料的汽车在输出功率、扭矩以及燃料经济性等方面的性能与传统柴油汽车接近；由于生物柴油的十六烷值要显著高于普通柴油（图6.7），因此使用该类燃料的汽车，其运行中的抗爆性好，排放值符合加州大气资源局制订的洁净柴油标准。另外，该类燃料的润滑性能比传统柴油有显著改善，对精密机件损害较小，且净生物柴油是无毒物质。图6.8所示为以生物柴油为动力的VW甲壳虫。

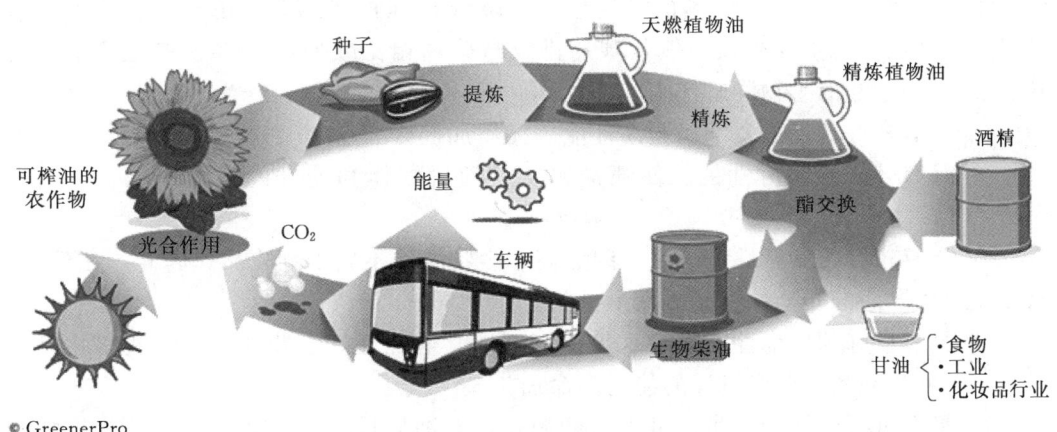

图6.7　生物柴油循环

图6.8　以生物柴油为动力的VW甲壳虫

在美国，目前净生物柴油燃料和混合物柴油燃料在汽车上实际使用超过1000万mile的试验，市场上已经有了一些客车生产商正在开发使用生物柴油燃料的客车，但是目前还没有以生物柴油为燃料的轿车发展计划和行动。

（3）环境影响。生物柴油的优良性能使得采用生物柴油的发动机废气排放指标不仅满足目前的欧洲Ⅱ号标准，甚至满足随后即将在欧洲颁布实施的更加严格的欧洲Ⅲ号排放标准。而且由于生物柴油燃烧时排放的二氧化碳远低于该植物生长过程中所吸收的二氧化碳，从而改善由于二氧化碳的排放而导致的全球变暖这一有害于人类的重大环境问题。因而，生物柴油是一种真正的绿色柴油。

1）具有优良的环保特性。主要表现在由于生物柴油中硫含量低，使得二氧化硫和硫化物的排放低，可减少约30%（有催化剂时为70%）；生物柴油中不含对环境会造成污染的芳香族烷烃，因而废气对人体损害低于柴油。检测表明，与普通柴油相比，使用生物柴油可降低90%的空气毒性，降低94%的患癌率；由于生物柴油含氧量高，使其燃烧时排烟少，一氧化碳的排放与柴油相比减少约10%（有催化剂时为95%）；生物柴油的生物降解性高。

2）具有较好的低温发动机起动性能。无添加剂冷滤点达$-20℃$。

3）具有较好的润滑性能。使喷油泵、发动机缸体和连杆的磨损率低、使用寿命长。

4）具有较好的安全性能。由于闪点高，生物柴油不属于危险品。因此，在运输、储存、使用方面的安全性又是显而易见的。

5）具有良好的燃烧性能。十六烷值高，使其燃烧性好于柴油，燃烧残留物呈微酸性，使催化剂和发动机机油的使用寿命加长。

6）具有可再生性能。作为可再生能源，与石油储量不同，其通过农业和生物科学家的努力，可供应量不会枯竭。

7）无须改动柴油机，可直接添加使用，同时无须另添设加油设备、储存设备及对人员进行特殊技术训练。

8）生物柴油以一定比例与石化柴油调和使用，可以降低油耗、提高动力性，并降低尾气污染。

生物柴油是从可回收的一些资源如植物油、动物脂肪和已经使用过的油和脂肪中提炼而成的一种液态产品，液态形式的生物柴油（又称为净生物柴油）已经被美国能源政策法列为汽车替代燃料。

任务6.2 非燃料型能源认知

非燃料型的能源主要有电能、风能、水能、太阳能、潮汐能和蒸汽等。

1. 电能

（1）产生原理。电以各种形式做功（即产生能量）的能力被称为电能，其广泛应用于动力、照明、冶金、化学、纺织、通信、广播等各个领域。日常生活中使用的电能，主要来自其他形式能量的转换，包括水能（水力发电）、热能（火力发电）、原子能（核电）、风能（风力发电）、化学能（电池）及光能（光电池、太阳能电池等）等（表6.3）。电能也可转换成其他所需能量形式，如热能、光能、动能等。电能可以靠有线或无线的形式传输，如图6.9所示。

表 6.3　　　　　　　　　　　依据能源转换原理区分发电类型

种类	简介	范例	备注
摩擦起电效应	静电、自由电荷的转移	范德格拉夫起电机	
电磁感应	动能使一组以上的线圈在磁场中进行旋转运动，借以产生感应电流	发电机	现今发电的主流
电磁感应	将燃料加热至高温等离子状态，然后让其在磁场中高速流动切割磁力线，借以产生感应电流，将其热能转换成电能	磁流体发电	
电化学	化学能转为电能	电池、燃料电池	
光电效应	光能转为电能	太阳能电池	
热电效应	热能直接转为电能	热电偶	主要用于传感器
热电效应	放射性物质在衰变时所放出热量再将其直接转为电能	放射性同位素热电机	主要用于人造卫星、太空探测器、无人遥控设备
压电效应	压电材料的晶格形变转为电能		主要用于传感器
核变化	使用同位素衰变时放出的 β 粒子，直接产生电子来发电	非热转换型核电池	理论上的技术

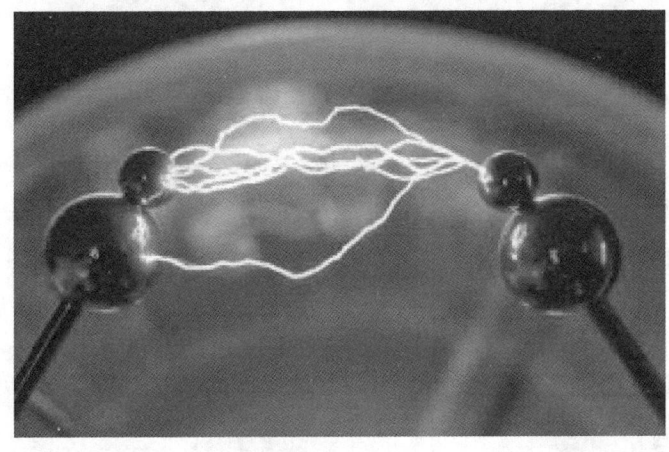

图 6.9　电能

电能作为二次能源，其他发电（electricity generation）方式也是多种多样。

图 6.10 所示为涡轮发电机，图 6.11 所示为 2009 年美国的主要电力来源分布，图 6.12 所示为 BioLite 开发的小型燃烧发电装置。

（2）汽车领域运用。电动汽车是指以车载电源为动力，用电机驱动车轮行驶，符合道路交通、安全法规各项要求的车辆（图 6.13）。由于对环境影响相对传统汽车较小，其前景被广泛看好，但当前技术尚不成熟。电动汽车同时泛指所有使用电能推动电动机而在道路上行驶的车辆。电动汽车电能的来源有很多种，如由太阳能板供电的太阳能车、由电池供电的纯电动车。

图 6.10　涡轮发电机

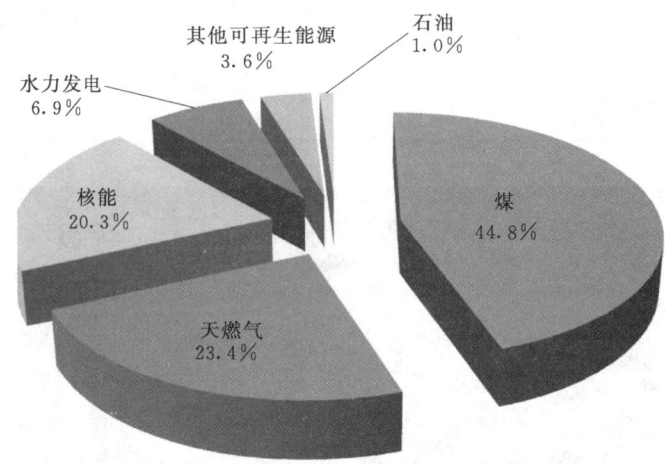

图 6.11　2009 年美国的主要电力来源分布

图 6.12　BioLite 开发的小型燃烧发电装置
（可以使用生物质能燃烧产生电能给手机等设备充电）

图 6.13　ABB 与 GM 建立电动车合作计划

2. 风能

（1）产生原理。风能是因空气流做功产生的一种可利用的能量。用风车可以把风的动能转化为有用的机械能；用风力发动机可以把风的动能转化为有用的电力。风能作为一种无污染和可再生的新能源有着巨大的发展潜力，特别是对沿海岛屿、交通不便的边远山区、地广人稀的草原牧场以及远离电网和近期内电网还难以达到的农村、边疆，作为解决生产和生活能源的一种可靠途径，有着十分重要的意义（图6.14）。风能量是丰富、可再生、分布广泛、不产生污染，也不会排放温室气体的能源。

由于风速并不稳定，风能不能持续产生，常以抽水蓄能电站或其他方法来储存风能以保持电力能持续供应。风能利用技术的不断革新，使这种丰富的无污染能源正重放异彩。

图6.14　位于香港南丫岛的风力发电机

（2）汽车领域运用。英国的一位动力工程师理查德·简金斯的"绿鸟"风力汽车是世界上最快的风力汽车。它在风速仅为48.2km/h的情况下，创造了每小时行驶202.9km的世界纪录。

与传统的风帆汽车不同的是，"绿鸟"采用一种钢制驱动翼。这种驱动翼能够以与机翼同样的方式产生向上提升的动力。整辆风力汽车几乎全部采用碳复合材料，唯一的金属部件就是翅膀和车轮的轴承。据简金斯解释，这种空气动力学设计和较轻的质量能够让"绿鸟"轻易达到风速的3～5倍。

虽然美国发明家里克·卡瓦拉罗认为风帆设计对汽车很不利，但是德国宝马公司认为，风帆可以让汽车驾驶变得绿色而有趣，于是推出了名为"蓝色动力"的风帆型风力汽车。该车可以根据风的方向自动行驶，驾驶员也可以通过驾驶舱内的特别配置来手动调节其车尾的"帆"，进而改变车辆的行驶方向。图6.15所示为2倍于风速的风力汽车。

3. 太阳能

（1）产生原理。太阳能（solar energy）是指太阳光的辐射能量，一般用作发电。太阳能发电是一种新兴的可再生能源，太阳能更是地球上许多能量的来源，如风能、化学能、水的势能、化石燃料等。太阳能资源丰富，既可免费使用，又无需运输，对环境无任何污染。太阳能为人类创造了一种新的生活形态，使社会及人类进入一个节约能源减少污染的时代（图6.16）。

太阳能技术被广泛定性为被动的或主动的方式来捕获、转换和分配太阳光。主动式太阳能技术，利用太阳能光伏板、泵、风机将阳光转换为有用的输出。被动式太阳能技术，包括选择材料具有良好的热性能、设计、自然空气流通的空间，并按照太阳来安排的建筑物的位置。

图 6.15 2 倍于风速的风力汽车（Rick Cavallaro，2012）

图 6.16 台湾太阳能体育场馆屋顶采用多达 8844 片的太阳能
光伏板，是全球第一座具有 1MW 太阳能发电容量的运动场

　　利用太阳能的方法主要有：使用太阳能电池，通过光伏转换把太阳光中包含的能量转化为电能；利用便宜的镜子将阳光反射至昂贵高效能太阳能电池（但需要注意散热），可以降低发电成本；使用太阳能热水器，利用太阳光的热量把水加热；利用太阳光的热量加热水，并利用热水发电；利用太阳的热能来进行吸附式制冷；透过机械及硬件设备来收集及传送太阳能的热量，以供应暖气设备；利用太阳能的热量来驱动斯特林（Stirling）发动机；将吸收太阳能热量的系统整合于太阳能电池上，以降低成本；太阳能装置，如太阳能计算机、太阳能背包、太阳能台灯、太阳能手电筒等各式太阳能应用与装置。

　　（2）汽车领域运用。目前，太阳能的利用还不很普及，利用太阳能发电还存在成本高、转换效率低的问题，但是太阳电池在为人造卫星提供能源方面得到了很好的应用。

世界太阳能车挑战赛（World Solar Challenge）是每半年以太阳能为动力的汽车比赛，来自高校和企业的团队竞争横跨澳洲中部的 3021km，即从达尔文市到阿德莱德市的比赛路程，如图 6.17 所示。

图 6.17　在澳大利亚举办的世界太阳能车挑战赛

4. 燃料电池

（1）产生原理。固体燃料电池（fuel cell）被用于商业、工业及住宅发电中，其运行简单且轻量的氢—氧燃料电池系统（图 6.18），没有重大的部件需要移动。由于燃料电池没有移动部件且发电不涉及燃烧，因此具有 99.9999% 的可靠性。燃料电池的电解槽系统，不存储燃料，而是依赖于外部存储单元。

有许多不同类型的固定式燃料电池，其效率各异，但多数具有 40%～60% 的能源效率（表 6.4）。

（2）汽车领域运用。虽然目前还没有可供商业销售的燃料电池车，但自 2009 年以来已发布超过了 20 种类型的 FCEVs 的原型和示范车。示范车型包括本田的 FCX Clarity、丰田的

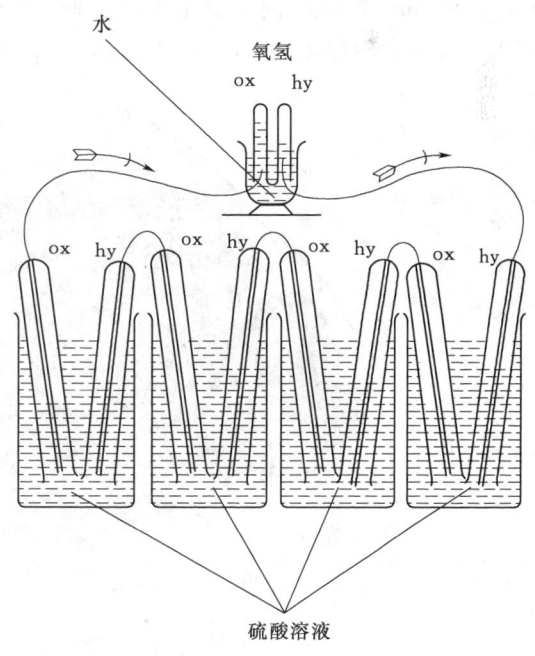

图 6.18　威廉·葛洛夫 1839 年电池草图

表6.4　4种类型燃料电池

		固体高分子（PEFC）	磷酸（PAFC）	熔融碳酸盐（MCFC）	固体氧化物（SOFC）
电解质	电解质材料	交换膜	磷酸盐	碳酸锂，碳酸钠，碳酸	比如稳定氧化锆
	移动离子	H^+	H^+	CO_3^{2-}	O^{2-}
	使用模式	膜	在基质中浸渍	在基质中浸渍或粘贴	蒲膜、薄板
反应	催化剂	铂	铂	不要	不要
	阳极	$H_2 \rightarrow 2H^+ + 2e^-$	$H_2 \rightarrow 2H^+ + 2e^-$	$H_2 + CO_3^{2-} \rightarrow H_2O + CO_2 + 2e^-$	$H_2 + O^{2-} \rightarrow H_2O + 2e^-$
	阴极	$\frac{1}{2}O_2 + 2H^+ + 2e^- \rightarrow H_2O$	$\frac{1}{2}O_2 + 2H^+ + 2e^- \rightarrow H_2O$	$\frac{1}{2}O_2 + CO_2 + 2e^- \rightarrow CO_3^{2-}$	$\frac{1}{2}O_2 + 2e^- \rightarrow O^{2-}$
运行温度/℃		80～100	190～200	600～700	700～1000
燃料		氢	氢	氢、一氧化碳	氢、一氧化碳
发电效率/%		30～40	40～45	50～65	50～70
设想发电能力		数W至数十kW	100至数百kW	250kW至数MW	数kW至数十MW
设想用途		手机、家庭电源、汽车	发电	发电	家庭电源、发电
开发状况		家庭用实用化、汽车2015年实用化	废水处理厂、医院、应急电源		家庭用实用化、大型定制在开发中

FCHV-ADV、奔驰的F-CELL。

在2011年6月的示范FCEVs行驶超过了480万km的里程，重新加注燃料超过27000次。示范燃料电池车已经能够在重新加燃料之间的续驶里程超过400km，并可以在不到5min的时间内完成重新加燃料。图6.19所示为燃料电动车的部件配置。图6.20所示为丰田汽车的Toyota FCHV PEMFC燃料电池汽车。

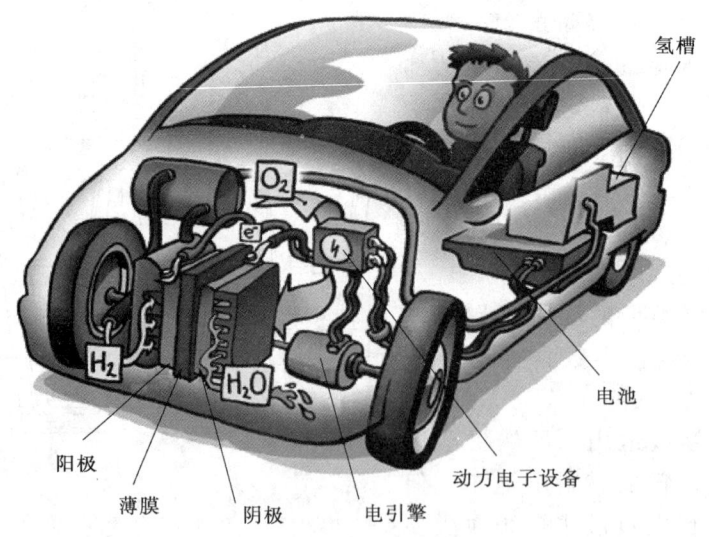

图6.19　一部燃料电池车的部件配置

图 6.20 丰田汽车的 Toyota FCHV PEMFC 燃料电池汽车

思 考 题

6-1 查阅相关资料,说说什么是新能源?电能属于新能源吗?

6-2 探讨化石燃料型能源为什么枯竭。

6-3 探讨燃料型能源还有哪些存在形式。

6-4 探讨非燃料能源有哪些,大自然中有哪些存在形式。

6-5 探讨新能源获取方式。

6-6 简述能源的未来发展趋势。

项目 7

实 训 项 目

任务 7.1 纯电动汽车试乘试驾

◎ 实训目标

通过对新能源汽车（以北汽 EV160 为例）的驾驶与乘坐，对新能源汽车的性能有基本的感性认知；在驾驶前的检查和操作过程中对新能源汽车结构有初步的认知，即能够与传统汽车在结构和性能上进行区别，为后续的学习打下基础。

在实操过程中让学员养成遵从"安全第一，预防为主"的意识，并且必须签署《试驾协议》，在驾驶过程中一定要遵守交通规则并服从教师的指挥。

◎ 实训内容

7.1.1 详细内容

（1）车辆充电口及前机舱内主要部件认知。

（2）仪表的识读。

（3）中控信息系统的使用。

（4）车辆的起动、正常行驶（D 模式、E 模式）、操控性能（转向、加速、制动）体验。

7.1.2 实训过程及记录

1. 机械表盘

（1）图 7.1 所示为驱动电机功率表。

1）0%～100%指示当前驱动电机输出的实际功率与可输出最大功率的比，功率数值越大表明当前车辆动力越强，否则反之。

2）功率表的绿色量程部分表示制动能量回收强度，即指针越靠近表盘底端表示制动能量回收强度越强。

（2）图 7.5 所示为车速表。车速表的指针所指向的位置指示了汽车当前的速度。可指示的范围为 0～160km/h。

2. 行车电脑显示屏

（1）行车电脑显示屏可显示多种不同的行车界面（表 7.1），通过按钮 A/B 调节切换。

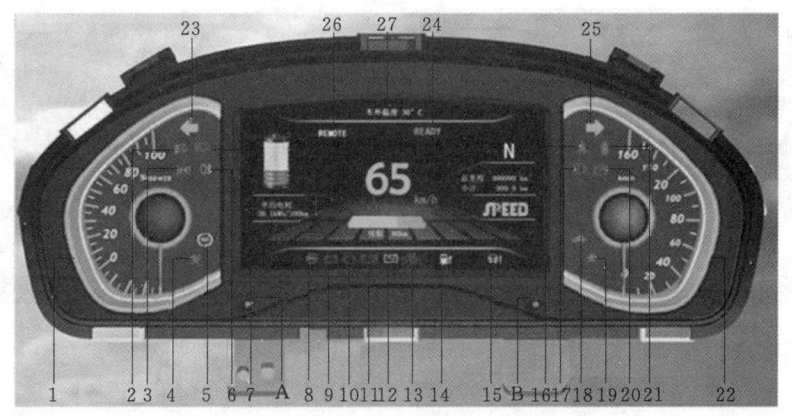

1	驱动电机功率表	2	前雾灯	3	示廓灯
4	安全气囊指示灯	5	ABS 指示灯	6	后雾灯
7	远光灯	8	跛行指示灯	9	蓄电池故障指示灯
10	电机及控制器过热指示灯	11	动力电池故障指示灯	12	动力电池断开指示灯
13	系统故障灯	14	充电提醒灯	15	EPS 故障指示灯
16	安全带未系指示灯	17	制动故障指示灯	18	防盗指示灯
19	充电线连接指示灯	20	手刹指示灯	21	门开指示灯
22	车速表	23/25	左/右转向指示灯	24	READY 指示灯
26	REMOTE 指示灯	27	室外温度提示		

图 7.1　机舱内部结构

表 7.1　　　　　　　显 示 屏 内 容

数字电压值	瞬时电耗	数字电流值	平均电耗
数字车速	保养里程	数字驱动电机转速值	

1）数字电流值。指示当前动力电池充放电的电流值，正值表示动力电池正在放电，负值表示动力电池正在自充电，如图 7.2 所示。

2）数字驱动电机转速值。指示当前驱动电机的转速，如图 7.3 所示。

3）数字电压值。指车辆动力电池的电压值，如图 7.4 所示。

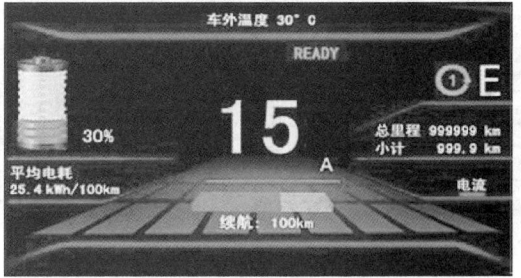

图 7.2　数字电流值

4）数字车速。与机械表盘车速指示值相同，表示当前车辆行驶速度，右侧显示 ⒿPEED 为 speed（速度）字样，如图 7.5 所示。

图 7.3 数字驱动电机转速值

图 7.4 数字电压值

5）瞬时电耗。指示车辆行驶时的瞬时电耗强度，从中间至两侧电耗依次增强，如图 7.6 所示。

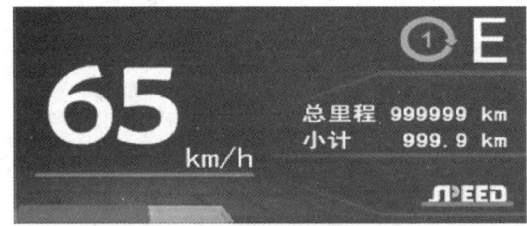

图 7.5 数字车速　　　　　　　　图 7.6 瞬时电耗

6）保养里程。仪表初次默认保养里程为 5000km，后续每 10000km 保养一次（图 7.7）。当距离车辆保养的里程数小于 150km 时，每次车辆打到 ON 挡时，行车电脑显示屏会显示文字提示"请保养车辆"，显示持续 5s，随后自动消除。提示：当仪表提示"请保养车辆"时，请尽快前往 4S 店进行车辆保养。仪表处于保养里程界面时，通过长按按钮 A 10s 可以复位保养里程至 10000km。

7）平均电耗。平均电耗指示车辆行驶时的平均耗电量，以"kW·h/100km"为单位，即度/100km，如图 7.8 所示。

图 7.7 保养里程　　　　　　　　图 7.8 平均电耗

提示：车辆刚起动的一段时间内，显示的电耗可能比较高，随着行车时间加长，平均电耗会趋于稳定。平均电耗可辅助驾驶员养成良好的驾车习惯。

图 7.9　电量表

（2）电量表（图 7.9）。电量表共分为 10 个格，每个格表示 10% 的电量。

当电量剩余 3 个格时显示为橙色；

当电量仅剩一格时，显示的段为红色，此时请尽快就近选择充电桩对车辆进行充电。

（3）按钮 A/B。仪表下端有两个按钮，从左至右分别称为按钮 A、按钮 B，其功能如下。

1）按钮 A，见表 7.2。

表 7.2　按钮 A 模式

当前显示模式	开关按住时间	开关放开后显示模式
平均电耗	$t<2s$	保养里程
保养里程	$t<2s$	平均电耗
	$t>10s$	保养里程复位至 10000km

2）按钮 B，见表 7.3。

表 7.3　按钮 B 模式

当前显示模式	开关按住时间	开关放开后显示模式
车速	$t<2s$	数字电压值
数字电压值	$t<2s$	数字电流值
数字电流值	$t<2s$	数字转速值
数字转速值	$t<2s$	瞬时电耗
瞬时电耗	$t<2s$	车速
任意模式	$t>3s$	小计清零
充电模式	$t<2s$	车辆充电信息

（4）续航里程。指示车辆当前电量可行驶的距离，仪表显示精度最小为 1km（图 7.10）。当续航里程显示为"——"且能量条消失时，可能是以下原因造成。

1）动力电池剩余电量过低，此时应缓慢行驶，并尽快对车辆进行充电。

图 7.10　续航里程

2）车辆刚打到 ON 挡时，此时车辆控制器开始计算续航里程，仪表会延时几秒后显示当前续航里程。

提示：续航里程会受驾驶方式、天气、温度、行车环境等数据影响。

（5）挡位显示。车辆挡位显示位于行车电脑液晶屏上，分别为 R、N、D、E 这 4 个挡位，其中 E 挡表示车辆处于制动能量回收状态，此时挡位左侧会出现图 7.11 所示，显示数字 1、2、3 表示当前能量回收的强度，表示此时制动能量回收功能已关闭。

(6) 总里程、小计里程。

1) 总里程是该车辆从出厂后开始的一切行驶里程的累积。不能通过按钮进行清零设置。总里程的数字有效位为 6 位，精度为 1km。显示范围为 0~999999km，当达到最大值时，会停留在 999999km，如图 7.12 所示。

图 7.11 挡位显示

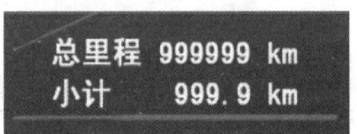

图 7.12 总里程、小计里程

2) 小计里程的数字有效位为 4 位，精度为 0.1km。显示范围为 0~999.9km，到达最大值时，会自动清零并重新开始计算小计里程。车辆停止时，小计里程停止计算。按下按钮 B（见按钮 A/B 介绍）的时间大于 3s 将使小计里程清零。

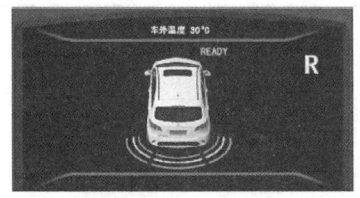

图 7.13 倒车雷达界面

3. 倒车雷达（选配）

在对配置有倒车雷达的车辆进行倒车时，行车电脑显示屏自动切换显示倒车雷达界面（图 7.13），可通过车尾的 3 条线判断障碍物的方位及大致距离。

4. 充电状态介绍

充电状态如图 7.14 所示。

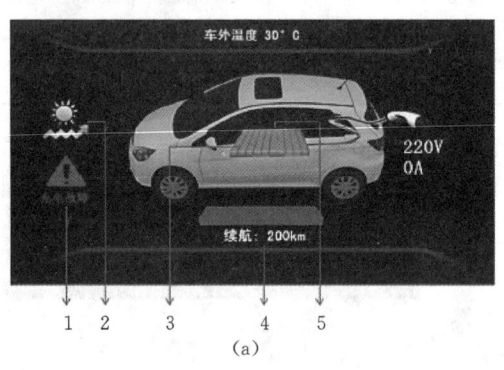

(a)

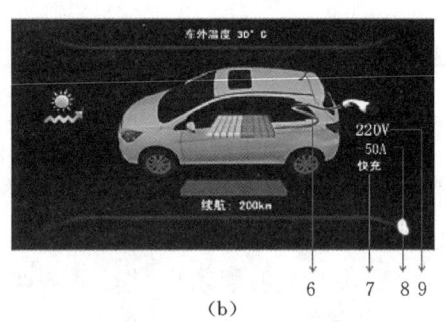

(b)

1	充电故障指示状态	2/5	动力电池正在加热①	3	电量
4	续航里程	6	充电动态电流	7	快慢充状态
8	充电电流②	9	动力电池电压		

图 7.14 充电状态

注：①图 7.14 所示 亮表示动力电池正在进行加热，此时图 7.14 中标号 5 所指动力电池外围会出现一层红色光晕。

②充电电流负值表示动力电池正在充电，正值表示动力电池正在放电。

(1) 车辆进入充电状态后，组合仪表的行车电脑显示屏自动点亮，显示当前充电信息，10s后屏幕熄灭，若再次需要查看充电信息，可通过以下方式点亮正处于充电状态的车辆组合仪表。

1) 通过按下按钮B可以再次点亮液晶屏，显示充电信息10s后熄灭，如此反复。

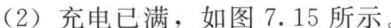

图7.15 充电已满显示

2) 按下遥控钥匙的闭锁键，远程操控点亮行车电脑显示屏，10s后自动熄灭，如此反复。

(2) 充电已满，如图7.15所示。

动力电池电量充满后，行车电脑显示屏自动点亮，蜂鸣器鸣叫，提示电量已充满，10s后屏幕熄灭。

(3) 充电故障，如图7.16所示。

充电过程中车辆出现故障，行车电脑显示屏自动点亮，充电故障指示灯点亮，蜂鸣器鸣叫，提示10s后熄灭。

注：此时应立刻联系汽车4S店专业维修人员，切勿擅自对车辆进行拆卸。

5. 文字显示区域

图7.17圈示处为文字显示区域，默认显示室外温度，当出现提示信息或故障信息时，室外温度信息将会被替换。可显示的信息参考表7.4。

图7.16 充电故障

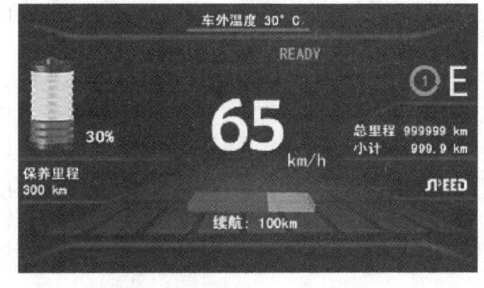

图7.17 文字显示区域

6. 故障信息显示

警告灯及文字提示，见表7.4。

表7.4 警告灯及文字提示

序号	名称	显示位置	符号	颜色	显示文字	点亮条件	处理方式
1	安全带未系	表盘		红色	请系安全带	当车辆处于ON状态，驾驶员安全带未系或者乘客安全带未系且乘客座有人或重物时	在驾驶员安全带未系时点亮；在配置副驾驶座椅传感器的车辆上若副驾驶坐人或有重物，且安全带未系时报警

序号	名称	显示位置	符号	颜色	显示文字	点亮条件	处理方式
2	安全气囊	表盘		红色		当车辆处于 ON 状态，且安全气囊发生故障时	如果报警灯没有按照所述的方式显示及熄灭，或在行驶过程中报警灯显示，表示系统有故障。应当尽快送至授权服务商检查
3	车身防盗	表盘		红色		车身防盗开启后	
4	蓄电池报警灯	显示屏		红色	蓄电池故障	蓄电池电压高/低故障或 DC/DC 故障	如果指示灯持续点亮，或在行驶过程中点亮，表示蓄电池充电系统发生故障，应立即安全停车并与授权服务商联系
5	门开报警	表盘		红色		驾座门/乘客门/行李箱任意门开启时	
6	ABS	表盘		黄色		车辆 ABS 系统发生故障时	如果指示灯持续点亮，或在行驶过程中点亮，表示 ABS 系统发生故障，应立即安全停车并与授权服务商联系
7	前雾灯	表盘		绿色		前雾灯打开	
8	后雾灯	表盘		黄色		后雾灯打开	
9	前照灯远光	表盘		蓝色		远光灯打开	
10	左转向	表盘		绿色		左转向打开	
11	右转向	表盘		绿色		右转向打开	
12	EBD	表盘		红色	EBD 故障	车辆 EBD 系统发生故障时	如果指示灯持续点亮，或在行驶过程中点亮，表示 EDB 系统发生故障，应立即安全停车并与授权服务商联系
	制动液位				请添加制动液	车辆制动液位低时	如果指示灯持续点亮，且有相应文字提示时，请尽快前往授权服务商处添加制动液
13	制动系统故障				制动系统故障	车辆制动系统发生故障时	如果指示灯持续点亮，或在行驶过程中点亮，表示 ABS 系统发生故障，应立即安全停车并与授权服务商联系

续表

序号	名称	显示位置	符号	颜色	显示文字	点亮条件	处理方式
14	手刹制动	表盘		红色		手刹拉起时	
15	充电提示灯	显示屏		黄色	请尽快进行充电	充电提醒：电量小于30%时指示灯点亮；在电量低于10%时，提示"请尽快充电"	如果指示灯点亮，表示动力蓄电池电量不足，有可能不能满足驾驶里程的需求，需要尽快进行充电
16	系统故障	显示屏		红色		仪表与整车失去通信时，指示灯持续闪烁；车辆出现一级故障时，指示灯持续点亮	如果指示灯持续闪烁或点亮，表示车辆目前出现较为严重的故障，应立即安全停车并与授权服务商联系
		显示屏		黄色		车辆出现二级故障时，指示灯持续点亮	如果指示灯持续点亮，表示车辆目前出现故障，应立即安全停车并与授权服务商联系
17	充电提示灯	表盘		红色	请连接充电枪	车辆进入充电准备状态时，仪表文字提示"请连接充电枪"；车辆充电枪连接后，该指示灯点亮	
18	READY指示灯	显示屏	READY	绿色		车辆准备就绪时	
19	跛行指示灯	显示屏		红色	车辆进入跛行状态	车辆被限制车速时或被限制输出功率时	如果指示灯持续点亮，表示车辆目前出现故障，应立即安全停车并与授权服务商联系
20	EPS故障	显示屏		黄色	EPS系统故障	EPS系统发生故障时	如果指示灯持续点亮，或在行驶过程中点亮，表示转向系统发生故障，应立即安全停车并与授权服务商联系
21	挡位故障	显示屏	N	—		挡位故障触发后，当前挡位持续闪烁	如果指示灯持续点亮，或在行驶过程中点亮，表示挡位系统发生故障，应立即安全停车并与授权服务商联系
22	电机冷却液温度过高	显示屏		红色	电机冷却液温度过高	当电机或电机控制器温度过高而引起冷却液温度过高时	如果指示灯持续点亮，或在行驶过程中点亮，表示电机冷却液温度过高，应立即安全停车等待温度下降并与授权服务商联系

续表

序号	名称	显示位置	符号	颜色	显示文字	点亮条件	处理方式
23	电机转速过高	文字提示区域	—	—	电机转速过高	当电机转速过高时	如果文字提示区域显示该文字,请尽量缓慢踩踏加速踏板,避免电机转速过高对车辆造成损坏,若持续显示此文字,应立即安全停车并与授权服务商联系
24	请尽快离开车内	文字提示区域	—	—	请尽快离开车内	当遇到电池严重故障时	请立即安全停车并离开车厢,然后与授权服务商联系
25	动力电池断开	显示屏		黄色		当车辆动力电池断开时	如果指示灯持续点亮,应立即与授权服务商联系
26	动力电池故障	显示屏		红色	动力电池故障	当车辆动力电池发生故障时	如果指示灯持续点亮,或在行驶过程中点亮,表示动力电池系统发生故障,应立即安全停车并与授权服务商联系
27	示廓灯	表盘		绿色		当示廓灯打开时	
28	绝缘故障	文字提示区域	—	—	绝缘故障	当车辆发生绝缘系统故障时	如果文字提示区域显示该报警文字,应立即安全停车并与授权服务商联系
29	驱动电机系统故障	文字提示区域	—	—	驱动电机系统故障	当车辆驱动电机系统发生故障时	如果文字提示区域显示该报警文字,应立即安全停车并与授权服务商联系
30	车身控制模块故障	文字提示区域	—	—	车身控制模块故障	当车辆车身控制模块发生故障时	如果文字提示区域显示该报警文字,应立即安全停车并与授权服务商联系

7. 车辆驾乘体验

图 7.18 换挡面板

挡位指示位于旋钮式电子换挡面板上。整车上电后,背景灯点亮,如图 7.18 所示。

(1) 选择前进挡 D。在换挡之前,请先踩制动踏板;否则挡位选择无效。将换挡旋钮旋至 D 挡位置。此时字母 D 显示为冰蓝色。其余未选中挡位字母为白色。

(2) 选择倒挡 R。在选择倒挡前,请确保车辆处于静止状态。然后踩下制动踏板,将旋钮旋至 R 挡位置。此时字母 R 显示为冰蓝色。其余未选中挡位字母为白色。

(3) 前进挡经济模式 E。在换挡之前,请先踩制动踏板;否则挡位选择无效。将旋钮旋至 E 挡位置。此时字母 E 显示为冰蓝色。其余未选中挡位字母为白色。

(4) 选择空挡 N。在选择空挡前,确保车辆处于静止状态。

(5) 辅助按键 E+和 E-。位于换挡旋钮左侧,其在 E 挡有效;

E+表示制动能量回收强度增加,最大为3挡;E−表示制动能量回收强度减小,最小为1。

换挡注意事项如下。

车辆静止时,驾驶员进行换挡操作必须同时踩下制动踏板才能换挡成功。如果驾驶员换挡时未踩下制动踏板,仪表显示当前换挡旋钮的物理挡位并进行闪烁,此时驾驶员需要换至N挡,重新进行换挡操作。

车辆运行中,当车速低于5km/h并不为0时,驾驶员进行换挡操作,从D-R挡、E-R挡,或者从R-D挡、R-E挡不需要踩制动踏板。当车速高于5km/h时,从D-R挡、E-R挡,或者从R-D挡、R-E挡,仪表显示当前挡位位置并闪烁,整车不响应油门需求。

驾驶时的注意事项如下。

• 在驾驶过程中,请勿将手放置在换挡旋钮上,手的压力可能导致换挡机构的过早磨损。

• 起动车辆前请确认旋钮处于N挡位置。

• 在车辆运行过程中请勿换挡。

任务7.2 高压用电及规范

实训目标

在《新能源汽车高压安全防护》的理论指导下,按照安全作业规范和流程进行实车的上电、下电操作实习,通过实践与理论的结合增强学生的用电安全意识和操作技能的提高,为后续的车辆整车拆装、车辆的维修工作打下基础。

在实操过程中让学员养成维修电动汽车始终要保证"安全第一,预防为主"的意识且必须在工作时穿戴好必要的绝缘安全用具,掌握放电工装的使用方法及对工作场地应采取的安全措施和设置技能。

(1)学员能够了解专用护具的用途,并在教师的指导下正确使用,避免出现安全事故。

(2)学员能够了解专用工具的作用,并在教师的指导下正确操作。

(3)学员能够判断实操场地是否符合安全操作规范、要求。

实训内容

7.2.1 详细内容

(1)专用绝缘护具、绝缘工具的使用说明。

(2)高压部分的断电与上电。

7.2.2 实操步骤

(1)绝缘手套/皮手套用前检查与操作中的使用注意事项,如图7.19所示。

扫一扫

 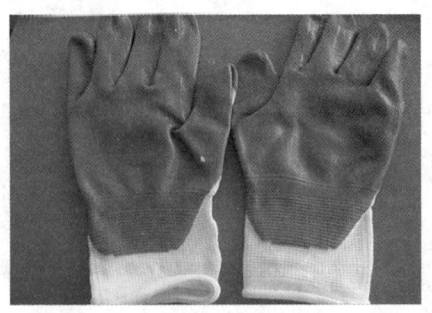

图 7.19　绝缘手套/皮手套

(2) 绝缘帽/绝缘鞋用前检查与操作中的使用注意事项，如图 7.20 所示。

图 7.20　绝缘帽/绝缘鞋

(3) 标识牌/遮拦的安放位置，如图 7.21 所示。

图 7.21　警示标识与围拦

(4) 护目镜的用前检查与操作中的使用注意事项，如图 7.22 所示。

(5) 绝缘垫的用前检查与操作中的使用注意事项，如图 7.23 所示。

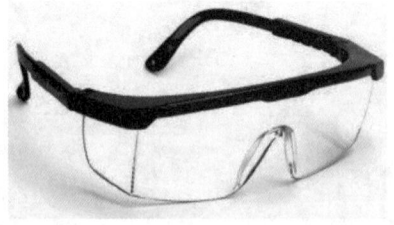 

图 7.22　护目镜　　　　　　　　图 7.23　绝缘垫

（6）绝缘工具的用前检查与操作中的使用注意事项，如图7.24所示。
（7）放电工装的用前检查与操作中的使用注意事项，如图7.25所示。

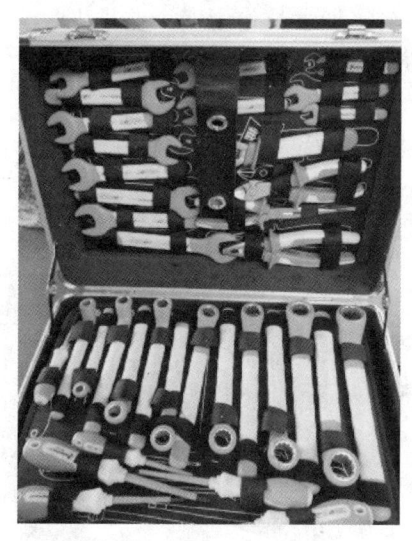
图7.24　高压维修工具箱

图7.25　放电工装

7.2.3　注意事项

请务必按照老师的指导，合理使用防护用品及专业工具，并严格按老师示范动作操作，做到安全、正确，并防止造成实操总成及车辆的损坏。

7.2.4　工具准备及卫生要求

（1）警示标志、警示隔离带、遮拦。
（2）绝缘手套（等级1000V/300A以上）、皮手套、绝缘帽、绝缘鞋、防护镜。
（3）绝缘专用工具。
（4）汽车专业万用表。
（5）纯电动汽车1辆。
（6）根据实训室要求完成6s工作（整理、整顿、清扫、清洁、安全、素养）。

任务7.3　纯电动汽车制动系统拆装

实训目标

学员能够指认机舱内制动系统部件安装位置。学员通过拆解电动真空泵了解内部结构。通过分组讨论、展示、交流、提高，学员对新能源纯电动汽车的制动系统明确认识。

实训内容

7.3.1　详细内容

（1）拆装真空泵控制器。

(2) 拆解真空泵。

7.3.2 实训过程及记录

(1) 实操前需安置两侧遮拦并增添1~2名培训学员作为安全监护人。

(2) 填写上电、断电操作单（实操人员原则上持有电工证）。

(3) 将所有充电口用黄黑色胶带封住。

(4) 关闭点火开关，拆掉12V蓄电池负极，等待5min以上，将车辆举升。

(5) 真空泵控制器拆装（图7.26）。拔下真空泵与控制器连接的线束插头，拧下固定真空泵控制器的螺栓，取下真空泵控制器。

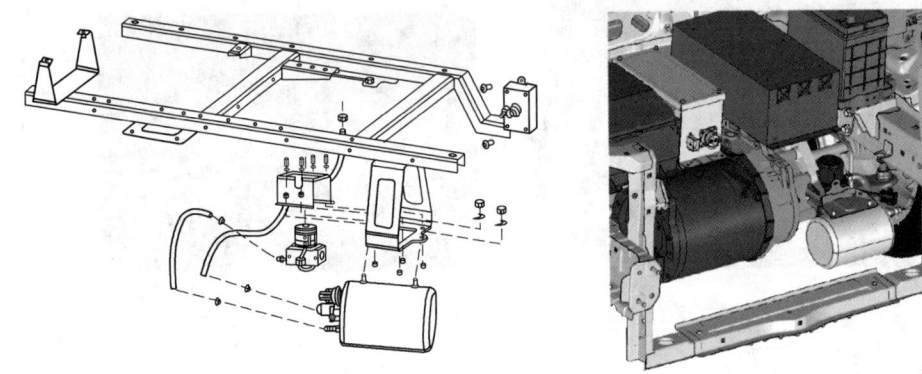

图7.26 真空泵控制器位置

(6) 制动真空泵拆装。拆下卡箍，拔下制动真空泵连接软管，拔掉电动真空泵电源连接线，拧下电动真空泵固定螺栓，取下电动真空泵，如图7.27所示。

图7.27 拆下的真空泵
①—卡箍；②—制动真空连接软管

(7) 真空罐拆装。拆卸制动真空泵，拆下卡箍，拔下真空泵与真空罐的连接软管，拔掉真空罐压力传感器连接插头，松开固定真空罐的3个螺栓，取下真空罐。

7.3.3 注意事项

(1) 请务必按照教师的指导，合理使用防护用品及专业工具，并严格按教师示范动作操作，做到安全、正确，并防止造成实操总成及车辆的损坏。

(2) 严禁用煤油、汽油、酒精等对泵体做非拆卸的清洗。

(3) 电动真空泵必须水平安放，出气口及抽气口垂直于地表。

(4) 在拆卸或安装时轻拿轻放，不允许锤打、敲击。

(5) 真空泵、管路须经常保持清洁，不得有杂物。

(6) 检查管接头是否漏气并及时杜绝。

7.3.4 工具准备及卫生要求

(1) 警示标志、警示隔离带、遮拦。

(2) 绝缘手套（等级1000V/300A以上）、皮手套、绝缘帽、绝缘鞋、防护镜。

(3) 绝缘专用工具。

(4) 汽车专业万用表。

(5) 纯电动汽车1辆或真空泵1套。

(6) 根据实训室要求完成6s工作（整理、整顿、清扫、清洁、安全、素养）。

任务7.4 纯电动汽车紧急维修开关

实训目标

学员能够找到检修开关的安装位置，并能正确地拆卸与安装。通过对检修开关的拆卸安装操作，为后续高压部分及系统的维修打下基础。

实训内容

7.4.1 详细内容

(1) 拆下检修开关。

(2) 安装检修开关。

7.4.2 实训过程及记录

(1) 实操前需安置两侧遮拦并增添1~2名培训学员作为安全监护人。

(2) 填写上电、断电操作单（实操人员原则上持有电工证）。

(3) 将所有充电口用黄黑色胶带封住。

(4) 关闭点火开关，拆掉12V蓄电池负极，等待5min以上。

(5) 找到检修开关在车辆上的位置，因车型不同检修开关的位置是不一样的（图7.28），并拆除后排座椅和地板胶。

(6) 实操学员需佩戴绝缘手套并穿绝缘鞋。

(7) 拆除检修开关遮板，解除检修开关锁扣并拔下检修开关（图7.29），注意检修开关锁分两级，在拆装过程中避免使开关损坏。

图 7.28 打开检修开关

(8) 收好车辆钥匙和检修开关（图 7.30），锁入主修人工具箱。

(9) 遮拦上与检修开关处安置警告标识牌。

7.4.3 注意事项

请务必按照教师的指导，合理使用防护用品及专业工具，并严格按教师示范动作操作，做到安全、正确，并防止造成实操总成及车辆的损坏。

7.4.4 工具准备及卫生要求

(1) 警示标志、警示隔离带、遮拦。

(2) 绝缘手套（等级 1000V/300A 以上）、皮手套、绝缘帽、绝缘鞋、防护镜。

(3) 绝缘专用工具。

图 7.29 拆除检修开关遮板

图 7.30 检修开关

(4) 汽车专业万用表。

(5) 纯电动汽车 1 辆或教学实训台架。

(6) 不同类型电动汽车检修开关 2～3 个。

(7) 根据实训室要求完成 6s 工作（整理、整顿、清扫、清洁、安全、素养）。

任务 7.5　动力电池组拆装与维护

实训目标

能够指认动力电池包安装位置、连接固定方法，拆装方法与工具。能够正确使用电池托架拆装动力电池，拆装过程中避免出现安全事故。能够正确分解动力电池，通过观察、测量了解动力电池内部单体电池的组合方式，内部控制器识别及部件安装位置。

> 实训内容

7.5.1 实训内容

（1）应按分解顺序进行，拆下的螺母、垫圈、螺栓，勿使其错乱散失；或分别放置，以利装复。

（2）没有规定拆卸和解体的总成、部件、组件等，不应拆卸；不能拆卸的零件，不应强行拆卸。

（3）正确使用工具，注意扭力扳手的扭力值的设定与手册一致及受力方向。

7.5.2 实训过程及记录

（1）动力电池整体拆卸（E150EV纯电动汽车在实训室两柱举升机工位上进行）。

1）实操前需安置两侧遮拦并增添1~2名学员作为安全监护人。

2）填写上电、断电操作单（实操人员原则上持有电工证）。

3）将所有充电口用黄黑色胶带封住。

4）关闭点火开关，拆掉12V蓄电池负极，等待5min以上。

5）在后座椅前中间地胶处找到检修开关（图7.31）（不同车型检修开关的形状及安装位置是不一样的）。

图 7.31 检修开关必须拔出

6）实操学员需佩戴绝缘手套并穿绝缘鞋。

7）拆除检修开关遮板，解除检修开关锁扣并拔下检修开关，注意检修开关锁分两级，在拆装过程中避免开关损坏。

8）收好车辆钥匙和检修开关，锁入主修人工具箱。

9）遮拦上与检修开关处安置警告标识牌。

10）将E150EV纯电动车开入举升机工位，举升至工作高度，推入电池举升托架，连接压缩空气软管至电池拆装托架，升起托架对准动力电池，托架举升高度以轻微接触动力电池即可（防止举升过高，会使车辆倾斜或有脱落危险）。

11）断开动力电池外接线束（高压及低压控插头），利用放电套装确认电池高压端无电压。

12）利用绝缘工具依次拆下动力电池固定螺栓，将动力电池落在电池拆装托架上，电池托架降到最低点（确保电池稳定、安全），电池拆装托架及电池拉出车下，如图7.32所示。

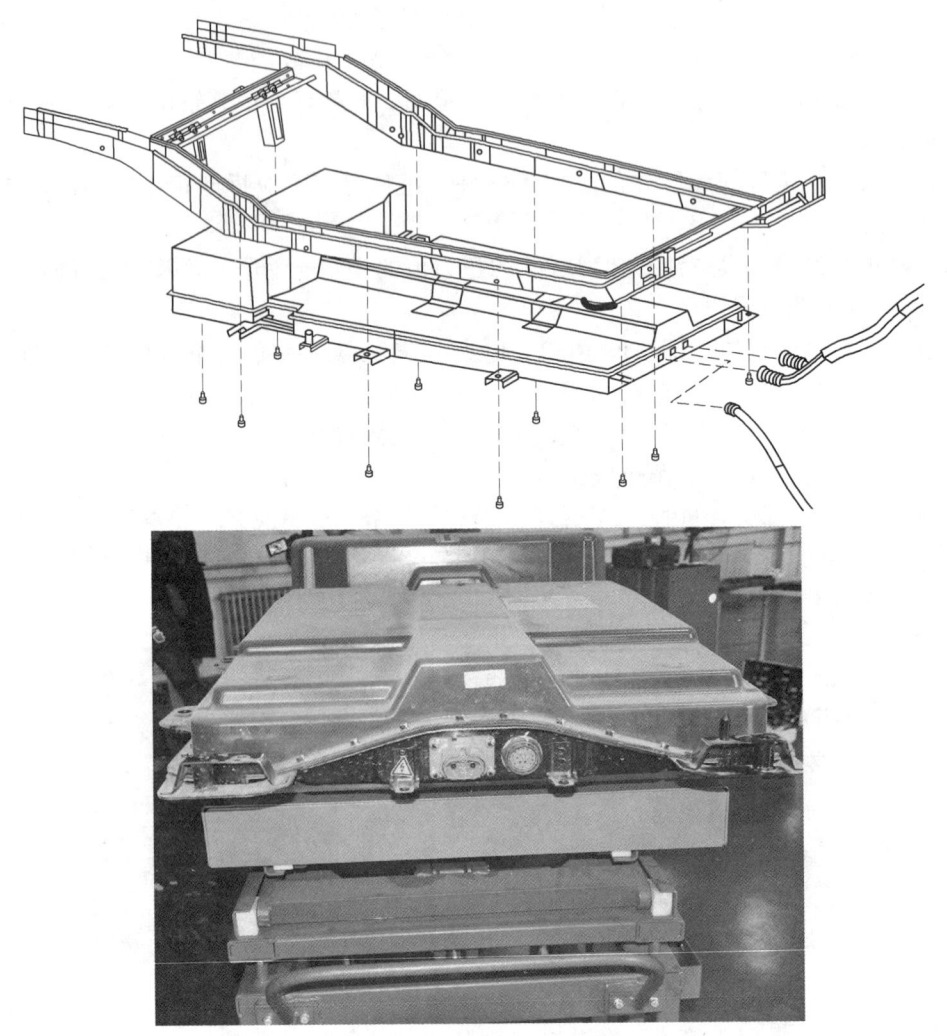

图7.32　拆下动力电池组

（2）动力电池分解。

根据手册要求按顺序拆卸动力电池外壳外圈及检修开关周围紧固螺栓，向上抬起电池上盖（注意切勿触碰内部高压线束）拆开动力电池，如图7.33所示。

7.5.3　注意事项

（1）请务必按照教师的指导，合理使用防护用品及专业工具，并严格按教师示范动作操作，做到安全、正确，并防止造成实操总成及车辆的损坏。

（2）遵守操作规程和合理的拆卸顺序，保持作业场地的清洁和整齐。

（3）动力电池拆卸时，人员应合理分工，保证有条不紊地工作。

（4）拆卸时不要造成零件的损伤，并充分考虑到拆卸后的装配工作。

图 7.33　动力电池分解

(5) 设置安全隔离，并放置安全警示牌，检查并穿戴个人安全防护用品。

(6) 检查并调校设备仪器，检查绝缘用工具，实施车辆防护。

(7) 检查举升机，检查动力电池举升车，检测绝缘垫对地绝缘性能。

7.5.4　工具准备及卫生要求

(1) 警示标志、警示隔离带、遮拦。

(2) 绝缘手套（等级 1000V/300A 以上）、皮手套、绝缘帽、绝缘鞋、防护镜。

(3) 绝缘专用工具。

(4) 汽车专业万用表。

(5) 北汽纯电动汽车 1 辆或教学实训台架。

(6) 动力电池举升机 1 台。

(7) 根据实训室要求完成 6s 工作（整理、整顿、清扫、清洁、安全、素养）。

任务 7.6　纯电动汽车空调结构认知

◎实训目标

学员能够指认机舱内电动空调压缩机及驾驶室内 PTC 加热器安装位置及高压线束连接关系。学员通过拆解电动空调压缩机了解内部结构。通过分组讨论、展示、交流、提高，学员对新能源纯电动汽车的空调系统明确认识。

◎实训内容

7.6.1　详细内容

(1) 拆装纯电动汽车空调系统。

(2) 拆装 PTC 加热器。

7.6.2 实训过程及记录

(1) 实操前需安置两侧遮拦并增添 1、2 名学员作为安全监护人。

(2) 填写上电，断电操作单（实操人员原则上持有电工证）。

(3) 将所有充电口用黄黑色胶带封住。

(4) 关闭点火开关，拆掉 12V 蓄电池负极，等待 5min 以上。

(5) 拆装 PTC 加热器。

(6) 驾驶室内将仪表台下左右前挡板从副仪表骨架总成中撬出（图 7.34 所示为左侧拆挡板的步骤，右侧拆挡板方法相同）。

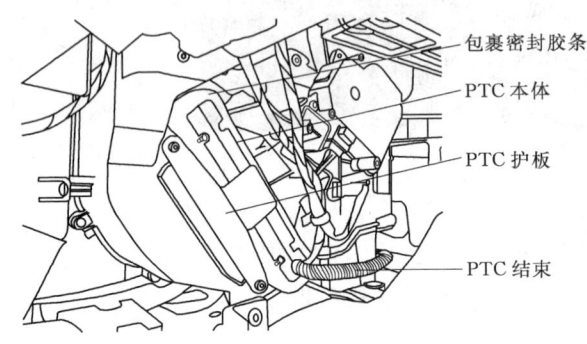 

图 7.34 PTC 结构

(7) 拔掉 PTC 高压接插件。注意：在断开高压 5min 之后，并使用万用表确认无高压后进行。

(8) 拔掉 PTC 低压接插件，将 PTC 护板固定螺钉拧下，断开前机舱 PTC 加热器插头，将线束经防火墙线孔抽入驾驶室内，拆下仪表台中下左侧 PTC 安全防护搭铁线，拆下护板抽出 PTC 本体送至拆解台。

提示：小心 PTC 温度，防止烫伤。

(9) 拆卸电子空调压缩机，将冷媒回收充填机高低压管连接空调系统高低压快速接头，起动冷媒回收功能，吸出空调系统冷媒。

(10) 拔下压缩机高压连接线及低压控制线。

注意：在断开高压 5min 之后，并使用万用表确认无高压后进行。

(11) 将车辆举升。

(12) 拧下空调管路固定螺栓，从压缩机上分离吸入管（A）和排放管（B），分离管路后应立刻堵住或盖住开放口，以防止受到湿气或灰尘污染，如图 7.35 所示。

(13) 拆下 3 条压缩机固定螺栓，拆卸压缩机，如图 7.36 所示。

(14) 在拆解工作台拆解电子压缩机，如图 7.37 所示。

7.6.3 注意事项

(1) 请务必按照教师的指导，合理使用防护用品及专业工具，并严格按教师示范动作操作，做到安全、正确，并防止造成实操总成及车辆的损坏。

(2) 维修空调系统时，应保持环境和工具整洁。

(3) 维修 PTC 系统前，必须断开蓄电池负极电缆。

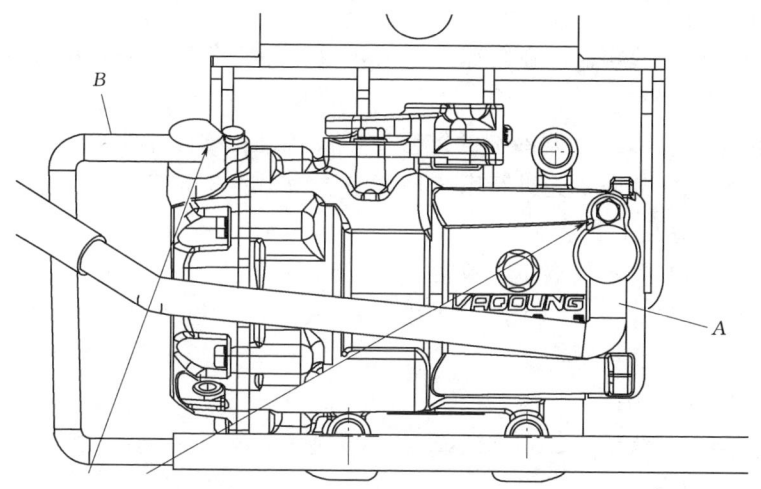

图 7.35 吸入管（A）和排放管（B）

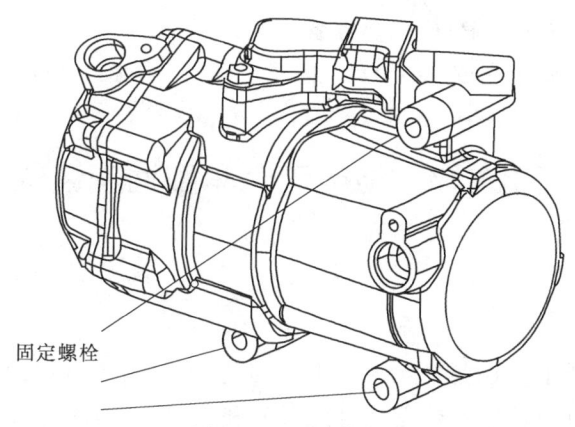

固定螺栓

图 7.36 固定螺栓

图 7.37 电子压缩机拆解

（4）进行制冷剂相关操作时，做好人身安全防护，避免接触、吸入制冷剂。

（5）禁止将制冷剂直接排放到大气中，应使用专用设备进行回收，并根据相关规定处理废旧制冷剂。

（6）装有制冷剂的容器应在阴凉处存放，避免存放在阳光照射及高温区域，以免发生膨胀爆裂。

（7）应使用 R-134a 型制冷剂的维修专用设备进行维修作业。

（8）在加注制冷剂前，先进行系统抽真空，为 15～30min。

7.6.4　工具准备及卫生要求

（1）警示标志、警示隔离带、遮拦。

（2）绝缘手套（等级 1000V/300A 以上）、皮手套、绝缘帽、绝缘鞋、防护镜。

（3）绝缘专用工具。

（4）汽车专业万用表。

（5）北汽纯电动汽车（E150EV 或 EV200 纯电动车）一辆或教学实训台架。

（6）空调压力表。

（7）冷媒回收充填机。

（8）电动空调压缩机、PTC 加热器各 1 个。

（9）根据实训室要求完成 6s 工作（整理、整顿、清扫、清洁、安全、素养）。

任务 7.7　纯电动汽车数据流读取

◎ 实训目标

汽车数据流是指电子控制单元（ECU）与传感器和执行器交流的数据参数通过诊断接口，由专用诊断仪读取的数据，且随时间和工况而变化。数据的传输就像排队一样，一个一个通过数据线流向诊断仪。

汽车电子控制单元中所记忆的数据流，真实地反映了各传感器和执行器的工作电压和状态，为汽车故障诊断提供了依据，数据流只能通过专用诊断仪器读取。汽车数据流可作为汽车 ECU 的输入/输出数据，使维修人员随时可以了解汽车的工作状况，及时诊断汽车的故障。读取汽车数据流可以检测汽车各传感器的工作状态，并检测汽车的工作状态，通过数据流还可以设定汽车的运行数据。

（1）学员能够运用北汽故障诊断程序，并能正确地对北汽 EV160 进行数据流读取。

（2）通过对北汽 EV160 进行数据流读取操作，为检测与维修新能源汽车打下基础。

◎ 实训内容

7.7.1　详细内容

使用故障诊断仪读取数据流。

7.7.2 实训过程及记录

(1) 完成连接 OBD 接口的正确连接。

(2) 打开故障诊断程序。

(3) 读取数据流。

1) 驱动系统 MCU 数据流读取，如图 7.38 所示。

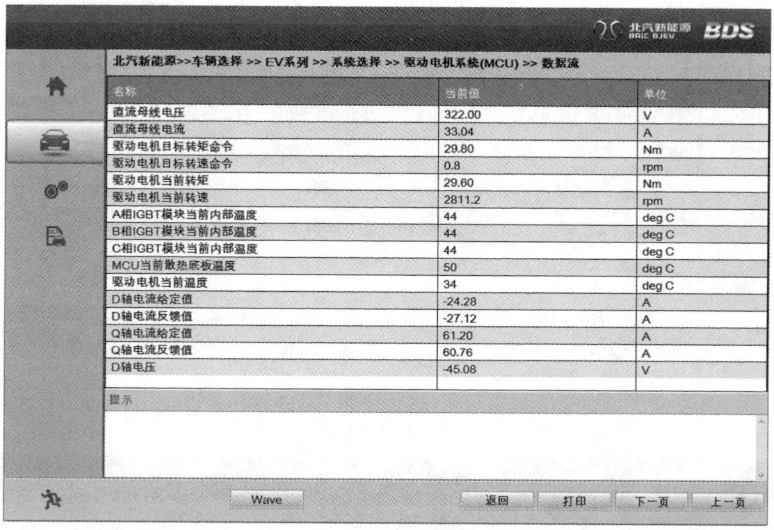

名称	当前值	单位
直流母线电压	322.00	V
直流母线电流	33.04	A
驱动电机目标转矩命令	29.80	Nm
驱动电机目标转速命令	0.8	rpm
驱动电机当前转矩	29.60	Nm
驱动电机当前转速	2811.2	rpm
A相IGBT模块当前内部温度	44	deg C
B相IGBT模块当前内部温度	44	deg C
C相IGBT模块当前内部温度	44	deg C
MCU当前散热底板温度	50	deg C
驱动电机当前温度	34	deg C
D轴电流给定值	-24.28	A
D轴电流反馈值	-27.12	A
Q轴电流给定值	61.20	A
Q轴电流反馈值	60.76	A
D轴电压	-45.08	V

图 7.38 数据流读取

2) 动力电池状态数据流，如图 7.39 所示。

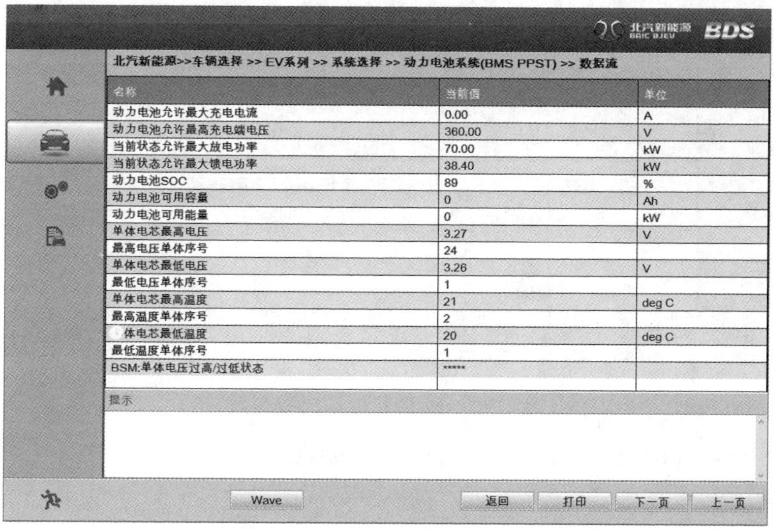

名称	当前值	单位
动力电池允许最大充电电流	0.00	A
动力电池允许最高充电端电压	360.00	V
当前状态允许最大放电功率	70.00	kW
当前状态允许最大馈电功率	38.40	kW
动力电池SOC	89	%
动力电池可用容量	0	Ah
动力电池可用能量	0	kW
单体电芯最高电压	3.27	V
最高电压单体序号	24	
单体电芯最低电压	3.26	V
最低电压单体序号	1	
单体电芯最高温度	21	deg C
最高温度单体序号	2	
体电芯最低温度	20	deg C
最低温度单体序号	1	
BSM:单体电压过高/过低状态	*****	

图 7.39 动力电池状态数据流

3) 整车控制器 (VCU) 数据流，如图 7.40 所示。

4) 远程监控系统 (RMS) 数据流，如图 7.41 所示。

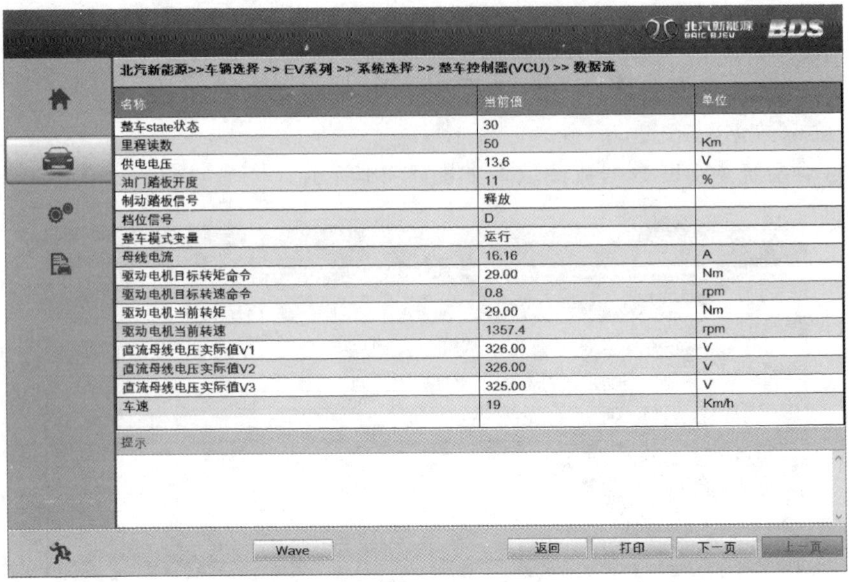

北汽新能源>>车辆选择 >> EV系列 >> 系统选择 >> 整车控制器(VCU) >> 数据流

名称	当前值	单位
整车state状态	30	
里程读数	50	Km
供电电压	13.6	V
油门踏板开度	11	%
制动踏板信号	释放	
档位信号	D	
整车模式变量	运行	
母线电流	16.16	A
驱动电机目标转矩命令	29.00	Nm
驱动电机目标转速命令	0.8	rpm
驱动电机当前转矩	29.00	Nm
驱动电机当前转速	1357.4	rpm
直流母线电压实际值V1	326.00	V
直流母线电压实际值V2	326.00	V
直流母线电压实际值V3	325.00	V
车速	19	Km/h

图 7.40　整车控制器数据流

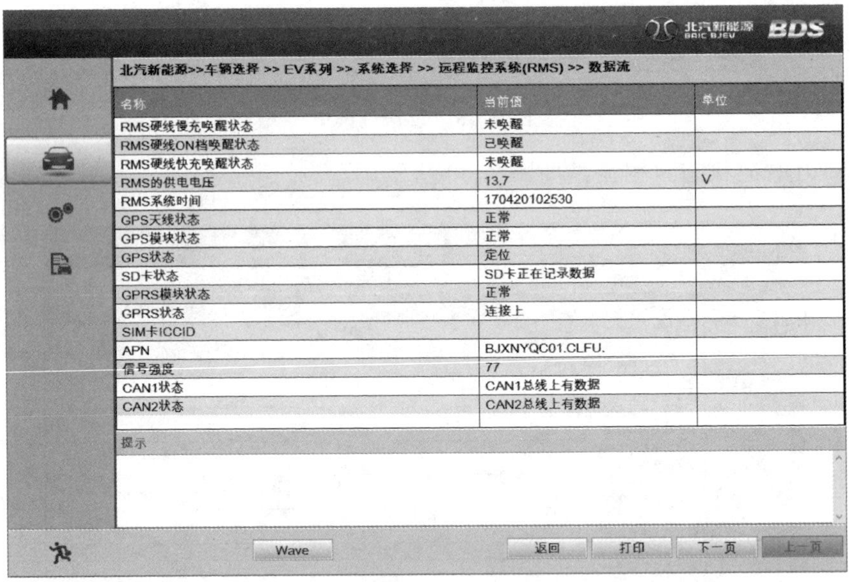

北汽新能源>>车辆选择 >> EV系列 >> 系统选择 >> 远程监控系统(RMS) >> 数据流

名称	当前值	单位
RMS硬线慢充唤醒状态	未唤醒	
RMS硬线ON档唤醒状态	已唤醒	
RMS硬线快充唤醒状态	未唤醒	
RMS的供电电压	13.7	V
RMS系统时间	170420102530	
GPS天线状态	正常	
GPS模块状态	正常	
GPS状态	定位	
SD卡状态	SD卡正在记录数据	
GPRS模块状态	正常	
GPRS状态	连接上	
SIM卡ICCID		
APN	BJXNYQC01.CLFU.	
信号强度	77	
CAN1状态	CAN1总线上有数据	
CAN2状态	CAN2总线上有数据	

图 7.41　远程监控系统数据流

5）组合仪表（ICM）数据流，如图 7.42 所示。

7.7.3　注意事项

请务必按照教师的指导，合理使用防护用品及专业工具，并严格按教师示范动作操作，做到安全、正确，并防止造成实操总成及车辆的损坏。

7.7.4　工具准备及卫生要求

（1）北汽纯电动汽车（E150EV 或 EV200 纯电动车）1 辆。

图 7.42　组合仪表数据流

(2) 专用故障诊断仪及接口。
(3) 根据实训室要求完成 6s 工作（整理、整顿、清扫、清洁、安全、素养）。

任务 7.8　纯电动汽车充电

○ 实训目标

纯电动汽车充电是电动汽车使用过程中必不可少的环节，充电快慢影响着电动车使用者出行的规律。根据电动车动力电池组的技术特性和使用性质，可存在着不同充电模式。通过对新能源汽车（以北汽 EV160 为例）的正确充电，对纯电动汽车的充电过程有基本的认知。

(1) 车辆充电口及前机舱内主要部件认知。
(2) 交流/直流充电枪的接口的识读。
(3) 交流/直流充电桩的正确使用。
(4) 正确完成车辆的充电连接与刷卡充电。

○ 实训内容

7.8.1　详细内容

(1) 车辆充电口及前机舱内主要部件。
(2) 交流/直流充电枪的充电口针脚含义。
(3) 正确使用交流/直流充电桩。
(4) 比较交流/直流电充电的差别。

7.8.2 实训过程及记录

(1) 快/慢充电口位置和充电口盖板起动。快速和慢速充电口分别位于车辆前格栅 LOGO 和左后方处；快充充电口盖板开启直接摁住前格栅 LOGO 右侧内平面即可开启；慢充充电盖板开启手柄位于驾驶员座椅左下方（图 7.43）。将纯电动汽车断电以后，打开充电口盖，此时电机转速表上的充电指示灯点亮。此时，车辆在打到"ON"挡时也不会行驶。

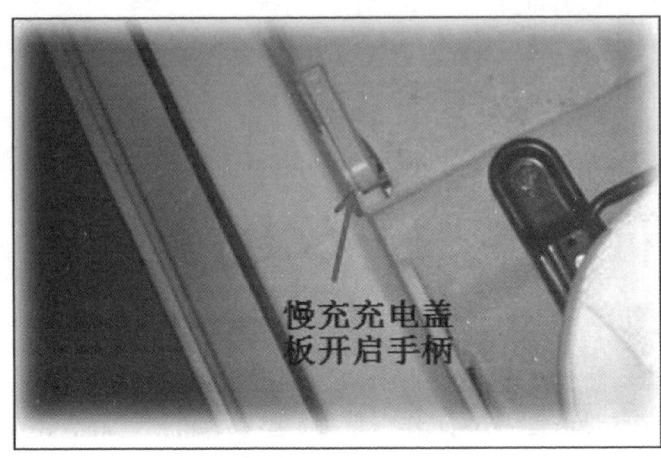

图 7.43　慢充充电盖板手柄

充电过程中电机转速表中的充电指示灯一直处于点亮状态，只有拔下充电插头并关闭充电门板之后，充电指示灯才会熄灭。

(2) 选择合适的充电线。

1) 公用充电线。随车标配一根交流充电桩用交流充电线（公用充电线），放在车内后备箱中的收纳袋中，如图 7.44 所示。

2) 家用充电线。非标配，请与北汽特约售后服务中心联系购买，如图 7.45 所示。

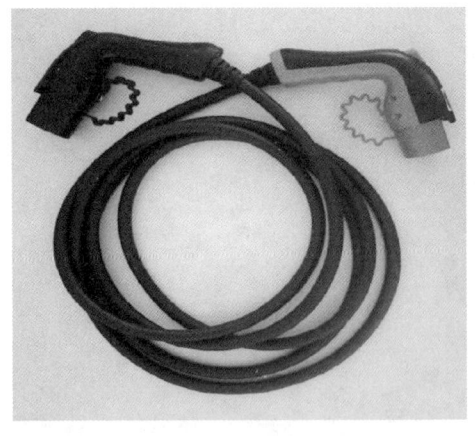 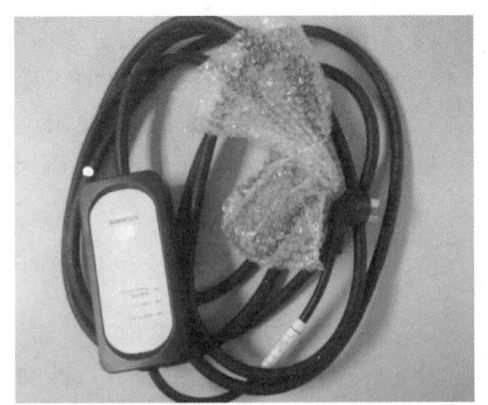

图 7.44　交流充电桩用慢速充电线　　　图 7.45　家用慢速充电线

（3）将充电插头与车辆上的充电插座进行连接。将充电插头的另一端与充电桩上的充电插座进行连接，刷卡后，车载充电机将开始对动力电池包充电。或者将家用插头插入 220V/16A 的插座进行充电。

7.8.3 注意事项

（1）由于动力电池的特性以及检测精度的问题，有时动力电池包充至满电状态时，SoC 表的指针并未指示在 100%，这个指示的范围可能是在 98%～100%。所以，可以认为当 SoC 表的指针指示在 98% 以上时（包括 98%），动力电池包已经充满电。

（2）在充完电拔下充电接头以后，如果没有及时查看 SoC 表的充电状态，而是过了几个小时或者更长的时间才进行查看，这时由于动力电池的特性，SoC 表指针可能指示在 98% 以下，这并不意味着动力电池包出现了故障。

（3）动力电池包的可用能量会随着使用时间的延长而逐步衰减。如果动力电池包的使用时间已经很长，充满电时 SoC 表指针也不会指示在 100% 附近。

（4）动力电池包充电过程中，电池管理系统会自动控制充电电流的大小，当动力电池包充至满电状态时，电池管理系统会自动终止对动力电池包的充电。

（5）当环境温度太低时，插上充电接头以后，电池管理系统会自动先对电池包进行加热，当温度合适以后才对电池包进行充电。

7.8.4 工具准备及卫生要求

（1）警示标志、警示隔离带、遮拦。
（2）绝缘手套（等级 1000V/300A 以上）、皮手套、绝缘帽、绝缘鞋、防护镜。
（3）交/直流充电枪各 2 个。
（4）北汽纯电动汽车 2 辆或教学实训台架。
（5）交/直流充电桩各 1 个。
（6）根据实训室要求完成 6s 工作（整理、整顿、清扫、清洁、安全、素养）。

任务 7.9　混合动力汽车试乘试驾

◎ 实训目标

通过对新能源汽车（以卡罗拉双擎为例）的驾驶与乘坐，对新能源汽车的性能有基本的感性认知；在驾驶前的检查和操作过程中对新能源汽车结构有初步的认知，即能够与传统汽车在结构和性能上进行区别，为后续的学习打下基础。

◎ 实训内容

7.9.1 详细内容

（1）车辆充电口及前机舱内主要部件认知。
（2）仪表的识读。
（3）中控信息系统的使用。

(4) 车辆的起动、正常行驶以及不同工况下的体验。

7.9.2 实训过程及记录

(1) 正常起动汽车（一键起动），熟悉中控台与操作界面等，如图7.46和图7.47所示。

图7.46 仪表信息

图7.47 中控显示（一键起动）

(2) 不同驱动模式下的车辆驾驶体验（车辆由电机驱动时、由汽油发动机和电机驱动时、由汽油发动机驱动时、车辆给混合动力蓄电池充电时、无能量流时等），并记录。

7.9.3 注意事项

在实操过程中让学员养成遵从"安全第一，预防为主"的意识，且必须签署《试驾协议》，在驾驶过程中一定遵守交通规则并服从教师的指挥。

7.9.4 工具准备及卫生要求

(1) 警示标志、警示隔离带、遮拦。
(2) 汽车专业万用表。

(3) 混合动力汽车 1~2 辆。

(4) 根据实训室要求完成 6s 工作（整理、整顿、清扫、清洁、安全、素养）。

任务 7.10　混合动力汽车数据流读取

◎ 实训目标

通过对新能源汽车（以卡罗拉双擎为例）主体结构认知以及数据流读取，完成对混合动力汽车的诊断，且对其有个初步的认知；能够与传统汽车在结构和性能上进行区别，为后续的学习打下基础。

◎ 实训内容

7.10.1　详细内容

（1）使用丰田 GTS 对卡罗拉读取数据流。

（2）GTS 的正确使用。

（3）诊断系统的正确操作。

（4）车辆的起动、正常行驶不同工况下数据流读取。

7.10.2　实训过程及记录

（1）完成卡罗拉汽车与故障诊断仪的硬件连接，并单击 Techstream 软件进入 GTS 系统，如图 7.48 所示。

图 7.48　进入 GTS 系统

（2）选择与车辆连接，读取相应的车辆动态数据流，如图 7.49 所示。

7.10.3　注意事项

请务必按照教师的指导，合理使用防护用品及专业工具，并严格按教师示范动作

参数	值	单位	参数	值	单位
MIL Status	OFF		Bank2-Sensor 4 present at that location	OFF	
Number of diagnosis codes	0		Oxygen Sensor Output Voltage(B1-S2)	0.095	V
Fuel system 1 status	—		Short Term Fuel Trim(B1-S2)	99.2	%
Fuel system 2 status	—		OBD requirements	EOBD	
Calculated load value	0.0	%	Distance when MIL is ON	0	km
Engine coolant temperature	53	C	Commanded Evaporative Purge	0	%
Short Term Fuel Trim – Bank 1	0.0	%	Barometric Pressure	101	kPa(abs)
Long Term Fuel Trim – Bank 1	-7.9	%	Control module voltage	14.3	V
Manifold absolute pressure	100	kPa(abs)	Air Flow Rate from Mass Air Flow Sensor	0.18	g/s
Engine revolution speed	0.0	rpm	Time Since Engine Start	235	sec
Vehicle speed	0	km/h	Equivalence Ratio(lambda)(B1-S1)	1.033	
Ignition timing advance	5.0	degrees	Oxygen Sensor Voltage(B1-S1)	3.519	V
Intake air temperature	29	C	Number of warm-ups since diagnostic trouble codes cleared	1	
Abs. throttle position SSR	15.6	%	Distance since diagnostic trouble codes cleared	0	km
Bank1-Sensor 1 present at that location	ON		Equivalence Ratio (lambda) (B1-S1)	1.032	
Bank1-Sensor 2 present at that location	ON		Oxygen Sensor Current (B1-S1)	0.08	mA
Bank1-Sensor 3 present at that location	OFF		Catalyst Temperature Bank 1, Sensor 1	474	C
Bank1-Sensor 4 present at that location	OFF		Catalyst Temperature Bank 1, Sensor 2	347	C
Bank2-Sensor 1 present at that location	OFF		Absolute Load Value	0.0	%
Bank2-Sensor 2 present at that location	OFF		Commanded Equivalence Ratio	0.927	
Bank2-Sensor 3 present at that location	OFF		Relative Throttle Position	0.0	%
			Absolute Throttle Position B	47.4	%
			Commanded Throttle Actuator Control	15.6	%

图 7.49 数据流的读取（了解每一项的含义）

操作，做到安全、正确，并防止造成实操总成及车辆的损坏；学员携带驾照。

7.10.4 工具准备及卫生要求

（1）北汽纯电动汽车（E150EV 或 EV200 纯电动车）1 辆。

（2）专用故障诊断仪及接口。

（3）根据实训室要求完成 6s 工作（整理、整顿、清扫、清洁、安全、素养）。

扫一扫

附　　录

1. 电动汽车标准体系

标准代号	标准名称	标准内容及适用范围
GB/T 19596—2004	电动汽车术语	规定了电动汽车相关的术语及其定义，适用于电动汽车整车，电机及控制器，蓄电池及充电机
GB/T 4094.2—2005	电动汽车的操纵件，指示器及信号装置的标志	规定了电动汽车特有的关于操纵件，指示器及信号装置的识别标志和信号装置显示颜色的基本要求，适用于电动汽车
GB/T 19836—2005	电动汽车用仪表	规定了电动汽车仪表的类别和一般要求，适用于电动汽车仪表
GB/T 18385—2005	电动汽车动力性能试验方法	规定了纯电动汽车的加速特性、最高车速及爬坡能力等的试验方法，适用于纯电动汽车
GB/T 18386—2005	电动汽车能量消耗率和续驶里程试验方法	规定了能量消耗率和续驶里程的试验方法，适用于纯电动汽车
GB/T 18388—2005	电动汽车定型试验规程	规定了纯电动汽车新产品设计定型试验的实施条件、试验项目、试验方法、判定依据和试验报告的内容，适用于纯电动汽车
GB/T 18387—2008	电动车辆的电磁场发射强度的限值和测量方法，宽带为 9kHz～30MHz	规定了纯电动车辆在频率范围 9kHz～30MHz 的磁场和电厂的辐射发射的限制及测量方法，以及在频率范围 450kHz～30MHz 的传导发射的限值和测量方法，传导放射测量仅适用于车载电池充电系统，其开关频率应在 9kHz 以上，能量通过金属导体传输，传导发射技术的要求仅适用于通过交流电源线对电池充电过程期间
GB/T 24552—2009	电动汽车风窗玻璃除霜、除雾系统的性能要求及试验方法	规定了电动汽车风窗玻璃除霜、除雾系统的性能要求及试验方法，适用于降霜、除雾系统使用动力电池作为动力源的 M1 类纯电动汽车
GB/T 24347—2009	电动汽车 DC/DC 变换器	规定了电动汽车 DC/DC 变换器的要求、试验方法、检验规则、标志、包装、运输、储存等，适用于电动汽车动力源系统用 DC/DC 变换器
GB/T 838—2010	超级电容电动城市客车	规定了超级容量电动城市客车的术语和定义、型号、要求、试验方法、检验规则、标志、运输和保管，适用于采用超级电容器作为动力电源或以超级电容器作为主要动力源的各种电动城市客车
GB/T 283282—2012	纯电动乘用车技术条件	规定了 5 座及以下的纯电动乘用车的术语和定义、技术要求和试验方法，适用于使用动力蓄电池驱动的纯电动乘用车

续表

标准代号	标准名称	标准内容及适用范围
GB/T 925—2013	超级电容电动城市客车定型试验规程	规定了超级电容电动城市客车新产品定型的实施条件、试验项目、试验方法、评定依据、试验程序以及试验报告等内容，适用于采用超级电容器作为动力电源或以超级电容器作为主要动力电源的电动城市客车
GB/T 31498—2015	电动汽车碰撞后安全要求	规定了带有B级电压电路的纯电动汽车、混合动力电动汽车正面碰撞、侧面碰撞后的特殊安全要求和试验方法，适用于带有B级电压电路的纯电动汽车、混合动力电动汽车
GB/T 31466—2015	电动汽车高压系统电压等级	规定了电动汽车高压系统的直流电压等级要求，分别144V、288V、320V、345V、400V和576V；适用于混合动力电动汽车、插电式混合动力电动汽车和纯电动汽车
GB/T 18384.1—2015	电动汽车安全要求第1部分：车载可充电储能系统	规定了电动汽车B级电压驱动电路系统的车载可充电储能系统的要求，从而确保车辆内部、外部人员以及车辆环境的安全；适用于车载驱动系统的最大工作电压是B级电压的电动汽车
GB/T 18384.2—2015	电动汽车安全要求第2部分：操作安全和故障防护	针对电动汽车所特有的危险规定了操作安全和故障预防的要求，以保护车辆的内外的人员的安全，适用于车载驱动系统的最大工作电压是B级电压的电动汽车
GB/T 18384.3—2015	电动汽车安全要求第3部分：人员触电防护	规定了电动汽车电力驱动系统和传导连接的辅助系统（如果有），防止车内及车外人员触电的要求，适用于车载驱动系统的最大工作电压是B级电压的电动汽车

2. 动力电池的标准

标准代号	标准名称	标准内容及适用范围
QC/T 742—2006	电动汽车用铅酸蓄电池	规定了电动汽车用铅酸蓄电池的要求、试验方法、检验范围、标志、包装、运输和储存；适用于电动汽车用铅酸蓄电池
QC/T 743—2006	电动汽车用锂离子蓄电池	规定了电动汽车用锂离子蓄电池的要求、试验方法、检验范围、标志、包装、运输和储存；适用于电动汽车用标称电压单体3.6V和模块的锂离子蓄电池
QC/T 744—2006	电动汽车用金属氢化物镍蓄电池	规定了电动汽车用密封金属氢化物镍蓄电池的要求、试验方法、检验范围、标志、包装、运输和储存；适用于电动汽车用标称电压单体1.2V和模块的密封金属氢化物镍蓄电池
QC/T 840—2010	电动汽车用动力蓄电池产品规格尺寸	规定了电动汽车用金属氢化物镍动力蓄电池和锂离子动力蓄电池单体及模块的规格及外形尺寸；适用于电动汽车用金属氢化物镍动力蓄电池和锂离子动力蓄电池单体及模块

续表

标准代号	标准名称	标准内容及适用范围
QC/T 897—2011	电动汽车用电池管理系统技术条件	规定了电动汽车用电池管理系统的术语与定义、要求、试验方法、检验规则、标志、运输和储存；适用于电动汽车动力蓄电池管理系统
QC/T 989—2014	电动汽车用动力蓄电池箱通用要求	规定了电动汽车用电力蓄电池系统中蓄电池箱的一般要求、安全要求、机械强度、外观与尺寸、耐环境要求、组装要求、试验方法、检验范围、标志、包装、运输和储存；适用于车载充电的蓄电池箱和快换方式的蓄电池箱
QC/T 741—2014	车用超级电容器	规定了电动道路车辆用超级电容器的要求、试验方法、检验范围、标志、包装、运输和储存；适用于电动道路车辆用超级电容器单体和模块
QC/T 18333.2—2015	电动汽车用锌空气电池	规定了电动汽车用锌空气电池术语和定义、符号、要求、试验方法、检验范围、标志、包装、运输和储存；适用于以机械更换式作为能量补充方式的电动汽车用锌空气电池
QC/T 31484—2015	电动汽车用动力蓄电池循环寿命要求及试验方法	规定了电动汽车用动力蓄电池的标准循环寿命的要求、试验方法、检验规则，以及工况循环寿命的试验方法、检验规则；适用于装载在电动汽车上的动力蓄电池
QC/T 31485—2015	电动汽车用动力蓄电池安全要求及试验方法	规定了电动汽车用动力蓄电池的安全要求、试验方法、检验范围；适用于装载在电动汽车上的锂离子蓄电池和金属氢化物镍蓄电池单体及模块，其他类型蓄电池参照执行
QC/T 31486—2015	电动汽车用动力蓄电池电性能要求及试验方法	规定了电动汽车用动力蓄电池的电性能要求、试验方法、检验规则；适用于装载在电动汽车上的锂离子蓄电池和金属氢化物镍蓄电池单体及模块，其他类型蓄电池参照执行
QC/T 31487.1—2015	电动汽车用锂离子动力蓄电池包和系统第1部分：高功率应用测试规程	规定了电动汽车用高功率锂离子动力蓄电池包和系统电性能的测试方法；适用于装载在电动汽车上，主要以高功率应用为目的的锂离子动力蓄电池包和蓄电池系统，以高功率应用为目的的金属氢化物镍动力蓄电池包和系统等参照执行
QC/T 31487.2—2015	电动汽车用锂离子动力蓄电池包和系统第2部分：高能量应用测试规程	规定了电动汽车用高功率锂离子动力蓄电池包和系统电性能测试方法；适用于装载在电动汽车上，主要以高能量应用为目的的锂离子动力蓄电池和蓄电池系统，以高能量应用为目的的金属镍化物镍动力蓄电池包和系统等参照执行
QC/T 31487.3—2015	电动汽车用锂离子动力蓄电池和系统第3部分：安全性要求与测试方法	规定了电动汽车用锂离子动力蓄电池包和系统安全性的要求和测试方法；适用于装载在电动汽车上的锂离子动力蓄电池包和系统，金属氢化物镍动力蓄电池包和系统等可参照执行
QC/T 893—2011	电动汽车用驱动电机系统故障分类及判断	规定了电动汽车用驱动电动机系统故障的确认原则、确认模式和故障分类；适用于各类电动汽车用驱动电机系统

续表

标准代号	标准名称	标准内容及适用范围
QC/T 896—2011	电动汽车用驱动电机系统接口	规定了电动汽车用驱动电机系统的电气接口型式、信号定义，对驱动电机系统的机械接口做了通用性的规定；适用于电动汽车用驱动电机系统
QC/T 29307—2012	电动汽车用驱动电机系统可靠性试验方法	规定了电动汽车用驱动电机系统在台架上的一般可靠性试验方法，其中包括可靠性试验负荷规范及可靠性评定方法；适用于最终动力输出为电机单独驱动或电机和发动机联合驱动的电动汽车用驱动电机系统
GB/T 18488.1—2015	电动汽车用驱动电机系统第1部分：技术条件	规定了电动汽车用驱动电动机系统的工作制、电压等级、型号命名、要求、检验规则以及标志与标识等；适用于电动汽车用驱动电机系统、驱动电机、驱动电机控制器
GB/T 18488.2—2015	电动汽车用驱动电机系统第2部分：试验方法	规定了电动汽车用驱动电动机系统试验用的仪器仪表、试验准备及各项试验方法；适用于电动汽车用驱动电机系统、驱动电机、驱动电机控制器

3. 充换电设施标准

标准代号	标准名称	标准内容及适用范围
NB/T 33001—2010	电动汽车非车载传导式充电机技术条件	规定了电动汽车用非车载传导式充电机的基本构成、功能要求、技术要求、试验方法、检验规则及标识；适用于采用传导式充电方式的电动汽车用非车载充电机
NB/T 33002—2010	电动汽车交流充电机技术条件	规定了电动汽车交流充电桩基本构成、功能需求、技术要求、试验项目、产品资料等方面的要求，适用于采用传导式充电的充电桩选型、配置和检验
QC/T 895—2011	电动汽车车载传导式充电机技术条件	规定了电动汽车传导式车载充电机的基本构成、参数、要求、试验方法、检验规则及标志、包装、运输和储存；适用于纯电动汽车和可外接充电的混合动力电动汽车用的车载充电机
GB/T 29316—2012	电动汽车充换电设施电能质量技术要求	规定了电动汽车充换电设施电能质量相关标准及检测的要求，适用于电动汽车充换电设施，包括交流充电桩以及充换电站
GB/T 29317—2012	电动汽车充换电设施术语	规定了电动汽车充换电设施相关的术语及其他定义；适用于采用传导充电方式的电动汽车充电换设施
GB/T 29318—2012	电动汽车非车载充电机电能计量	规定了电动汽车非车载充电机计量用直流电能计量装置的配置安装要求、技术要求、试验方法和检验规则，规定了充电机计量技术要求；适用于充电机的电能计量
GB/T 28569—2012	电动汽车交流充电桩电能计量	规定了电动汽车交流充电桩电能计量的技术要求及电能计量装置的配置安装要求、试验方法和检验规则；适用于交流充电桩的电量计量
GB 29303—2012	用于Ⅰ类和电池供电车辆的可开闭保护接地移动式剩余电流装置（SPE-PRCD）	规定了SPE-PRCD的分类、特性、标志和产品资料，使用和安装的标准工作条件、结构和操作的要求试验；适用于与具有Ⅰ类和电池充电装置的电动车辆一起使用的移动式装置

续表

标准代号	标准名称	标准内容及适用范围
GB/T 29781—2013	电动汽车充电站通用要求	规定了电动汽车充电站的选址原则、供电系统、充电系统、监控系统、电量计量、行车道、停车位、安全要求、标志和标识；适用于采用整车充电方式为电动汽车动力蓄电池电池进行传导方式充电的充电站
GB/T 29772—2013	电动汽车电池更换站通用技术要求	规定了电动汽车电池更换站建设类型、选址、供电系统、充电与电池更换系统、监控系统、行车道和停车位、土建、安全和消防、标志与标识；适用于电动汽车电池更换站
NB/T 33004—2013	电动汽车充换电设施工程施工和竣工验收规范	规定了电动汽车充换电设施工程施工规范、竣工验收标准等；适用于新建、扩建和改建的电动汽车充换电设施的工程施工和竣工验收
NB/T 33005—2013	电动汽车充电站及电池更换监控系统技术规范	规定了电动汽车充电站及电池更换站监控系统组成、功能要求及技术指标；适用于电动汽车充电站及电池更换站监控系统
NB/T 33006—2013	电动汽车电池箱更换设备通用技术要求	规定了电动汽车电池箱更换设备的型式、基本参数、技术要求、试验、检验规则、标识、包装、运输等内容；适用于电动汽车电池箱更换设备
NB/T 33007—2013	电动汽车充电站/电池更换站监控系统与充换电设备通信协议	规定了电动汽车充电站/电池更换站内监控系统与充换电设备通信的接口和报文规范；适用于电动汽车充电站和电池更换监控系统
NB/T 33008.1—2013	电动汽车充电设备检验试验规范第1部分：非车载充电机	规定了电动汽车非车载充电机试验条件、检验仪器、检验规则、检验项目、试验方法；适用于充电机型式试验、出厂检验、到货验收等
NB/T 33008.2—2013	电动汽车充电设备检验试验规范第2部分：交流充电桩	规定了电动汽车交流充电桩试验条件、检验仪器、检验规则、检验项目、试验方法；适用于交流充电桩型式试验、出厂检验、到货验收等
NB/T 33009—2013	电动汽车充换电设施建设技术导则	规定了电动汽车充换电设施建设应遵循的基本技术原则，适用于电动汽车充换电设施的建设，包括交流充电桩、充电站、电池更换站和电池配送中心等
GB 50966—2014	电动汽车充换电站设计规范	规定了电动汽车充电站规模及站址选择、充电系统、供配电系统、电能计量、监控及通信系统等；适用于采用整车充电模式的电动汽车充电站的设计

4. 充电接口标准

标准代号	标准名称	标准内容及适用范围
GB/T 18487.1—2015	电动汽车传导充电系统第1部分：通用要求	规定了电动汽车传导系统分类、通信要求、电击保护、电动汽车和供电设备之间的连接、车辆接口和供电接口的特殊要求、供电设备站结构要求、性能要求、过载保护和短路保护、急停、使用条件、维修和标识及说明；适用于为电动汽车非车载传导充电的电动汽车供电设备，包括交流充电桩、非车载充电机、电动汽车充电用连接装置等。其供电电源额定电压和额定输出电压最大值为1000V AC 或1500V DC

续表

标准代号	标准名称	标准内容及适用范围
GB/T 20234.1—2015	电动汽车传导充电连接装置第1部分：通用要求	规定了电动汽车传导充电用连接装置的定义、要求、试验方法和检验规则；适用于电动汽车传导式充电用的充电连接装置，其交流额定电压不超过690V，频率为50Hz，额定电流不超过250A；直流额定电压不超过1000V，额定电流不超过400A
GB/T 20234.2—2015	电动汽车传导充电用连接装置第2部分：交流充电接口	规定了电动汽车传导充电用交流充电接口的通用要求、功能定义、型式结构、参数和尺寸；适用于电动汽车传导充电用的交流充电接口，其额定电压不超过交流440V，频率为50Hz，额定电流不超过交流63A
GB/T 20234.3—2015	电动汽车传导充电用连接装置第3部分：治理充电接口	规定了电动汽车传导充电用直流充电接口的通用要求、功能定义、型式结构、参数和尺寸；适用于充电模式4及连接方式C的车辆接口，其额定电压不超过直流1000V，额定电流不超过直流250A
GB/T 27930—2015	电动汽车非车载传导式充电机与电路管理系统之间的通信协议	规定了电动汽车非车载传导式充电机与电池管理系统之间基于控制器局域的通信管理层、数据线路层及应用层的定义；适用于采用传导式充电方式的电动汽车非车载充电机与电池管理系统之间的通信协议，也适用于充电机与具有充电控制功能的车辆单元之间的通信

参 考 文 献

[1] 李占江. 纯电动汽车传动系统冲击抑制控制 [D]. 吉林大学，2016.
[2] 徐凯. 纯电动汽车整车控制系统研究和设计 [D]. 太原理工大学，2016.
[3] 贾燕红. 基于 ADVISOR 的纯电动汽车动力性匹配设计及仿真研究 [D]. 长安大学，2015.
[4] 杜爽. 双能量源纯电动汽车能量管理关键技术的研究 [D]. 吉林大学，2015.
[5] 杨文兴. 纯电动汽车动力系统匹配设计与仿真研究 [D]. 兰州理工大学，2014.
[6] 彭金雷. 纯电动汽车整车控制策略研究 [D]. 华南理工大学，2013.
[7] 苏利阳，王毅，陈茜，等. 未来中国纯电动汽车的节能减排效益分析 [J]. 气候变化研究进展，2013（4）：284-290.
[8] 周翎霄，宁晓斌，谢伟东. 纯电动汽车液压再生制动能量回收系统的研究 [J]. 机电工程，2013（6）：664-668.
[9] 周飞鲲. 纯电动汽车动力系统参数匹配及整车控制策略研究 [D]. 吉林大学，2013.
[10] 庄幸，姜克隽. 我国纯电动汽车发展路线图的研究 [J]. 汽车工程，2012（2）：91-97.
[11] 吴建荣. 纯电动汽车远程监控系统设计及故障诊断方法研究 [D]. 吉林大学，2011.
[12] 张翔. 纯电动汽车整车控制器进展 [J]. 汽车电器，2011（2）：1-5.
[13] 钱科军，周承科，袁越. 纯电动汽车与电网相互关系的研究现状（英文）[J]. 电网与清洁能源，2010，(11)：1-7.
[14] 汪贵平. 纯电动汽车驱动与制动能量回收控制策略研究 [D]. 长安大学，2009.
[15] 黎林. 纯电动汽车用锂电池管理系统的研究 [D]. 北京交通大学，2009.
[16] 杨峰，傅俊. 纯电动汽车经济性比较与分析 [J]. 武汉理工大学学报（信息与管理工程版），2009（2）：286-288，296.
[17] 汪学明. 纯电动汽车传动系统参数优化的仿真研究 [D]. 吉林大学，2009.
[18] 张文亮，武斌，李武峰，等. 我国纯电动汽车的发展方向及能源供给模式的探讨 [J]. 电网技术，2009（4）：1-5.
[19] 李斌花. 纯电动汽车电机驱动系统控制策略研究 [D]. 湖南大学，2005.
[20] [德] Erik Eckermann. 从蒸汽机到汽车（交通机动化）[M]. 孙伟，译. 北京：电子工业出版社，2006.
[21] 余卫平，李明高. 现代车辆新能源与节能减排技术 [M]. 北京：机械工业出版社，2014.
[22] 宁国宝，余卓平. 创新中的中国新能源乘用车 [M]. 北京：人民交通出版社，2019.
[23] 陈萍. 并联混合动力汽车动力总成控制策略的仿真研究 [D]. 吉林大学，2007.
[24] 胡洪祥. 驱动工况的 ISG 型混合动力汽车控制策略研究 [D]. 重庆大学，2006.
[25] 李斌花. 纯电动汽车电机驱动系统控制策略研究 [D]. 湖南大学，2005.
[26] 王鹏宇. 混合动力汽车复式制动系统的设计与性能仿真 [D]. 吉林大学，2005.
[27] 詹迅. 轻度混合动力汽车再生制动系统建模与仿真 [D]. 重庆大学，2005.
[28] 吴伟岸. 混合动力汽车动力系统参数选择及匹配研究 [D]. 合肥工业大学，2005.
[29] 蒲斌. 混合动力汽车参数设计及电机控制系统仿真 [D]. 重庆大学，2003.
[30] Abdul Rauf Bhatti, Zainal Salam, Mohd Junaidi Bin Abdul Aziz, Kong Pui Yee, Ratil H. Ashique, Electric vehicles charging using photovoltaic: Status and technological review [J]. Renewable and Sustainable Energy Reviews, Volume 54, February, 2016：34-47.

[31] 周晓敏, 马后成, 高大威. 基于 SiC 和 Si 器件的燃料电池汽车 DC/DC 变换器的性能 [J]. 汽车安全与节能学报, 2017 (1): 79-86.

[32] 余本善, 孙乃达, 焦姣. 储能技术与产业现状及发展趋势 [J]. 石油科技论坛, 2017 (1): 57-61, 67.

[33] 付亦凡. 燃料电池汽车车载氢气安全的分析及探索 [J]. 时代汽车, 2017 (4): 48, 50.

[34] 刘树德. 燃料电池汽车混合动力系统设计与控制策略研究 [D]. 青岛理工大学, 2015.

[35] 李建秋, 方川, 徐梁飞. 燃料电池汽车研究现状及发展 [J]. 汽车安全与节能学报, 2014 (1): 17-29.

[36] 毛宗强, 甘颖. 氢燃料电池汽车新进展 [J]. 太阳能, 2012 (8): 17-22.

[37] Alexander Farmann, Dirk Uwe Sauer A comprehensive review of on – board State – of – Available – Power prediction techniques for lithium – ion batteries in electric vehicles [J]. Journal of Power Sources, Volume 329, 15 October 2016: 123-137.

[38] Yilmaz M, Krein P T. Review of battery charger topologies, charging power levels, and infrastructure for plug – in electric and hybrid vehicles [J]. IEEE Trans Power Electron, 2013, 28: 2151-69.

[39] https://buildyourownelectricvehicle.wordpress.com.

[40] Jufer Marcel. Electric Drives [M]. John Wiley & Sons Ltd, Great Britain & United States, 2010.

[41] Joseph Beretta. Automotive Electricity: Electric Drives [M]. John Wiley & Sons Ltd, Great Britain & United States, 2010.

[42] Mohan Ned. Advanced Electric Drives: Analysis, Control, and Modeling Using MATLAB Simulink [M]. John Wiley & Sons Ltd, United States, 2014.